国家社科基金
后期资助项目

规范与安全视角下的
欧盟反核扩散政策

Norms and Security:
The Study on the European Union's
Nonproliferation Policy

吕　蕊　著

社会科学文献出版社
SOCIAL SCIENCES ACADEMIC PRESS (CHINA)

国家社科基金后期资助项目
出版说明

　　后期资助项目是国家社科基金设立的一类重要项目，旨在鼓励广大社科研究者潜心治学，支持基础研究多出优秀成果。它是经过严格评审，从接近完成的科研成果中遴选立项的。为扩大后期资助项目的影响，更好地推动学术发展，促进成果转化，全国哲学社会科学工作办公室按照"统一设计、统一标识、统一版式、形成系列"的总体要求，组织出版国家社科基金后期资助项目成果。

全国哲学社会科学工作办公室

目　录

绪　论

一　问题的提出

自 20 世纪 40 年代美国核武器试验成功开始，围绕核武器与安全之间的关系，国际社会出现了两种截然不同的观念。其中在冷战时期占据主流地位的是"核武器促进国家安全"的观念。由于核武器具有威慑作用，很多国家将核武器视作保障国家安全的终极手段，发展核武器也被视为国家不可剥夺的权利。与此同时，国际社会还存在另一种观念，即"核扩散威胁国际安全"，这种观念集中体现为以《不扩散核武器条约》为代表的国际核不扩散制度。冷战期间，两种观念并行，一方面体现为印度、巴基斯坦等国秘密研制核武器；另一方面体现为联合国大会连续通过防止核武器扩散的提案。

1968 年 7 月 1 日《不扩散核武器条约》的开放签署标志着国际核不扩散制度开始确立，它不仅阻止更多的国家跨过核门槛，而且为对进行核扩散活动或者存在核扩散可能的国家采取行动确定了合法性。国际核不扩散制度的确立并不意味着核不扩散规范的确立。制度是规范的外在形式，制度是规范的基础及保障。规范则更多属于观念的范畴，规范的建立标志着制度的深入人心并能够成为约束国家行为的力量。就国际核不扩散制度的普遍性而言，从 1968 年 7 月 1 日《不扩散核武器条约》开放签署至 1970 年 3 月 5 日《不扩散核武器条约》正式生效，只有 40 多个国家签署该条约，特别是中国和法国这两个拥核的联合国安理会常任理事国在 20 世纪 90 年代初期仍然没有加入该条约。从这个意义上讲，核不扩散制度并未上升到规范层面，反核扩散国际规范并未确立。

冷战结束后，"核扩散威胁国际安全"的观念逐渐超越"核武器促进国家安全"的观念，并发展为反核扩散国际规范，其标志是 1991 年 4 月 3 日联合国安理会通过的第 687 号决议，以及 1992 年 1 月 31 日联合国安理会发表的主席声明。在第 687 号决议中，联合国安理会宣布，禁止伊拉克拥有核武器等大规模杀伤性武器。[①] 这从根本上剥夺了伊拉克以核武器保障国家安全的自由和权利，意味着发展核武器具有不正当性。在主席声明中，联合国安理会宣布，包括核武器在内的所有大规模杀伤性武器的扩散都是对世界和平与安全的威胁。[②] 这是联合国第一次正式宣布核扩散是对世界和平与安全的威胁。由于联合国成员国的广泛性，联合国安理会第 687 号决议及主席声明的通过标志着国际社会对"核扩散威胁国际安全"这一观念的认同，也标志着反核扩散国际规范的确立。中国与法国分别在 1992 年 3 月和 8 月签署了《不扩散核武器条约》，反核扩散规范的广泛性得到了有效的保障。

冷战结束后，反对核武器的扩散成为欧盟安全的重要内容。欧盟反核扩散政策的形成，一方面是欧盟对安全环境变化的反应，另一方面是欧盟内化反核扩散国际规范的结果。从安全环境方面讲，冷战结束后，欧盟的安全环境发生了极大的变化，一方面，苏联威胁的消失让欧盟的安全环境大为改善；另一方面，海湾战争的爆发以及随后联合国核查人员在伊拉克发现大规模杀伤性武器，使欧盟面临新的安全威胁，也极大地冲击了欧盟的安全观念。以此为契机，反对核扩散逐渐成为欧盟安全观的重要内容。从内化反核扩散国际规范方面讲，20 世纪 60 年代《不扩散核武器条约》出台之时，欧共体国家仅仅是在美国的说服下，被动地签署了条约，被动地卷入了国际核不扩散制度。但是在与国际核不扩散制度的互动过程中，在接受核不扩散观念束缚的过程中，欧盟逐渐将核不扩散观念内化到自身的决策中，并在对外政策中贯彻了反核扩散的观念，形成了具有欧盟特色的反核扩散政策。欧盟在 1995 年《不扩散核武器条约》审议会议上促成条约无限期延长，欧盟参与到对朝鲜进行援助的朝鲜半岛能源发展组织，欧盟致力于解决伊朗核问题等，都是欧盟反核扩散政策的表现。

2003 年，欧盟出台了《欧盟安全战略》和《欧盟反对大规模杀伤性

---

① 《联合国安全理事会 1991 年 4 月 3 日第 687 号决议 (1991)》，联合国网站，http：//www. un. org/zh/documents/view_doc. asp? symbol = S/RES/687 (1991)。

② "Presidential Statement of Security Council (UNSC), S/23500," 31 January, 1992, https：//www. securitycouncilreport. org/un-documents/document/PKO%20S%2023500. php, Last Accessed on July 31, 2018.

武器扩散战略》两份重要文件，它们集中体现了欧盟的反核扩散政策。这两份文件的共同特点是将核武器等大规模杀伤性武器的扩散视为对欧盟最大的威胁，标志着欧盟的反核扩散政策上升到反核扩散规范的层面。欧盟的反核扩散规范是在欧盟安全驱动下形成的，欧盟的反核扩散规范反过来又促进了欧盟的安全。因此，本书从规范与安全的角度出发，探究欧盟反核扩散政策的形成、实施情况，欧盟反核扩散政策与反核扩散规范之间的关系，剖析欧盟对内、对外反核扩散的政策、行为。

二　文献综述与研究方向

冷战结束后，建构主义对规范的研究主要经历了三个阶段。第一代建构主义学者主要研究规范的概念和规范的重要性，强调规范对国际行为体的作用和影响。主要代表人物有克拉托赫维尔（Friedrich Kratoch-wil）、温特（Alexander Wendt）、卡赞斯坦（Peter Katzenstein）等。第二代建构主义学者主要探讨规范自身的演化问题，包括规范的形成、扩散和传播机制等，主要代表人物有玛莎·费丽莫（Martha Finnemore，又译作马莎·芬尼莫尔）、杰弗里·切克尔（Jeffrey Checkel）、阿米塔·阿查亚（Amitav Acharya）等。近年来，随着一些国际规范逐渐失去影响力，规范的退化进入研究者视野。以莱德·麦基翁（Ryder Mckeown）为代表的第三代建构主义学者提出规范的退化理论，认为规范作为一种人为构建的机制不具有天然的恒久性。由于个体的差异，有可能出现规范被挑战以及规范消亡的趋势。[①]

具体来讲，学者们的研究主要集中在以下几个方面。第一，规范的概念。玛莎·费丽莫从国家行为的角度出发，认为规范是指"特定行为体持有的适当行为的共同预期"[②]。罗伯特·阿克塞尔罗德（Robert Axel-rod）认为，规范存在于特定的社会背景之中，个人或国家在一定程度上能够按照一定的方式行事，否则将受到惩罚。[③] 詹尼斯·汤普逊（Janice

---

① Ryder Mckeown, "Norm Regress: Revisionism and the Slow Death of the Torture Norm," *International Relations*, Vol. 23, No. 1, 2009.

② 〔美〕玛莎·费丽莫：《国际社会中的国家利益》，袁正清译，浙江人民出版社，2001，第29页。

③ Robert Axelrod, "An Evolutionary Approach to Norms," *American Political Science Review*, Vol. 80, No. 4, Winter, 1986, p. 1097.

Thomson）认为，国际规范是国家间正常的惯例。① 戈登斯坦（Joshua Goldstein）认为，国际规范是国家领袖对于正常国际关系所怀有的期望。② 奥迪·克劳兹（Audie Klotz）认为，规范是指在特定情况下，对行为标准的共享理解，它能够通过表明国家应当如何行事来指引行为体的行为。③ 詹姆斯·罗西瑙（James N. Rosenau）认为，规范规定各国在决策时有责任考虑共同利益，并为作为一个整体的体系分担义务。④ 中国学者也对规范进行了深入的探讨，如高尚涛认为规范是一种社会现象，存在于主体间，是集体共有的行为准则。⑤

第二，规范的作用。克拉托赫维尔认为，国际规范的根本意义在于建构行为体的身份、偏好和利益。⑥ 玛莎·费丽莫强调国际规范造就国家身份和偏好的作用。⑦ 安德鲁·科特尔（Andrew P. Cortell）与詹姆斯·戴维斯（James W. Davis, Jr.）也强调了国际规范对国家行为的塑造。⑧

第三，规范的生命周期。马莎·芬尼莫尔和凯瑟琳·斯金克引入经济学中的产品生命周期理论来解释国际规范的传播，她们认为，规范的发生、发展经历了一个规律性的"生命过程"，也就是规范兴起阶段、规范普及阶段和规范内化阶段。⑨ 规范的普及和内化使规范最终成为适当行为的主导标准。这时有可能出现新的规范，并且其会与已有的规范

---

① Janice Thomson, "Norms in International Relations: A Conceptual Analysis," *International Journal of Group Tensions*, Vol. 23, No. 1, 1993, pp. 67 - 83.

② Joshua S. Goldstein, *International Relations* (Harper Collins, 1994), p. 453.

③ Audie Klotz, *Norms in International Relations: The Struggle against Apartheid* (Cornell University Press, 1995), p. 14; Loyd Jensen, Lynnh Miller, *Global Challenge: Change and Continuity in World Politics* (Harcourt Brace, 1997), p. 86.

④ 〔美〕詹姆斯·N. 罗西瑙主编《没有政府的治理》，张胜军等译，江西人民出版社，2001，第 42 页。

⑤ 高尚涛：《国际关系的权力与规范》，世界知识出版社，2008，第 72～73 页。

⑥ Friedrich V. Kratochwil, *Rules, Norms, and Decisions: On the Conditions of Practical and Legal Reasoning in International Relations and Domestic Affairs* (Cambridge University Press, 1989).

⑦ 〔美〕玛莎·费丽莫：《国际社会中的国家利益》，袁正清译，浙江人民出版社，2001。

⑧ Andrew P. Cortell, James W. Davis, Jr., "Understanding the Domestic Impact of International Norms: A Research Agenda," *International Studies Review*, Vol. 2, No. 1, Spring, 2000, pp. 65 - 87.

⑨ 〔美〕马莎·芬尼莫尔、〔美〕凯瑟琳·斯金克：《国际规范的动力与政治变革》，载〔美〕彼得·卡赞斯坦等编《世界政治理论的探索与争鸣》，秦亚青等译，上海世纪出版集团，2006，第 303～314 页。

进行竞争。麦基翁将规范的退化纳入规范的生命周期。他把国际规范退化的过程分为内化的规范、对内化规范的挑战、挑战的蔓延、既有规范的消亡四个阶段。① 弗洛瑞尼（Ann Florini）认为规范之间的竞争使某些能够吸引更多追随者的规范变得更为普遍，而不具备吸引力的规范则退化衰亡。②

第四，规范与制度的关系。玛莎·费丽莫认为，制度可以促进规范的传播，强调如果通过国际规则和国际组织的形式让某种规范得以制度化，则会对这种规范的传播产生至关重要的影响。因为制度化的规范能够清楚地告诉人们某种规范的确定含义，以及违规行为的表现。制度化的规范还可以确定相关程序，使规范的倡导者得以协调不同立场，并对违规者进行惩罚。这样，制度化的规范就可以促进规范普及。但是制度化的规范并不是规范普及的必要条件，制度化的规范可能在规范普及之前就已经产生。③

第五，规范与安全的关系。丹尼斯·加西亚（Denise Garcia）认为，冷战结束后安全范畴的扩大——从冷战时期的国家安全扩展到人的安全——推动了限制使用小武器规范的产生。④ 沃德·托马斯（Ward Thomas）指出，规范是国家行为的体系性限制因素，规范在形成国家利益的过程中起到了基础性的作用，如反对暗杀国际规范的形成巩固了既有的国际体系，促进了国际社会的稳定。⑤

鉴于欧盟推动规范形成的主要动机是促进欧盟的安全，因此对欧盟安全研究的考察，也是本书写作的基础。有关欧盟安全研究的成果比较丰富，主要集中在以下几个方面。

---

① Ryder Mckeown, "Norm Regress: Revisionism and the Slow Death of the Torture Norm," *International Relations*, Vol. 23, No. 1, 2009.

② Ann Florini, "The Evolution of International Norms," *International Studies Quarterly*, Vol. 40, No. 3, 1996, pp. 363 – 389.

③ 〔美〕马莎·芬尼莫尔、〔美〕凯瑟琳·斯金克：《国际规范的动力与政治变革》，载〔美〕彼得·卡赞斯坦等编《世界政治理论的探索与争鸣》，秦亚青等译，上海世纪出版集团，2006，第 309 页。

④ Denise Garcia, *Small Arms and Security: New Emerging International Norms* (Routledge, 2006).

⑤ Ward Thomas, "Norms and Security: The Case of International Assassination," *International Security*, Vol. 25, No. 1, Summer, 2000, pp. 105 – 133.

第一，对欧盟安全机制，也就是对欧盟共同外交与安全政策，特别是对欧盟共同防务与安全政策的研究。霍沃斯（Jolyon Howorth）、迈克·默林根（Michael Merlingen）、吴志成等对欧盟共同安全政策的起源、发展、作用、机构设置等做了详细的阐述，并对伊拉克战争对欧盟共同防务与安全政策带来的挑战做了解释，为理解欧盟安全机制提供了丰富的背景材料。对于欧盟针对共同防务与安全政策推出的永久结构性合作架构，房乐宪持谨慎乐观的态度。①

第二，对欧盟安全观的研究。亨里克·拉森（Henrik Larsen）通过对欧盟官方文件的分析，认为从冷战时期到冷战结束后，欧盟的安全关切发生了变化，但是欧盟的安全关切仍然主要集中在欧盟内部及周边，欧盟仍将主要致力于安全建设，并以民事手段（civilian means）促进安全。②

第三，对欧盟安全战略的研究。斯文·比斯考夫（Sven Biscop）对欧盟的安全进行了再定义，通过考察欧盟安全战略出台的过程，并通过对安全战略进行文本分析，提出了欧盟综合安全的概念。③ 安德莉娅·艾尔诺（Andrea Ellner）对欧盟安全战略持谨慎的乐观态度，她认为欧盟安全战略面临一系列的挑战，如中东问题、里海沿岸国家对欧盟的能源供应问题、土耳其入盟后欧盟将要面临的非友好国家问题、扩大后的

① Jolyon Howorth, *Security and Defence Policy in the European Union* （Palgrave Macmillan, 2007）；Michael Merlingen, Rasa Ostrauskaite, eds., *European Security and Defence Policy: An Implementation Perspective* （Routledge, 2008）. 吴志成、李向阳：《欧盟共同安全与防务政策——基于制度化安全合作框架的分析》，《南开学报》（哲学社会科学版）2005年第5期。陈志强：《欧盟共同外交与安全政策的困境》，《史学集刊》2001年第4期。房乐宪、狄重光：《欧盟安全防务建设新进展：永久结构性合作及其含义》，《当代世界与社会主义》2018年第3期。陈玉刚：《欧盟共同外交与安全政策机制及其能力评估》，《欧洲》1999年第4期。陈志瑞：《试论欧盟共同外交与安全政策的"布鲁塞尔化"》，《欧洲》2001年第6期。Kenneth Glarbo, "Wide-awake Diplomacy: Reconstructing the Common Foreign and Security Policy of the European Union," *Journal of European Public Policy*, Special Issue, 1999；Trevor Taylor, "West European Security and Defence Cooperation: Maastricht and beyond," *International Affairs*, Vol. 70, No. 1, January 1994, pp. 1 – 16；Jolyon Howorth, "Discourse, Ideas, and Epistemic Communities in European Security and Defence Policy," *West European Politics*, Vol. 27, No. 2, March 2004, pp. 211 – 234；Anand Menon, "From Crisis to Catharsis: ESDP after Iraq," *International Affairs*, Vol. 80, No. 4, 2004, pp. 631 – 648.

② Henrik Larsen, "Concepts of Security in the European Union after the Cold War," *Australian Journal of International Affairs*, Vol. 54, No. 3, 2000.

③ Sven Biscop, *The European Security Strategy* （Ashgate, 2005）.

新旧成员国之间的分歧、欧盟成员国之间的分歧、跨大西洋关系等。^①
杰拉德·奎勒（Gerrard Quille）比较了欧盟安全战略与美国安全战略的
不同之处，认为欧盟安全战略提供了单边主义的替代性政策。^② 另外，
西门·杜克（Simon Duke）通过比较欧盟安全战略、1999 年北约安全概
念及美国安全战略，揭示了欧盟安全战略的特点。^③

第四，对跨大西洋关系的研究。冷战期间，欧洲一直处于美国领导
的北约的保护下；冷战结束后，欧盟开始发展独立的安全政策，欧盟与
美国之间的分歧日益凸显。马修·伊万利斯塔（Matthew Evangelista）、
戴维·安德鲁斯（David M. Andrews）、海因兹·加特纳（Heinz Gärtner）
等研究了"9·11"事件、伊拉克战争对欧美关系的影响；奥利弗·特
纳（Oliver Thranert）、斯蒂文·派佛（Steven Pifer）认为北约应该与俄罗
斯建立良好关系以解决美国核武器在欧洲部署问题。特朗普上台后对跨
大西洋关系形成新的冲击；赵怀普认为美国不可能完全撤出欧洲和北约，
美欧安全防务仍会以稳定为主基调；冯仲平认为欧美的摩擦和冲突会增
加，合作会受限。^④

---

① Andrea Ellner, "The European Security Strategy: Multilateral Security with Teeth?" *Defense & Security Analysis*, Vol. 21, No. 3, September 2005, pp. 223 – 242.

② Gerrard Quille, "The European Security Strategy: A Framework for EU Security Interests?" *International Peacekeeping*, Vol. 11, No. 3, Autumn, 2004, pp. 422 – 438.

③ Simon Duke, "The European Security Strategy in a Comparative Framework: Does It Make for Secure Alliances in a Better World?" *European Foreign Affairs Review*, No. 9, 2004, pp. 459 – 381.

④ Matthew Evangelista, ed., *Partners of Rivals? European-American Relations after Iraq* (V&P, 2005); David M. Andrews, ed., *The Atlantic Alliance under Stress: US-European Relations after Iraq* (Cambridge University Press, 2005); Heinz Gärtner, Ian M. Cuthbertson, eds., *European Security and Transatlantic Relations after 9/11 and the Iraq War* (Palgrave Macmillan, 2005); Oliver Thranert, "Nuclear Arms and Missile Defense in Transatlantic Security," in Riccardo Alcaro, Erik Jones, eds., *European Security and the Future of Transatlantic Relations* (Edizioni Nuova Cultura, 2011); Steven Pifer, "Nuclear Weapons and Arms Control in Europe," in Riccardo Alcaro, Erik Jones, eds., *European Seanrity and the Future of Transatlantic Reletions* (Edizioni Nuova Cultura, 2011); Osvaldo Croci, "A Closer Look at the Changing Transatlantic Relationship," *European Foreign Affairs Review*, No. 8, 2003, pp. 469 – 491; Alan W. Dowd, "A Different Course? America and Europe in the 21st Century," *Parameters*, Autumn, 2004, pp. 61 – 74; John Peterson, "America as a European Power: The End of Empire by Integration?" *International Affairs*, Vol. 80, No. 4, 2004, pp. 613 – 629; Ivo H. Daalder, "Are the United States and Europe Heading for Divorce?" *International Affairs*, Vol. 77, No. 3, 2001, pp. 553 – 567; Jeremy Shapiro, （转下页注）

与数不胜数的欧洲安全研究形成鲜明对比的是，对作为安全政策重要组成部分的核不扩散政策的相关研究却相对偏少，对欧盟核不扩散政策的研究仍是一个有待于开发的领域。目前研究欧盟核不扩散政策的成果基本上是以论文、论文集的形式出现的，在笔者检索过程中，尚未发现相关专著。现有的对欧盟核不扩散政策研究的话语权主要掌握在欧洲学者手中，比较具有代表性的是德国学者海若德·穆勒（Harald Müller）的研究。从 20 世纪 80 年代开始，以穆勒为首的一批欧洲学者就对欧盟核不扩散政策进行研究，代表作是其 1987 年编著出版的《欧洲核不扩散政策：前景与问题》[1]，以及 1995 年编著出版的《欧洲的核出口管制》[2]，另外还有 1990 年与理查德·考克斯奇（Richard Kokoski）合作出版的《不扩散核武器条约：20 世纪 90 年代的政治、技术前景与危险》[3]，以及 2003 年发表的《恐怖主义、扩散：欧洲的威胁评估》[4]。

对欧盟核不扩散政策的研究主要集中在以下几个方面。第一，欧盟核不扩散政策的历史与发展。比如海若德·穆勒对 20 世纪 40 ~ 90 年代

（接上页注④） Daniel Byman, "Bridging the Transatlantic Counterterrorism Gap," *The Washington Quarterly*, Vol. 29, No. 4, Autumn, 2006, pp. 33 – 50; Raymond A. Millen, "Reconfiguring NATO for Future Security Challenges," *Comparative Strategy*, No. 23, 2004, pp. 125 – 141; Fotios Moustakis, "The Transatlantic Alliance Revisited: Does America Still Need 'Old Europe'?" *Defense & Security Analysis*, Vol. 21, No. 4, December 2005, pp. 387 – 398; Javier Solana, "The Transatlantic Rift: US Leadership after September 11," *Harvard International Review*, Winter, 2003, pp. 62 – 66; Niall Ferguson, "The Widening Atlantic," *The Atlantic Monthly*, January/February 2005, pp. 40 – 44; Wyn Rees, "Transatlantic Relations and the War on Terror," *Journal of Transatlantic Studies*, Vol. 1, No. 1S, 2003, pp. 76 – 90; Mary Elise Sarotte, "Transatlantic Tension and Threat Perception," *Naval War College Review*, Vol. 58, No. 4, Autumn, 2005, pp. 25 – 37. 赵怀普、赵健哲：《"特朗普冲击波"对美欧关系的影响》，《欧洲研究》2017 年第 1 期。沈世顺：《美欧矛盾的新发展及其影响》，《国际问题研究》2003 年第 3 期。丁一凡：《从伊拉克战争看美欧关系的走向》，《世界经济与政治》2003 年第 8 期。赵怀普：《论冷战后美欧关系的调整》，《世界经济与政治》2003 年第 4 期。冯仲平：《特朗普冲击下的欧美关系》，《当代世界》2017 年第 4 期。

① Harald Müller, ed., *A European Non-proliferation Policy Prospects and Problems* (Clarendon Presss, 1987).

② Harald Müller, ed., *Nuclear Export Controls in Europe* (European Interuniversity Press, 1995).

③ Harald Müller, Richard Kokoski, *The Non-proliferation Treaty: Political and Technological Prospects and Dangers in 1990* (Stockholm International Peace Research Institute, 1990).

④ Harald Müller, "Terrorism, Proliferation: A European Threat Assessment," Institute for Security Studies, 2003.

以来西欧的核不扩散政策的历史做了比较详细的考察，并对印度、巴基斯坦、伊朗等八个核门槛国家核计划的发展进程进行了描述，指明了核门槛国家的核计划对西欧外交的挑战。① 杰拉德·奎勒通过对欧盟防核扩散政策的历史、现状和未来的分析，提出了欧盟应对核扩散问题的"欧洲路径"。② 罗兰德·科比亚（Roland Kobia）探讨了欧盟建立一个更有效的、结构性的核不扩散体系的可能性。③ 汤姆·索亚（Tom Sauer）提出欧盟防止核武器扩散的政策工具，如危机预防、防核扩散机制、外交、经济工具等。④ 克莱拉·波特拉（Clara Portela）评价了欧盟核不扩散政策的历史及《欧盟安全战略》，对《欧盟安全战略》的实施提出了建议。⑤ 李小军以 2002 年美国出台的《反击大规模杀伤性武器国家战略》与 2003 年欧盟推出的《欧盟反对大规模杀伤性武器扩散战略》为研究对象，认为与美国的反核扩散战略相比，欧盟的防核扩散战略不够系统、完善，缺乏可操作性，欧盟更尊重国际多边机制，把外交手段和国际协议作为防核扩散的主要手段；认为欧美之间出现这种分歧的原因在于双方的安全观念存在差异、欧洲自主性与美国主导性之间的冲突、欧洲多边主义与美国单边主义的对抗；揭示了欧盟防核扩散战略的特点。⑥

　　第二，探讨欧盟与国际核不扩散制度的关系。卡米尔·格兰德（Camille Grand）从欧盟与《不扩散核武器条约》的关系入手，认为 20 世纪 90 年代初是欧盟核不扩散政策形成、具体化的阶段，在这一阶段，欧盟

---

① Harald Müller, ed., *A European Non-proliferation Policy Prospects and Problems* (Clarendon Presss, 1987).

② Gerrard Quille, "The EU Strategy against the Proliferation of WMD: Past, Present and Future," *European Security Review*, Vol. 25, No. 1, 2005.

③ Roland Kobia, "The EU and Non-proliferation: Need for a Quantum Leap?" *Nuclear Law Bulletin*, Issue 81, 2008, pp. 31 – 53.

④ Tom Sauer, "The 'Americanization' of EU Nuclear Non-proliferation Policy," *Defense and Security Analysis*, Vol. 20, No. 2, June 2004.

⑤ Clara Portela, "The Role of the EU in the Non-proliferation of Nuclear Weapons: The Way to Thessaloniki and beyond," *PRIF Reports*, No. 65, Peace Research Institute, Frankfurt, 2003.

⑥ 李小军：《论美国和欧盟在防扩散战略上的分歧与合作》，《外交评论》2005 年第 6 期。

在《不扩散核武器条约》的准备、审议会议上表现积极，12 个成员国形成了共同行动。但在 1995 年《不扩散核武器条约》审议会议之后，欧盟一度沉寂。[①] 伊安·安东尼（Ian Anthony）研究了欧盟在全球反核扩散制度及裁军过程中发挥的作用。[②] 博卡德·施密特（Burkard Schmitt）分别从国际核不扩散制度的三根支柱，也就是核不扩散、核裁军、和平利用核能，分析了如何建立有效的国际核不扩散制度，以及欧盟在其中可能发挥的作用。[③]

第三，对欧盟出口管制政策的研究。穆勒介绍了西欧主要国家法国、德国、英国等的出口管制政策。[④] 伊安·戴维斯（Ian Davis）通过对《罗马条约》《单一欧洲法案》《马斯特里赫特条约》等几个关键条约的分析，阐述了欧洲各国在出口管制方面逐渐走向合作的历史，特别选取德国、瑞典和英国的出口管制政策进行分析，阐明了三者的异同。[⑤]

第四，探讨欧盟对地区、国家的核不扩散政策，其中占据比较大的篇幅的是欧盟对伊朗核不扩散政策的研究。萨农·科勒（Shannon N. Kile）对欧盟与伊朗之间就伊朗核问题的交锋进行了详细的叙述。[⑥] 汤姆·索亚点明了欧盟在处理伊朗核危机时所使用的强制外交手段。[⑦] 丹尼拉·曼卡（Daniela Manca）认为，伊朗核危机是对欧盟核不扩散政策的挑战，也是对其的检验。[⑧] 中国学者对欧盟的伊朗核问题政策也有所

① Camille Grand, "The European Union and the Non-proliferation of Nuclear Weapons," Institute for Security Studies, European Union, 2000.

② Ian Anthony, "The Role of the EU in International Non-proliferation and Disarmament Assistance," Stockholm International Peace Research Institute (SIPRI), 2004.

③ Burkard Schmitt, ed., "Effective Non-proliferation the European Union and the 2005 NPT Review Conference," Institute for Security Studies, European Union, Paris, 2005.

④ Harald Müller, ed., *Nuclear Export Controls in Europe* (European Interuniversity Press, 1995).

⑤ Ian Davis, *The Regulation of Arms and Dual-Use Exports: Germany, Sweden and the UK* (Oxford University Press, 2002).

⑥ Shannon N. Kile, ed., *Europe and Iran: Perspectives on Non-proliferation* (Oxford University Press, 2005).

⑦ Tom Sauer, "Coercive Diplomacy by the EU Case-study: The Iranian Nuclear Weapons Crisis," ECPR Standing Group on the EU Third Pan-Europe Conference on EU Politics, 2006.

⑧ Daniela Manca, "Iran: A Test Case for EU Non-proliferation Policy," *European Security Review*, No. 20, December 2003.

涉及，如尹斌、王冀平、洪邮生、吉利强、周琪等。① 关于欧盟与朝核问题，梅鸥分析了欧盟介入朝核问题的原因②。另外，在对欧盟与朝鲜关系的研究中，部分涉及欧盟与朝核问题，如茹迪格·弗兰克（Ruediger Frank）、埃克泽·博考夫斯基（Axel Berkofsky）、李载呈（Jae-Seung, Lee）的研究。③

　　综上所述，对欧盟安全的研究主要集中在欧盟与美国之间的安全合作、跨大西洋关系方面。对欧盟核不扩散政策的研究比较少，在仅有的对欧盟核不扩散政策的研究中，又比较多地集中在对欧盟与《不扩散核武器条约》的关系、欧盟与《不扩散核武器条约》审议会议，以及欧盟安全战略文件的研究上。对于欧盟核不扩散政策产生的驱动力，如何实施，在出现违规国家时如何运作等问题，研究成果相对较少，因此，对欧盟核不扩散政策的研究尚有很大的空间。本书试图从规范与安全的角度出发，利用国际规范的传播机制来解释欧盟的反核扩散政策。

　　在前人对规范进行研究的基础上，本书提出如下观点。第一，国际体系中行为体，主要指国家，可以推动某些观念确立并使其成为某种新的国际规范，国家在建立某些国际规范方面具有利己的特征，即把国际规范当成拓展国家利益的手段和方法。在某种意义上，这种国际规范的建立同创设国际制度具有一定的共同之处。第二，一旦某些观念成为国际规范，那么它就具有结构性的意义，即规范能够发挥影响结构中行为体行为的作用。第三，新形成的国际规范除了具有自我维护的特点之外，还需要体系内实力强大的行为体（主要是大国）的维护，而维护的手段

---

① 尹斌:《冷战后欧盟对伊朗的政策》,《西亚非洲》2007 年第 5 期。王冀平、洪邮生、吉利强:《伊朗核问题与大国关系》,《美国研究》2004 年第 1 期。王俊生、熊明月:《大国利益角逐下的伊朗核危机》,《领导科学》2006 年第 18 期。李格琴:《欧盟介入伊朗核问题政策评估》,《武汉大学学报》(哲学社会科学版) 2006 年第 3 期。唐志超:《欧盟和伊朗在解决伊核问题上的基本立场》,《国际资料信息》2005 年第 9 期。周琪:《欧美关系的裂痕及发展趋势》,《欧洲研究》2018 年第 6 期。

② 梅鸥:《欧盟缘何积极介入朝鲜问题》,《当代世界》2001 年第 5 期。

③ Ruediger Frank, "EU-North Korean Relations: No Effort without Reason," *International Journal of Korean Unification Studies*, Korea Institute of National Unification, 11 February, 2002; Axel Berkofsky, "EU's Policy towards the DPRK-Engagement or Standstill?" *EIAS Publications*, BP 03/01, 2003; Jae-Seung, Lee, "The Two Faces of EU-North Korea Relations," *The Korean Journal of Defense Analysis*, Vol. XVII, No. 1, Spring, 2005.

包括物质性和非物质性两种。本书认为，规范不能被简单地划归到建构主义范式中，规范在一定程度上反映了规范主导国家的物质利益及权力地位，实力强大的国家对规范的支持更有利于规范的推广，规范也常被用作维护规范倡导者物质利益的手段。在规范的传播过程中，不仅"说服"等非物质性因素会发生作用，而且经济援助等物质性因素在推动规范的传播过程中同样会发挥积极有效的作用。

本书认为反核扩散国际规范同国际核不扩散制度并不相同，反核扩散国际规范是制度化的规范，核不扩散制度为这种规范的存在和维系提供了坚实的制度保障和法律基础。制度是规范的外在形式，规范是附着在制度上的观念。核不扩散规范对企图成为有核国家的无核国家具有约束作用。安全关切促成了核不扩散规范的兴起，核不扩散规范的确立反过来又保障、促进了安全。

本书在此基础上提出，欧盟反核扩散政策既是内化反核扩散国际规范的结果，也是欧盟重新定义安全的结果。在20世纪六七十年代美国推广核不扩散观念时，欧洲国家对此并不认同，最终也只是在美国的说服下签署了《不扩散核武器条约》，并且向美国提出了把25年期限作为签署条约的先决条件。然而在与国际核不扩散制度的20多年的互动中，欧盟在接受《不扩散核武器条约》束缚的同时，也内化了核不扩散观念，欧盟开始确立反核扩散政策。特别是在冷战结束后，欧盟的安全环境发生了极大的改变，欧盟将核武器等大规模杀伤性武器的扩散视为最大的威胁，欧盟的反核扩散规范逐步建立。欧盟将维护国际核不扩散制度作为维护安全的手段，这突出表现在1995年《不扩散核武器条约》审议会议上，欧盟积极促成了《不扩散核武器条约》的无限期延长。这一转变对欧盟具有重要意义，欧盟已经从一个国际核不扩散制度若即若离的参与者，变为积极的制度创设者，同时，这也是欧盟核不扩散规范深化的表现。欧盟积极参与应对冷战结束后相继出现的地区核危机的行动，并在解决伊朗核危机中发挥了突出的作用。

三　研究方法

本书的研究客体是欧盟反核扩散政策。根据研究客体的特点，本书主要采用文本诠释、历史研究和案例分析方法。文本诠释方法的主要目的是说明事实的社会（历史）意义。① 在本书中，一方面，文本诠释方法被用于辨析概念，比如对"规范""安全"概念的分析；另一方面，文本诠释方法用来分析文本。政策的载体是文本，对欧盟反核扩散政策的研究离不开对文本的解读。本书涉及的文本主要包括欧洲理事会、欧盟委员会等欧盟官方机构的文件，国际原子能机构、联合国安理会发布的正式文件，领导人的讲话，新闻报道等。通过对这些文本进行整体而系统的梳理，归纳、分析欧盟反核扩散政策的发展、沿革和特点等。

历史研究方法是通过对研究对象的描述、解释以及对其发生、发展和变化过程的分析，揭示其本质和规律的研究方法。欧盟反核扩散政策有其产生、发展的历史，它从 20 世纪 60 年代末开始逐渐勾勒，通过欧洲政治合作机制，到 90 年代初成型，并在 1994～1995 年的共同行动中具体化，最终在 2003 年提升到战略层面。考察欧盟反核扩散政策发展的历史，能够更清晰地了解欧盟反核扩散政策产生、发展的原因，因此历史研究方法是本书采用的主要研究方法之一。本书通过对欧盟反核扩散政策发展的历史过程的分析，认为欧盟反核扩散政策的形成既是欧盟安全观变化的结果，也是内化反核扩散国际规范的结果。欧盟反核扩散规范不仅促进了欧盟的安全，也维护了反核扩散国际规范。

在研究欧盟反核扩散规范的对外输出方面，本书选取了朝鲜和伊朗两个国家。朝核问题与伊朗核问题是冷战后国际社会面临的两个突出的核扩散问题。本书比较了欧盟对伊朗核问题和朝核问题政策的异同，解释了政策存在差异的原因。

本书的研究客体是欧盟反核扩散政策，在此需要对几组概念进行辨析。第一，欧盟与欧共体的概念。1951 年 4 月 18 日，法国、联邦德国、意大利、荷兰、比利时和卢森堡在巴黎签订了《欧洲煤钢共同体条约》，条约于 1952 年 7 月 25 日生效。1957 年 3 月 25 日，六国在罗马签订了《欧洲经济共同体条约》和《欧洲原子能共同体条约》，两个条约统称《罗马条约》。1958 年 1 月 1 日，《罗马条约》生效，欧洲经济共同体和欧洲原子能共同体成立。1965 年 4 月 8 日，六国签订《布鲁塞尔条约》，决定将欧洲煤钢共同体、欧洲经济共同体和欧洲原子能共同体合并，统

---

① 李少军：《国际关系学研究方法》，中国社会科学出版社，2016，第 197 页。

称欧洲共同体,但三个组织仍各自存在,以独立的名义活动。1967 年 7月 1 日,《布鲁塞尔条约》生效。1991 年 12 月 11 日,欧共体马斯特里赫特首脑会议通过了成立欧洲经济货币联盟和欧洲政治联盟的《欧洲联盟条约》(通称《马斯特里赫特条约》,简称"马约")。1993 年 11 月 1日,"马约"正式生效,国际社会开始用"欧洲联盟"称呼欧共体。① 但欧共体作为欧盟的重要支柱仍然存在(其他两个支柱分别是共同外交与安全政策、司法与内务合作),只有欧共体具有法人资格。欧共体与欧盟有不同的法规,执行不同的决策规则。2009 年 12 月 1 日生效的《里斯本条约》是最新的欧盟条约,该条约赋予欧盟单一法人资格,终结了之前欧共体与欧盟并行的二元制度。有鉴于此,本书在涉及 1993 年之前欧共体的概念时,均使用"欧共体"的称谓;1993 年 11 月 1 日之后的则统称为"欧盟"。欧盟内部各机构,如欧盟委员会、欧洲理事会等则会单独使用。

第二,关于核武器与大规模杀伤性武器的概念。大规模杀伤性武器包括核武器、生物武器和化学武器,核武器是大规模杀伤性武器中的一个组成部分。因此,本书将有关防止大规模杀伤性武器扩散的声明、政策也视为防止核武器扩散的声明、政策。由于化学武器和生物武器已是被国际公约明令禁止的武器,而且世界上大多数国家已经加入了相关公约,因此,从理论上讲,对这两类武器主要是禁止而不是防止扩散的问题。由于核武器至今尚未被国际公约禁止,仍然是被国际法允许存在的武器,而且彻底消除核武器尚不能进入现实议程,因此,防止核武器扩散的意义就显得尤为重要。②

第三,关于观念与规范的概念。观念就是对某一事物的看法;规范不仅是一种观念,还代表一种束缚、制约的力量,比观念更具有普遍意义。具体到本书来讲,冷战期间,推动核不扩散制度建立的只是一种核不扩散观念。核不扩散观念在核不扩散制度建立的过程中得以传播,核不扩散规范也在这一过程中得以萌芽。但在核不扩散制度建立初期,国际社会并未形成反对核扩散的规范性力量,也并不存在对国际成员发展

---

① 关于欧盟的发展历程参见 http://europa.eu/abc/history/index_en.htm。

② 李少军:《论核不扩散体制》,载《中国与国际组织:加入与适应的过程》,福特基金会资助课题工作论文系列之四。

核武器的普遍意义上的约束。随着国际社会成员对核不扩散观念的逐步
认同，参与核不扩散制度的成员日益增多，在1991年和1992年，联合
国安理会以决议、主席声明的方式，将核武器的扩散视为对国际和平与
安全的威胁。至此，国际社会真正形成了反对核扩散的规范性力量，不
遵守行为不但会受到制度的制裁，也会遭到规范的约束，反核扩散国际
规范得以确立。

第四，关于不扩散（non-proliferation）与反扩散（anti-proliferation）
的概念。在某种意义上，不扩散更接近于防扩散的含义。本书认为，与
不扩散相比，反扩散更具有积极主动的色彩。在冷战时期，《不扩散核武
器条约》比较偏重的是防止核武器的扩散，采取的手段主要是说服，各
国在发展核武器方面基本上是比较自由的。而在冷战结束后，国际上已
经形成了反核扩散国际规范，发展核武器已经被国际社会视为不正当的
行为。对于试图发展核武器的国家，由于国际社会形成了反对核扩散的
舆论环境，国际社会以制裁的方式阻止其迈过核门槛。

四　创新点、学术价值和现实价值

本书的创新点主要体现在两个方面。一是本书比较翔实地探讨了反
核扩散国际规范与安全之间的关系。规范的形成是安全化的结果，追求
安全是规范建立的动力。核扩散威胁国际安全的观念促成了国际核不扩
散制度的建立，而国际核不扩散制度的建立又为反核扩散国际规范的确
立和传播奠定了制度基础，反核扩散国际规范的发展有利于维护国际社
会的安全。本书从这一角度出发，对欧盟的反核扩散政策进行了梳理、
总结和思考。

二是本书从规范与安全的角度出发研究欧盟的反核扩散政策。本书
认为欧盟反核扩散政策的形成既是变化中的欧盟安全观驱动的结果，也
是欧盟内化反核扩散国际规范的结果。在与国际核不扩散制度互动的过
程中，欧盟逐渐内化了核不扩散的观念，冷战结束后，核武器的扩散带
来的威胁在欧盟安全议程中地位上升，并被视为对欧盟安全最主要的威
胁之一。在规范内化与安全化的共同驱动下，欧盟反核扩散规范在2003
年以战略的形式确立。反核扩散规范的形成有利于促进欧盟的安全。

本书的学术价值如下。

　　第一，正确区分反核扩散国际规范同核不扩散制度。反核扩散国际规范和核不扩散制度易被混淆。本书认为，反核扩散国际规范是附着在核不扩散制度上的观念，而核不扩散制度为这种规范的存在和维系提供了制度保障和法律基础。

　　第二，利用国际规范，特别是利用规范的传播机制来解释欧盟的反核扩散政策。本书认为，建构主义强调规范对国家行为的影响，规范的建立、推广和维护反映了国际上主要国家的物质利益、价值取向和权力地位，规范也常被某些大国用作获取物质利益的手段。大国不仅利用"道义说服"等方式，也利用经济援助、制裁或军事威胁等方式推行有利于本国的规范。具体到欧盟的反核扩散规范，欧盟安全关切的转移促成了欧盟反核扩散规范的形成，欧盟反核扩散规范促进了欧盟的安全。

　　本书的现实价值如下。

　　第一，核不扩散制度和反核扩散国际规范已经成为当今国际安全的重要保证。但是冷战结束后，朝核问题与伊朗核问题对核不扩散制度和反核扩散国际规范构成了严重的挑战。中国作为负责任的大国肩负着维护核不扩散制度和反核扩散国际规范的义务，因此深入探讨反核扩散国际规范具有相当大的现实意义。

　　第二，欧盟反核扩散政策日益受到世人的关注。作为国际社会独特的行为体，欧盟反核扩散政策已经成为欧盟共同外交与安全政策中最重要的组成部分，并在欧盟的身份建构方面发挥着重要的作用。因此研究欧盟的反核扩散政策将对选择解决核问题的政策工具有重要的借鉴作用。

　　第三，中国在朝鲜—伊朗—美国三边关系中的位置决定了中国必须密切关注朝核与伊朗核问题的走势。一方面，朝鲜与伊朗同中国保持着良好的关系。朝鲜是同中国有着鲜血凝成的传统友谊的近邻；伊朗是中国海外最重要的能源供应国之一，中伊两国长期保持着良好的外交和经贸关系。因此朝核与伊朗核问题的和平解决对中国具有重要意义。另一方面，朝伊两国是美国所定义的"邪恶轴心"和"暴政据点"。核问题频频成为美国向朝伊两国发难的借口，美国多次表示在解决核问题上不排除任何选择。核问题可能成为触发战争的重要诱因。这决定了中国在解决核问题中将扮演"诚实的中间人"的角色。中国同国际社会一道争取朝核与伊朗核问题的和平解决具有重要的现实意义。

五　本书结构

本书主要由八部分组成。

绪论介绍本书的写作目的，梳理相关学者有关规范研究和欧盟核不扩散政策研究的成果，并在此基础上确定本书的研究方向及可能的创新点，提出本书拟采取的研究方法。

第一章为"规范与安全——反核扩散国际规范的建立"。本章首先介绍了国际关系理论界对规范与安全的研究，并考察了三大范式下的规范与安全，特别是安全化与规范周期理论。通过引入一般意义上的规范与安全的概念，介绍了一般意义上规范的形成与传播情况，并根据本书的研究对象，对规范与安全做出新的解释。在研究规范与安全的基础上，本章阐述了反核扩散国际规范的形成、确立及传播情况。反核扩散国际规范是欧盟反核扩散规范形成的外部动力。

第二章为"欧盟与反核扩散国际制度建设"。制度是规范的依托，制度建设通常先于规范的确立，反核扩散国际规范的形成与国际核不扩散制度的建立密不可分，国际核不扩散制度是反核扩散国际规范的法律基础和制度保障。本章首先分析了国际核不扩散制度的建立过程，认为欧洲国家最初在美国的说服下被动签署了《不扩散核武器条约》，但在参与国际核不扩散制度构建的过程中，欧盟内化了核不扩散的观念，形成了自己的反核扩散政策，一个突出的明证就是欧盟在1995年《不扩散核武器条约》审议会议上，积极推动了条约的无限期延长。欧盟对核不扩散制度构建的参与，既推动了反核扩散国际规范的建立，又有益于维护欧盟的安全，是欧盟以规范促安全的典型。

第三章为"欧盟反核扩散规范的确立及实施"。在欧盟内化反核扩散国际规范的同时，冷战的结束使欧盟对安全进行重新定义，核武器等大规模杀伤性武器的扩散被欧盟视为最大的威胁。在反核扩散国际规范的内化与欧盟安全认知转变的双重作用下，欧盟反核扩散规范于2003年确立。本章选取欧盟的出口管制政策作为阐述欧盟反核扩散规范的范例，出口管制是从源头上防止核扩散的重要手段。由于两用物资能够带来相当大的经济利益，因此一个国家在出口管制政策上的力度尤其能够反映其反核扩散的决心。欧盟成员国在出口管制方面的合作日益频繁，欧盟的出口管制清单越来越细化，这不仅体现了欧盟反核扩散意识的增强，也反映了欧盟反核扩散规范的深化。

第四章为"欧盟反核扩散政策与朝核问题"。为维护反核扩散国际规范，欧盟积极介入朝核问题。在朝核问题上，欧盟主要是通过参与朝鲜半岛能源发展组织，以多边方式介入朝核问题的解决。同时，欧盟也一直保持对朝鲜的人道主义援助，支持朝鲜进行经济改革，希望通过改善朝鲜的经济、社会状况，消除朝鲜发展核武器的根源。但由于朝鲜对欧盟来说不是一个安全利益攸关的国家，因此在朝核问题上，欧盟基本上处于比较边缘的位置，而且呈现逐渐退出的趋势。

第五章为"欧盟反核扩散政策与伊朗核问题"。在伊朗核问题上，欧盟一直活跃在解决伊朗核问题的前台。伊朗是欧盟的近邻，伊朗的经济实力、地区地位和战略诉求在相当大程度上影响欧盟的安全，一个拥核的伊朗更是对欧盟的威胁。欧盟参与解决伊朗核问题的力度是最大的也是最富有成效的，欧盟对伊朗核问题的政策是欧盟反核扩散政策的集中体现。由于欧盟处理伊朗核问题的政策工具具有明显阶段性，本书以两章的篇幅分析欧盟针对伊朗核问题的政策。在本章中，欧盟通过与伊朗达成"德黑兰宣言"和《巴黎协定》使伊朗暂停了铀浓缩等核活动，欧盟对伊朗的反核扩散政策取得了阶段性的成效。随着国际形势以及伊朗领导人的更迭，伊朗重新启动铀浓缩活动。欧盟采取强制政策：一方面通过联合国或者单独提出对伊朗的制裁措施；另一方面提出激励计划，希望通过向伊朗提供补偿换取伊朗暂停铀浓缩等核活动。但欧盟的强制政策没能阻止伊朗发展核能的步伐，伊朗在发展核能方面越走越远。

第六章为"精准制裁与后伊核时代欧盟对《伊朗核协定》的维护"。欧盟不再完全依赖规范性力量等传统政策工具，对伊政策"武装到牙齿"。伊朗强硬派总统内贾德上台后强行推进伊朗核计划、撕毁和暂停相关协定的做法完全打乱了欧盟的政治安排。欧盟同伊朗的核博弈由此进入新的轮次。欧盟走上制裁伊朗、逼迫伊朗放弃进行敏感核活动的道路。2012年1月，欧盟通过针对伊朗能源行业的精准制裁法案，强迫伊朗改变相关行为。欧盟的立场变化以及同美国的协调直接造成伊朗的石油出口量大幅下滑，打击了伊朗经济。温和派总统哈桑·鲁哈尼上台后，通过与美国进行良性互动，推动解决伊朗核问题，解除美欧对伊朗的经济

制裁。2015 年 7 月，《伊朗核协定》签署，这也为美欧经济制裁的解除
奠定了坚实的基础。

特朗普上台后于 2018 年 5 月 8 日宣布退出《伊朗核协定》。欧盟为
力保《伊朗核协定》进行了一系列的外交斡旋，如从完善既有的《伊朗
核协定》到增加补充条款，这都没能逆转特朗普退出的决心。为了维护
欧盟的外交成果，欧盟委员会从 2018 年 6 月 6 日开始激活 1996 年的阻
断法案，要求欧盟公司不得遵守美国的域外制裁条款，并赋予欧盟公司
就美国制裁造成的损失进行索赔的权利。9 月，欧盟宣布建立特殊目的
通道（SPV）来促进包括原油在内的与伊朗的进出口贸易。这样，欧盟
为应对美国制裁出台的阻断法案和 SPV 从理论上实现了从贸易投资保护
到支付独立的封闭运营。借此，欧盟兑现了对伊朗的承诺，并完善了对
欧盟企业的立法保护机制。但无论是阻断方案还是 SPV 都存在内生的缺
陷，如果美国不动摇改变伊朗政权的初衷而持续对伊朗施压，《伊朗核协
定》就可能进一步空心化。

最后一部分为结论，对欧盟规范性的反核扩散政策进行总结，分析
欧盟对朝核问题与伊朗核问题的政策存在差距的原因，并归纳了欧盟反
核扩散政策的特点和局限性。本书认为，欧盟是维护反核扩散国际规范
的重要力量，具有欧盟特色的反核扩散政策是对国际核不扩散制度的有
益补充。欧盟的反核扩散政策体现了规范建设与地区政策的统一、规范
的内化与对外政策的统一、规范的建设与维护的统一。

第一章 规范与安全

——反核扩散国际规范的建立

安全自 20 世纪 40 年代以来就成为国际关系研究的焦点，安全也构成了一国的核心利益，而规范直到冷战后才进入学者的研究视野，并成为国际关系研究的一个前沿问题。通常认为，安全是新现实主义关心的议题，而规范则属于建构主义的范畴。本书认为，安全与规范具有相辅相成的意义。安全，特别是安全化的进程促成了规范的产生，而规范产生后又能增进安全。具体到核扩散问题上，核扩散对安全的威胁促进了反核扩散规范的产生，反核扩散规范产生后又有利于维护安全。因此，本章首先从解析规范与安全的概念、范式等入手，进而以规范与安全的关系为基础，分析和解释反核扩散国际规范的确立过程。

第一节 规范的解析

一 规范的概念

学者们对规范的定义莫衷一是，不同的学者从不同的角度出发，对规范的定义主要有以下几种。玛莎·费丽莫从国家行为的角度出发，认为规范是指"特定行为体持有的适当行为的共同预期"。[①] 罗伯特·阿克塞尔罗德认为，规范存在于特定的社会背景之中，个人或国家在一定程度上能够按照一定的方式行事，否则将受到惩罚。[②] 个人或国家的违反行为也包含其未来行为的信息。[③] 詹尼斯·汤普逊认为，国际规范是国

---

① 〔美〕玛莎·费丽莫：《国际社会中的国家利益》，袁正清译，浙江人民出版社，2001，第 29 页。

② Robert Axelrod, "An Evolutionary Approach to Norms," *American Political Science Review*, Vol. 80, No. 4, Winter, 1986, p. 1097.

③ Robert Axelrod, "An Evolutionary Approach to Norms," *American Political Science Review*, Vol. 80, No. 4, Winter, 1986, p. 1107.

家间正常的惯例。① 戈登斯坦认为，国际规范是国家领袖对于正常国际关系所怀有的期望。②

奥迪·克劳兹、劳德·詹森（Loyd Jensen）等学者指出，上述定义更多强调国际规范的正常（状态），并没有强调规范的道德范畴或责任。由于要让正常（状态）具有规范性，行为体自身必须意识到一种责任感。克劳兹认为，规范是指在特定情况下，对行为标准的共享理解，它能够通过表明国家应当如何行事来指引行为体的行为。③ 换句话讲，国际规范涉及对行为的集体评价，尤其是对服从行为或违反行为的评价。一般来讲，学者们普遍接受的规范的定义为：具有给定身份的行为体的适当的行为准则。④

从功能来看，规范一般分为限制性规范与构成性规范。限制性规范限制和制约人们的行为；构成性规范塑造新的行为体、形成新的利益、创造新的行动类别。从规范的起源地来看，规范可以分为国内规范与国际规范。此外，规范也可以分为合作性规范（与自身利益一致，自觉维护规范而不需要制裁）、霸权性规范（为维护规范利用制裁等手段）以及去中心化规范（存在规范同利益的冲突，制裁权力分散）。⑤

一般认为，在影响外交行为方面，规范能够发挥以下作用：第一，规范可能促使国家领袖发挥作用，如国家领袖决定支持某些包含规范性含义的政策；第二，一些社会利益集团会因为某些特定的规范而聚在一起，向政府施加压力，敦促政府实施包含规范性含义的特定政策；第三，外部顾问或者智囊会通过提出不同的规范，在某些领域促成对不同政策

---

① Janice Thomson, "Norms in International Relations: A Conceptual Analysis," *International Journal of Group Tensions*, Vol. 23, No. 1, 1993, pp. 67–83.

② Joshua S. Goldstein, *International Relations* (Harper Collins, 1994), p. 453.

③ Audie Klotz, *Norms in International Relations: The Struggle against Apartheid* (Cornell University Press, 1995), p. 14; Loyd Jensen, Lynnh Miller, *Global Challenge: Change and Continuity in World Politics* (Harcourt Brace, 1997), p. 86.

④ Martha Finnemore, "International Organizations as Teachers of Norms: The United Nations Educational, Scientific, and Cultural Organization and Science Policy," *International Organization*, Vol. 47, 1993, p. 565.

⑤ Gary Goertz, Paul F. Diehl, "Toward a Theory of International Norms: Some Conceptual and Measurement," *The Journal of Conflict Resolution*, Vol. 36, No. 4, December 1992, pp. 634–664.

的争论，从而影响外交行为；第四，国际规范可能成为国内机构的行政规范或者国家法律，以影响外交行为。

规范容易与制度混淆，制度是指"一组稳定的实践活动和规则，他们规定了特定行为群体在特定环境下的适当行为"。① 一般来讲，规范指的是单独的行为准则，而制度强调的是诸多行为准则的组合，或者一组实践活动和准则。② 制度是规范的外在形式，而规范是意识层面的准则。规范更多属于观念等非物质层面范畴，制度则是有形的，并通过组织形式、特定章程、常设机构而具体化。有些规范能够通过国际制度平台来广泛传播从而成为国际上认可的规范，而国际制度的稳定性反过来又促进了国际规范的传播。

二　三大范式下的规范

虽然规范直到冷战后才成为学者们研究的焦点之一，但在现实主义与自由主义范式中，规范也是无法回避的因素。现实主义始终认为权力和利益是国家追求的终极目标，但现实主义也认为，国际社会中的国家并不是完全不受限制和约束的，国内的道德、习惯和法律等对国家的行为起着一定的积极作用，而这些道德、习惯和法律等就是规范性因素。扩展到国际社会的视角，这些规范性因素包括国际道德和国际舆论。这些因素在限制国家行为方面发挥着有效的作用。现实主义大师摩根索（Hans Morgenthau）承认，国家会选择遵守一些不与国家利益冲突的道义责任和规范。③

以肯尼斯·沃尔兹（Kenneth Waltz，又译作肯尼思·华尔兹）为代表的结构现实主义强调结构对体系内的行为体具有影响力。沃尔兹指出结构通过社会化能够对行为体起到限制和形塑作用。他以城镇青年的着

---

① 〔美〕詹姆斯·G. 马奇、〔挪〕约翰·奥尔森：《国际政治秩序的制度动力》，载〔美〕彼得·卡赞斯坦等编《世界政治理论的探索与争鸣》，秦亚青等译，上海世纪出版集团，2006，第366页。

② 〔美〕马莎·芬尼莫尔、〔美〕凯瑟琳·斯金克：《国际规范的动力与政治变革》，载〔美〕彼得·卡赞斯坦等编《世界政治理论的探索与争鸣》，秦亚青等译，上海世纪出版集团，2006，第299页。

③ 摩根索列举的国际规范包括在和平和战争时期保护非作战人员的生命、谴责战争等，参见〔美〕汉斯·摩根索《国家间政治：寻求权力与和平的斗争》，徐昕等译，中国人民公安大学出版社，1990，第284～304页。

装为例，认为社会通过自发的、非正式的方式构建起行为规范，成员个人意见会受到团体意见的左右，符合团体规范的行为会受到赞许，英雄和领袖的行为会被效仿，而偏离团体规范的行为会受到指责。这一方式提高了规范的程度。社会化减少了差异性，使系统内的行为体具有同质的效果。[①] 进攻性现实主义的代表约翰·米尔斯海默（John J. Mear-sheimer）认为，大国的实力同新的规范设定存在密切关系。大国拥有选择设定或强制实行某种新的规范的实力，但是大国只支持有利于实现目标和维护利益的规范。[②]

以罗伯特·基欧汉（Robert Koehane）为代表的新自由制度主义强调制度的重要性，制度同国家规范具有相当大的关联性。自由民主主义认为有关种族隔离、非殖民化等国际规范的确立同民主传播之间存在必然的关系。

比较而言，建构主义学者最为强调规范的作用。建构主义学者认为，国际政治的观念结构具有两个主要内容：行为体和结构，或者国家和无政府的体系性质。无论是国家还是无政府的体系性质都受到行为体观念建构的影响，国家的身份和利益并不完全是由权力决定的，而受到国家对权力、利益和身份的认同的影响。观念在建构国家利益定位的同时，也建构了国家对他者的认同定位。正因为国际政治是社会建构成的，国际体系的结构不仅与物质资源的分配相关，也与社会相互作用，这一切塑造了行为体的身份和利益，而不仅仅是行为。[③] 建构主义学者认为规范主要通过内化为行为体的身份来影响行为，并在特定环境下改变行为体对适当反应的认知。通过接受新的规范，行为体的身份和利益被重新构建。建构主义虽然认同结构中的物质性因素，但认为它是有限的，物质性因素只有通过社会性结构才能对行为体的行为产生有意义的影响。[④]

---

① 〔美〕肯尼思·华尔兹：《国际政治理论》，信强译，上海人民出版社，2003，第 97 ~ 101 页。

② John J. Mear-sheimer, "The False Promise of International Institutions," *International Security*, Vol. 19, No. 3, Winter, 1994 - 1995, pp. 5 - 49.

③ 〔美〕亚历山大·温特：《国际政治的社会理论》，秦亚青译，上海人民出版社，2000，第 207 ~ 210 页。

④ 〔美〕亚历山大·温特：《国际政治的社会理论》，秦亚青译，上海人民出版社，2000，第 162、164 页。

在规范、利益和行为三者之间关系方面，建构主义认为：规范塑造了利益，而利益塑造了行为。没有哪一种联系是决定性的。规范以外的因素，如实力，制约、塑造了行为和结果。变化的规范可能改变国家的利益预期，也可能创造新的利益。但是对新的规范感兴趣并不能保证国家对规范的追逐会超越对相关利益的追逐，新的或者变化的规范能够造成新的或者不同行为，然而并不能确保所有这样的行为会继续下去。①

以 20 世纪 80 年代末美国反对南非种族隔离事件为例，单纯从现实主义视角考虑，南非拥有丰富的资源并控制重要的海上通道，且南非是冷战时期美国在南部非洲最重要的盟国，但经济、安全和战略意义难以说明美国介入、干涉南非国内种族隔离问题的原因。结构现实主义也难以解释上述问题，因为在美苏对峙的两极格局背景下，美国应当巩固并密切同南非的关系，而不是相反。只有从规范的角度理解才能较好地解释这个问题。20 世纪 80 年代，倡导人权平等、反对种族隔离的国际规范已经成为国际共识，里根政府在 80 年代末将民主思想纳入美国外交政策之中，逐渐改变原来支持非民主政权的外交政策。因此民主观念和对新的国际规范的认同使里根政府改变了对南非的政策。

英国学者巴瑞·布赞（Barry Buzan）提出深层结构的概念，认为政治结构不仅包括无政府状态，还包括等级结构，而深层结构不仅包括权力和国际组织，还包括规则和规范。他认为，除了权力结构之外，各种规则、制度、国际组织都包含在国际政治结构之中。② 巴瑞·布赞的结构观点具有一定的调和性，它既克服了现实主义单纯从物质主义解释国家关系的缺陷，又克服了自由主义和建构主义忽视国际关系中物质主义的做法，这在相当大程度上可能更接近国际社会的现实。

英国学派的赫德利·布尔（Hedley Bull）对规范持否定态度，他以苏联为例，指出苏联利用"社会主义国际论"等观念代替主权平等的国际规范，从而达到能够干涉东欧国家内部事务的目的。因此，他认为，

---

① Martha Finnemore, "Constructing Norms of Humanitarian Intervention," in Peter J. Katzenstein, ed., *The Culture of National Security: Norms and Identity in World Politics* (Columbia University Press, 1996), p. 158.

② 〔英〕巴瑞·布赞、〔英〕理查德·利德尔：《世界历史中的国际体系：国际关系研究的再构建》，刘德斌主译，高等教育出版社，2004，序言第 3 页。

规范仅仅是大国拓展国家利益的幌子和战略而已。①

自由主义和建构主义学者对规范类型的研究各有侧重，前者侧重于限制性规范（regulatory norms），后者侧重于构成性规范（constitutive norms）。限制性规范限制国家的行为并改变目标国家的激励性结构；构成性规范影响行为体的身份和利益。

三 本书对规范的解释

针对实际问题，三大范式在解释规范的形成、传播、维持（护）和消亡方面都略显不足，这主要体现在以下几个方面。

第一，规范明显具有非物质性的特征，但不能被建构主义进行全面的解释。尤其是在某些规范的维持方面，部分国家将规范的维持视为维护对国际上某些领域的垄断权和话语权的手段，比如美国就将维护反核扩散国际规范列入国家安全战略之中。而这种维护并不是简单通过规范确定身份，通过身份确定利益的过程。

第二，规范普及的手段包括说服与胁迫。建构主义偏重于通过说服和社会化来解释规范的普及，认为一个国家让另一个国家接受国际规范的主要手段是说服。说服是改变人们对其所珍视的或者认为是好的、正确的东西的看法的努力。② 但是在现实国际社会中，经济援助、军事援助、安全保证等利诱或者威胁常常被用于推广国际规范，甚至有些时候，大国直接使用武力来强制实行某种国际规范。胁迫显然是借助物质力量推广规范的手段，这种现象可以用现实主义进行解释，但这是建构主义学派的解释盲点。

大多数国际关系学者承认规范的存在，但是在国际规范何时以及通过什么方式影响包括国家在内的行为体的问题上，学者之间仍然存在分歧。物质主义者认为，规范反映了主导国家的物质利益和权力地位。从这个角度来看，实力强大的国家推广规范，目的是让它们偏好的政策具

---

① 相似的事例还包括美国以各种名义对中美洲和加勒比地区国家事务进行干涉，以及美苏宣称两国对防止核扩散具有不可推卸的责任，并共同签署《不扩散核武器条约》，以约束中国、法国等。参见〔英〕赫德利·布尔《无政府社会：世界政治秩序研究》，张小明译，世界知识出版社，2003，第171～183页。

② Martha Finnemore, *The Purpose of Intervention*：*Changing Beliefs about the Use of Force*（Cornell University Press, 2004）, p. 152.

有合法性或者具有正义的色彩。正是因为在大国追求规范的背后存在物质利益，我们才能看清规范选择和承认的过程。如果规范由强国创设，那么由于强国具有为规范的接受者提供奖励，同时惩罚违反规范的国家的能力，这种激励性结构有利于推动规范传播。这样，规范非但没有对国家利益和行为产生独立效果，反而被主导性大国利用，以追求它们的利益。①

规范是个宽泛的领域，不同的规范在传播时具有不同的特点，而且不同的范式能够利用相应的术语和概念体系对某些规范及其传播进行解读。虽然说服和社会化等建构主义所强调的因素在国际规范的传播中起到了重要作用，但是国际社会也为我们展示了另外一幅图景：相对于卢森堡这样的小国，由美国支持的规范很可能成为传播更为广泛而且是更有效的规范，这就是对国际规范传播的现实主义解释。② 大国在推广与自己利益相关的国际规范的时候，对其他大国可能会进行说服，而对另外一些小国、弱国却可能会携带"大棒"，胁迫其就范。因此如果把国际规范单纯归于三大范式中的某一类，就会出现解释力不足的情况。

本书考察的国际规范跨越规范的创设、维持两个重要阶段，认为三大范式在各阶段都存在解释力不足的情况。建构主义和自由主义在解释国际规范对国家行为的限制方面更具说服力；现实主义在解释国家创设某些（并非所有的）规范以及维持国际规范方面具有一定的解释力。因此本书主要采取调和主义的原则，着重利用结构方法来解释这个问题。本书对结构的分析方法主要坚持以下三个假定。

第一，国际体系中行为体主要指国家，它可以推广某种观念并使其成为新的国际规范，国家在建立某些国际规范方面具有利己的特征，即把国际规范当成拓展国家利益的手段和方法。在某种意义上，这种国际规范的建立同创设国际制度具有一定的共同之处。第二，一旦某些观念成为国际规范，那么它们就具有结构性意义，即规范能够发挥影响结构

---

① Loren R. Cass, *The Failure of American and European Climate Policy*: *International Norms*, *Domestic Politics*, *and Unachievable Commitments* (State University of New York Press, 2006), pp. 2 – 3.

② Paul Kowert, Jeffrey Legro, "Norms, Identity, and Their Limits: A Theoretical Reprisal," in Peter Katzenstein, ed., *The Culture of National Security*: *Norms and Identity in World Politics* (Columbia University Press, 1996), p. 491.

中行为体行为的作用。第三，新形成的国际规范除了具有自我维护的特点之外，还需要或者有赖于体系内实力强大的行为体（主要是大国）的维护，而维护的手段包括物质性和非物质性两种。

四　规范的生命周期

芬尼莫尔和斯金克通过引入经济学中的产品生命周期理论来解释国际规范的传播，她们认为，规范在发生、发展过程中经历着一个规律性的"生命过程"，也就是规范兴起阶段、规范普及阶段、规范内化阶段。①

除了上述三个阶段之外，规范实际上还存在第四个阶段，即规范的消亡阶段。尽管研究者并没有具体阐述，但隐含了这一阶段的存在。实际上，正是由于新规范的兴起或者原有规范被新的国家现实所抛弃等原因，规范才会走向消亡。而且，正是由于国际规范从兴起到消亡，再到新的国际规范替代原有规范，国际规范才循环往复、不断向前发展。

由于本书阐述的主题是反核扩散国际规范，根据这一特定规范的特殊性，本书把规范的发展阶段修正为：规范的兴起阶段、规范的传播阶段和规范的维护阶段。

第一阶段是规范的兴起阶段。规范的兴起得益于认知共同体的形成。认知共同体是指在特定领域内，由拥有特定技术和才能的专业人士组成的网络，并在该领域内或与政策相关的特定问题上，具有权威性的发言权（authoritative claim）。认知共同体的特点如下。第一，共享一整套共同的规范和原则性信念，这种规范和信念为共同体成员的社会活动提供了以价值为基础的理性。第二，共享一套共同首倡的观念，这些观念从研究者的实践分析中而来，并对认知共同体涉及的相关领域中的核心问题的解决有所帮助，核心问题有助于在可能的政策行动与期望结果之间建立多种联系。第三，认知共同体是共同政策的首创者，进行与特定问题相关的一整套实践活动。认知共同体认为，某种规范或观念的形成有助于提高人类的福利水平。第四，认知共同体共享有效的观念，以在主

---

① 〔美〕马莎·芬尼莫尔、〔美〕凯瑟琳·斯金克：《国际规范的动力与政治变革》，载〔美〕彼得·卡赞斯坦等编《世界政治理论的探索与争鸣》，秦亚青等译，上海世纪出版集团，2006，第303~314页。

体性之间以及共同体内部确定新的衡量标准和有效知识。①

认知共同体的作用如下。第一，帮助国家确立具体的规范或战略。第二，塑造国际规范在国内政治生活中的显著地位，使规范在国内政治生活中影响范围扩大。规范在国内政治生活中声望的提高有利于规范普及。第三，游说政治决策集团。游说主要通过任职的方式发挥作用，也就是说，认知共同体成员直接进入国家行政部门，在体制内部参与并影响决策。政治选择过程决定认知共同体将倡导的理论和学说转化为国家政策的情况。事实上，规范必须深嵌在国内政治话语之中，并最终结合国家的对内对外关系才能有效。国家领袖在这方面发挥着决定性作用，规范只有被国家领袖接受，既定的国家政策才能被改变。

在规范的兴起阶段，对规范的选择非常重要，这涉及两个概念，即框定（framing）与渐进性移植（grafting）。框定对新规范来讲是非常必要的，因为一开始，无论是概念还是内容都是比较模糊的，必须由新规范的支持者积极建构，这样，新规范才能得到更好的传播。新规范的支持者通过框定规范的概念，确立新规范。② 在这方面，反对种族隔离就是一个明显的例子。渐进性移植是渐进性的规范移植，是规范倡导者通过将同新规范紧密联系的既有规范引申升华并制度化，建立新规范的方法。③ 理查德·普莱斯（Richard Price）认为，禁止使用化学武器的国际规范得益于援引了国际社会业已存在的反对使用毒药的国际规范。④

第二阶段是规范的传播阶段。"传播"是指物体、过程、观念或信息从一个人或地区扩散或传递到另一个人或地区。⑤ 罗杰斯（Everett M. Rogers）认为，传播是在一定时间内一个新兴事物通过一定渠道传递

① Peter M. Hass, "Introduction: Epistemic Communities and International Policy Coordination," *International Organization*, Vol. 46, No. 1, Winter, 1992, p. 3.

② Rodger A. Payne, "Persuasion, Frames and Norm Construction," *European Journal of International Relations*, Vol. 7, No. 1, 2001, p. 55.

③ Amitav Acharya, "How Ideas Spread: Whose Norms Matter? Norm Localization and Institutional Change in Asian Regionalism," *International Organization*, Vol. 58, Spring, 2004, p. 251.

④ Richard Price, "A Genealogy of the Chemical Weapons Taboo," *International Organization*, Vol. 49, No. 1, Winter, 1995, pp. 73 – 103.

⑤ Jeffrey T. Checkel, "Norms, Institutions, and National Identity in Contemporary Europe," *International Studies Quarterly*, Vol. 43, No. 1, March 1999, p. 87.

给社会体系中其他成员的过程。① 一般来讲，规范的传播主要包括规范的传播者或倡导者、规范的接受者和传播的组织平台或媒介三个要素。

组织平台对规范的传播相当重要。如果国际规范能够依托特定的国际组织或者国际制度的话，国际规范就可能传播得更为迅速。非政府机构、国际组织、意愿同盟等都可能成为国际规范传播的组织平台。制度化的规范比一般性的规范更为重要，规范一旦被制度化，就不仅仅代表个人的偏好、价值观或者意识形态。制度化的规范由集体所有，存在于行为体之外，虽然不总是但也常常对正式的、有约束力的制度起到指导作用。②

从传播的主导方式来讲，国际规范的传播可分为国家主导型、认知共同体主导型和混合型三种。国家主导型是指国家在国际规范的传播过程中发挥主导作用，即国家提出某种观念，并把它作为特定的规范在国内和国际两个层面加以推广。在国家内部，国家借助官僚体系、媒体等多种渠道自上而下推广某种观念，以影响民众的价值取向，使他们把新的观念作为新的规范来接受，从而实现规范在国内的推广。同时国家还利用掌控的资源和影响力来影响其他国家，促使这些国家通过自上而下的方式推广上述观念，或者在其他国家内部催生出类似的认知共同体，认知共同体通过自下而上的方式进行传播，最终使这些国家把上述观念作为国际规范来接受。随着越来越多的国家接受上述观念，国际规范就在国际层面得以确立。国家范围不断扩大的过程就是国际规范形成的过程。

认知共同体主导型是指拥有共享观念的认知共同体在国际规范的传播过程中发挥主导作用。具体的方式如下。A国国内出现了某个在特定领域存在共享观念的认知共同体，认知共同体通过自己构建的组织平台和影响力，框定了特定的观念和利益；之后通过举办学术活动、成员直接参政等渠道，自下而上地游说政府；政府采纳了认知共同体推介的观念，并通过官僚机构实现上述观念的政策化。在国际层面，认知共同体通过上述渠道带动、催生其他国家在国内产生类似的认知共同体，并通

---

① Everett M. Rogers, *Diffusion of Innovations* (The Free Press, 1983), p. 14.
② 〔美〕彼得·卡赞斯坦：《文化规范与国家安全》，李小华译，新华出版社，2002，第25页。

过它们进行自下而上的游说来让其他国家接受相关观念。最后当这样的国家不断增多，并都接受特定观念的时候，国际规范得以形成。

混合型是指国际规范可能并非由单一的国家或认知共同体来推广，而是由两类不同行为体协同或者平行地推广，例如，在认知共同体的作用下，国家接受新的观念或规范，并极有可能成为新的规范的积极推广者，敦促或者诱使其他国家接受新的规范，开始自上而下的规范内化过程；或者某种规范开始由国家推广，但是真正发挥影响力的可能是目标国家内部的认知共同体，最终规范的国际化更多的是通过认知共同体的努力得以实现。

规范的倡导者说服或者压服接受者接受规范的过程至关重要。在规范的传播过程中，说服和压服是两个重要的手段。建构主义学者和自由主义学者强调说服的作用，而现实主义学者强调压服的作用。建构主义学者认为规范传播的过程就是观念变为规范和主体变为主体间性（inter-subjective）的过程。[①] 在规范建立的过程中，行为者选择框定相关观念，并将其同业已存在的规范和利益相匹配。框定是在评价性模式下提出或者强调行为和事件，为的是采取替代性的行为。框定是用以确定问题和取得公众对特定问题支持的工具。自由主义学者认为，规范通过改变行为体的激励性结构来影响行为，而且这种结构会影响行为者的成本收益盘算，因此规范可能影响行为者的行为。在这种情况下，规范限制了行为者可能的选择范围，并可能改变行为者的行为，但是这可能不被认为是认同行为的一部分。在规范形成过程中，说服和压服之间的区别在于将相关规范转变为国内政治体系规范过程中采取的手段不同。现实主义学者认为，国家接受规范的标准反映了胁迫机制。在推广规范的过程中，规范的倡导者，尤其是大国倾向于将推广规范同在其他领域提供物质奖励，或者威胁进行制裁甚至使用武力结合在一起，动员、胁迫目标国家决策者改变既定国家政策，接受新的规范。[②] 阿克塞尔罗德提出，如果

---

① Rodger A. Payne, "Persuasion, Frames and Norm Construction," *European Journal of International Relations*, Vol. 7, No. 1, 2001, p. 51.

② Stephen D. Krasner, "Sovereignty, Regimes, and Human Rights," in Volker Rittberger, ed., *Regime Theory in International Relations* (Clarendon Press, 1993), p. 166.

少数大国把国际规范作为维护利益的工具，那么规范很容易被推广。①
赫德利·布尔指出，有时候，规范仅仅是大国拓展国家利益的幌子和战
略而已，为了实现干涉东欧国家内部事务的目的，苏联就曾试图把"社
会主义国际论"等观念推广为一种新的国际规范，以代替主权平等的国
际规范。

第三阶段是规范的维护阶段。将维护视为一个独特阶段的原因是，
即使是制度化的规范，在得到传播和推广之后仍然不是自在自为的，而
需要必要的维护。维护包含规范的内化和规范的维护两层含义。

其中，规范的内化指行为体在吸收外来规范，将其接纳为自己的行
为规范时，通常不是全盘接受，而是有选择性地接受或者对规范进行重
新改造，以让其更符合本国的法律习惯，从而能够更容易被本国民众接
受，这也是规范的本土化过程。规范的本土化是指行为体通过话语、框
定、移植以及文化选择等方式对外来观念进行积极建构。② 本土化使规
范具有地区特色。将国际规范本土化需要以下几个条件。一是重大事件，
尤其是安全事件或经济危机会促使民众引入新的规范来替代现有的游戏
规则。二是体系变化，比如，权力分布或者大国利益和相互影响的变
化。③ 冷战结束后，欧洲安全合作遵守一套欧盟规范，这引起欧洲之外
地区行为体的关注。三是规范接受者国内政治的变化，比如，新的民主
政体可能会把维护人权作为制定外交政策的基础，因为这些观念有助于
促进其政权合法化。四是国际和地区示范效应。这将促进规范接受者通
过效仿等方式引入新的规范。规范的内化固然重要，但是规范还需要特
定国家，尤其是大国加以维护和支持，如不断宣传规范对成员集体利益
的重要意义，惩罚可能的和潜在的违规者。

国际规范推广的成功与否，不仅取决于大国投入资源的多少，还取
决于这种国际规范是否有国际法、国际制度的支持。约束国家的规范存

---

① Robert Axelrod, "An Evolutionary Approach to Norms," *American Political Science Review*, Vol. 80, No. 4, Winter, 1986, pp. 1095 – 1111.

② Amitav Acharya, "How Ideas Spread: Whose Norms Matter? Norm Localization and Institutional Change in Asian Regionalism," *International Organization*, Vol. 58, Spring, 2004, pp. 239 – 275.

③ Audie Klotz, *Norms in International Relations: The Struggle against Apartheid* (Cornell University Press, 1995), p. 23.

在不同的等级：习惯（convention）、正式化的惯例（formalized practice）、准则（rule）、规则（principle）和法律（law）。① 规则的形成大致经历这样的过程：刚开始是操作规则，然后是先例，接下来便是道义原则，最后是法律文件。② 从规范的内化和维护来看，法律在规范中的等级最高，因为法律不仅由立法机关制定，而且由具有强制力的司法机关监督，并能够处罚违规者。从国际层面来看，国际法在相当大程度上规定、约束着国家行为。"有约必守"的原则是国家间达成协定的前提条件，并被看作国际法的第一原则和基石。③ 国际法塑造的规范被遵守的时间更为持久，也更具影响力。但是与国内法不同的是，国际法是由多个国家制定的，由于国际社会中缺乏承担强制执行国际法的中央权威，国际法对国家的约束力明显弱于国内法对个体的约束力。如果要提高国际法的规范效应，就必须在一定程度上解决强制执行的问题。

另外，作为重要的传播媒介，国际制度对规范的传播具有重要的意义。马莎·芬尼莫尔强调，如果通过国际规则和国际组织的形式让某种规范得以制度化，则会对这种规范的传播起到至关重要的作用。制度化的规范能够清楚地告诉人们某种规范的确定含义，以及违规行为的表现。制度化的规范还可以确定相关程序，使规范的倡导者得以协调不同立场，并对违规者进行惩罚。这样，制度化的规范就可以促进规范普及。但是制度化的规范并不是规范普及的必要条件，制度化的规范可能在规范普及之前就已经产生。④

第二节　安全的解析

冲突与合作、战争与和平是国际关系中亘古不变的话题，其内涵与

---

① Neil MacCormick, "Norms, Institutions, and Institutional Facts," *Law and Philosophy*, Vol. 17, No. 3, May 1998, pp. 301 – 345.

② 〔英〕赫德利·布尔：《无政府社会：世界政治秩序研究》，张小明译，世界知识出版社，2003，第55页。

③ 〔英〕赫德利·布尔：《无政府社会：世界政治秩序研究》，张小明译，世界知识出版社，2003，第56页。

④ 〔美〕马莎·芬尼莫尔、〔美〕凯瑟琳·斯金克：《国际规范的动力与政治变革》，载〔美〕彼得·卡赞斯坦等编《世界政治理论的探索与争鸣》，秦亚青等译，上海世纪出版集团，2006，第309页。

目的就在于追求安全。从 20 世纪安全问题被现实主义者提到国际问题议程中以来，安全问题就一直是国际政治中的核心问题。国际关系理论历经三次大论战，安全理论在论战中得到发展，各大流派的安全理论"争奇斗艳"。

一 安全的概念

安全研究一直是国际关系领域的焦点，但国际社会对于安全的概念始终没有定论。安全在中文中的字面含义是没有危险、不受威胁、安定。英文中的安全（security）的字面含义是，免于危险或不暴露在危险之下的条件；安全的感觉，免于危险的自由或危险的缺失；免于恐惧的自由。从前文可以看出，英文的定义更加宽泛一些，英文中的安全包含主观因素，即一种感知。但两个定义是相似的，也就是免于危险，没有恐惧。

阿诺德·沃尔弗斯（Arnold Wolfers）早就指出，安全是一种价值，是国际政治研究的"起点"和"落点"，但安全的概念比较模糊，很难搞清它的确切含义。① 曼戈尔德（Peter Mangold）认为，国家安全与国家利益是相联系的，人们越是仔细地观察它，问题就越多。现有的安全界定，或过于宽泛，以致没有什么实际意义；或过于狭窄，以致引来了直接的挑战。安全在不同的时间、地点意味着不同的事情，这取决于人们需要保卫的东西，取决于威胁的实质。② 巴瑞·布赞认为安全是个模糊的符号，他将安全定义为对免于威胁的追求，显示国家和领土完整，反对敌对势力的能力。安全的底线是生存。③ 卡尔·多伊奇（Karl Deutsch）指出，安全意味着和平及对和平的维护，但是作为一种价值，安全同时是其他许多价值实现的条件，所以它的含义是不明确的。④ 王逸舟认为，"安全指的是行为主体（不论是个人或国家或其他集团）在自己生活、工作和对外交往的各个方面能够得到或保持一种不受侵害、免于恐惧、

---

① Arnold Wolfers, "National Security as an Ambigous Symbol," *Political Science Quarterly*, Vol. 67, No. 2, Fall, 1952.

② 李少军：《论安全理论的基本概念》，《欧洲》1997 年第 1 期。

③ Barry Buzan, *People, States and Fear: An Agenda for International Security Studies in the Post Cold War Era* (Lynne Rienner, 1991), pp. 3 – 5.

④ 〔美〕卡尔·多伊奇：《国际关系分析》，周启朋等译，世界知识出版社，1992，第 283 页。

有保障的状态"。① 从安全的主体来看，安全的主体经历了从国家到国际社会再到经济、社会、环境、人等非传统要素的过程。早期的学者一致认为，安全的本质就是国家安全，安全目标的指向是国家生存、主权独立和领土完整。阿诺德·沃尔弗斯认为，国家安全就是指在客观意义上不存在对既定价值观构成威胁的情况，在主观意义上不存在使既定价值观受到攻击的恐惧。②

对国际安全的研究产生于 20 世纪 50 年代。约瑟夫·奈（Joseph Nye）指出，国际安全是指处于安全困境中的国家之间的相互依赖。约瑟夫·奈与约翰·加尼特（John Garnett）等学者对国际安全与国家安全做出了区分，他们认为，国际安全与国家安全处于国际与国家两个不同的分析层面，既有联系，又有区别。国际安全是关于国际社会的安全，它"代表克服国家对安全问题狭隘的、以人种为中心的认识的一种努力"。③

冷战结束后，非传统威胁的出现动摇了国家安全的传统地位。批判的安全研究提出了三个基本问题，即什么是安全？在盛行的秩序中谁受到保护，谁以及什么是它们因受到保护而需要加以反对的？谁的安全应该与我们的安全有关，通过何种方法以及何种战略获得这种安全？④ 这三个问题的提出对传统安全的概念构成了挑战，国家安全使安全研究的主体或绝对单位的正统观点开始受到质疑，非传统安全开始进入学者的研究领域。然而，学术界对非传统安全的概念至今尚未达成共识。一般认为，非传统安全区别于传统安全对军事层面的片面关注，更注重经济安全、生态安全、人的安全等。

从安全的内容讲，安全的内容不断丰富，从国家安全侧重的军事、政治方面逐渐扩展到经济、技术、信息等方面。民族国家诞生后，国家面临的首要任务就是确保国家的生存，因此，军事实力与外交手段具有压倒性的地位，军事、政治安全成为安全的全部内容。随着 20 世纪六七

① 王逸舟:《论综合安全》,《世界经济与政治》1998 年第 4 期。
② Arnold Wolfers, "National Security as an Ambigous Symbol," *Political Science Quarterly*, Vol. 67, No. 2, Fall, 1952.
③ John Garnett, ed., *Theories of Peace and Security: A Reader in Contemporary Strategic Thought* (St. Martin's Press, 1970), pp. 33 – 34.
④ Wyn R. Jones, "Message in a Bottle? Theory and Practice in Critical Security Studies," *Contemporary Security Policy*, Vol. 16, No. 3, 1995, p. 236.

十年代世界经济的高速发展，经济实力又成为衡量国家实力的重要指标，所以经济安全也进入安全研究的领域。冷战结束后，安全的内容进一步丰富，不仅包括军事、政治、经济等传统方面，还包括环境、社会、文化等方面。

二 三大范式下的安全

国际关系理论中的三大范式对安全的理解各不相同，而安全在三大范式中也占据不同的地位。现实主义者将安全提升到了国际问题议程中，但更关心权力。现实主义从人性恶的起点出发，认为国家的目的是谋求权力，无论国际政治的终极目标是什么，权力都是它的直接目标。现实主义关注的焦点是战争与和平，认为战争是不可避免的，由于国际社会的无政府状态，国家安全总是处于自助状态。20 世纪 70 年代出现的新现实主义对现实主义的观点做出了修正，将安全提到前所未有的高度。新现实主义认为，国际社会处于无政府状态，国家是国际社会中最重要的且唯一的行为体，国家更关心的是安全而不是权力，安全是国家的首要目标和动机，国家存在的根本目标是加强安全。新现实主义将国家安全界定为国家生存、主权独立和领土完整。肯尼思·华尔兹认为，在无政府状态下，安全是国家的最高目标。[1] 国家利益由各国在国际体系中的权力分配情况决定，国际制度是对国家间权力分配情况的反映。安全是一种绝对价值，是国家生存的前提。

在国际社会无政府状态下，现实主义认为国家间的冲突与不安全是必然现象，自助是国家唯一的行为方式。在任何情况下，国家都必须确保自己的生存、领土和主权不受侵犯。为确保上述价值观念，国家可以采取各种非常措施，包括进入战时状态。现实主义者认为国家安全面临的主要威胁是军事威胁，因此一切政治、经济、社会要素都要为军事活动服务。国家实现安全取决于国家的权力或能力，其中军事力量是最重要的体现。因此国家最重要的任务就是尽可能地增强自己的实力，特别是军事实力。在无政府状态下，安全困境是无法根除的，只能缓解，缓

---

[1] 〔美〕肯尼思·华尔兹：《国际政治理论》，信强译，上海人民出版社，2003，第134 页。

解的办法是权力平衡，因此现实主义强调以均势安全和霸权安全来加强国家安全。

均势安全观认为，由于国际社会的无政府状态，国际关系的主要特点是对抗性，国家通过结盟、加强军备或削弱对手等手段使各种力量处于均衡状态，以制衡威胁安全的对手。权力均势是传统的维护国家安全的国际自助机制，是各国自发作用的结果。均势是各方利益暂时妥协的产物，随着力量对比的变化，均势状态会被打破，各主要力量之间重新组合，达到新的均势。由于国家之间的互不信任，任何一方采取的措施都有可能刺激他方采取反措施，造成国际紧张状态，出现安全困境。在安全困境下，维护国家安全的行为是一种零和博弈，因此均势安全状态是一种非常脆弱的稳定状态，是在对权力追逐中的稳定。[①] 均势状态下的安全只是暂时的安全。霸权安全强调霸权体系的重要性，霸权体系是由霸权国领导和统治的国际体系，霸权国实力越强，世界就越安全。霸权体系具有周期性，不平衡发展规律导致世界权力重新分配，世界走向新一轮的霸权冲突。

由上文可以看出，不论是现实主义还是新现实主义都强调国际社会的无政府状态，主权国家是国际体系的基本政治单位，国际政治分析的重点是国家间的关系，国家主权的观点占据了重要地位。由于国际社会的无政府状态，生存是国家的第一要务，军事力量是维持和平的重要力量，维持和平有赖权力平衡。由于国际社会没有最高权威者对权力的使用情况进行安排，国家只能通过自助的方式寻求安全。因此，无论是传统现实主义还是新现实主义都强调国际社会的无政府状态，强调国家的自助性质。主权国家是国际政治活动的主要行为体，国家是国际关系中的核心，国家安全是最重要的目标，增强军事实力与进行军事结盟是维护国家安全的主要手段，另外，应重视物质权力对国家安全政策的影响。

自由主义以人性善为研究的出发点，认为只要消除国家间的误解，世界和平与安全就有希望，寻求通过多边主义超越权力政治、狭隘的国际利益，以及从根本上超越民族国家自身。自由主义强调软实力的作用，强调文化、制度等因素对国家安全的重要意义。自由主义认同国际社会

---

① 许嘉：《权力与国际政治》，长征出版社，2001，第76页。

的无政府状态，国家是理性且单一的行为者；国家是追求绝对利益的自我主义者，承认权力在国际机制中的作用，强调国际机制在帮助国家实现共同利益中的最大作用，国家只有通过合作才能实现共同利益。

自由主义者认为，安全的价值在于维系自由主义的核心价值，这一核心价值具体而言就是自由，而民主是获得自由的重要手段。只有不懈地推广自由主义的核心价值才能获得和平、福利与正义。只有在自由基础上建立的自由国家才是推动国际合作、确保国家安全的重要力量。自由主义承认国际社会的无政府状态，同样重视军事威胁。但新自由主义认为，由于国际关系趋向缓和，军事威胁重要性降低，军事实力的重要性相对降低，国际合作占据国际关系的主流地位。由于国家之间的相互依赖，国家在安全问题上的合作成为可能，国际机制为这种合作提供了平台。通过国家间的合作，可以减少军事冲突。自由主义弥补了现实主义片面强调国家和军事在国际安全中作用的缺陷，主张以合作和经贸发展避免国家间发生战争，提高安全度，以健全国际安全体制防止或制止国际冲突，主张通过国际合作、国际组织和国际法实现和平。自由主义认为，除军事因素外，国内外政治结构、文化与价值观以及民主都对安全产生影响。[1] 自由主义认为，即使在国际社会的无政府状态下也存在一定的秩序，战争是可以避免的，和平是可以期待的。只要国家间存在相对利益，合作性安全就可能产生相应效果。自由主义更关注经济对安全的影响，揭示了相互依赖对安全的影响。但不管是相互依赖还是国际机制，其最终目标都是国家安全。

自由主义的安全观主要强调通过建构国际制度和建立全球民主制度的方式来获得国家安全，即国际制度安全观和民主安全观。国际制度安全观认为，以军事问题为中心的国家安全概念越来越难以准确地反映现实情景，其象征性作用也在下降。[2] 不能仅仅以军事手段或依靠军事实力定义国家安全，建立在相互遵守原则、规范基础上的国际制度能够带来真正的国家安全和全球安全。全球化进程的加快和全球性问题的增加以及国家间相互依存程度的加深，为国际制度的产生提供了条件，国际

---

[1]　张贵洪编著《国际组织与国际关系》，浙江大学出版社，2004，第 54～55 页。

[2]　〔美〕罗伯特·基欧汉等：《权力与相互依赖》，门洪华译，北京大学出版社，2002，第 8 页。

制度可以对国家行为进行规制，国家之间通过谈判、合作达到互信，减少彼此间的恐惧感。民主安全观认为经民选建立的民主国家发生冲突的时候极少威胁使用暴力，民主国家之间不会发生战争，制度可以阻止战争爆发。当世界所有国家都成为民主国家时，国家安全和国际安全就会有保障。①

由上可见，自由主义的安全的指涉对象是以国家为主的，国际体系是由国家构成的，通过国家之间的合作摆脱安全困境，实现安全。获得安全的途径是丰富安全内涵，通过信任、合作解决冲突，强调合作、信任、多边、非军事方式、相互依赖等。

建构主义强调规范、文化和认同。规范表明了各行为体的利益和对利益的认同；文化是由不同规范和认同构成的；认同指行为者对安全的认知和学习。建构主义者认为，国家利益不是由权力界定的，而是由认同、安全或身份界定的。建构主义承认国际社会的无政府状态，但强调社会建构对国家行为和国家安全的影响，认为无政府状态是一种文化、一种观念形态，即观念的分配。安全文化并不是固定不变的，而是随着环境的变化不断建构的，安全文化的变化导致出现结构性变化，由此形成霍布斯、洛克和康德三种无政府文化。不同的无政府文化建构不同的角色类型，即敌人、竞争对手或朋友。国家根据角色类型再现自我和他者，因而可能面对不同类型的威胁，但也可能经由规范的作用解决争执，或经由文化的建立促成并维持国家间的合作。民族和国家并不是必然趋势，可通过建构而成。同样，安全困境也是国际社会建构的结果。既然如此，国家也可以通过建构形成另外的国际规则。国家可以在相互关系中通过学习扮演、认同自己的身份角色。国家安全取决于各方的观念，取决于国家对不同身份的认同，如对手身份或盟友身份。如果选择盟友身份，彼此就是安全的；如果选择对手身份，彼此就处于不安全状态。行为体可以建构一种结构，也可以解构这种结构，并建立新的、由不同观念造就的结构。比如，如果行为体之间高度猜疑，就会形成安全困境；如果行为体间的共识造就了高度互信，就会形成安全共同体。

---

① Harvey Starr, *Anarchy, Order, and Integration* (The University of Michigan Press, 1997), p. 113.

综上所述，建构主义的安全的指涉对象以国家为主，扩展至认知共同体，强调军事、政治、经济、社会、环境等安全威胁，获得安全的途径是通过合作的方式追求永久安全，强调免于长期威胁的安全。

三 哥本哈根学派的安全化理论

哥本哈根学派是近年来在安全研究中异军突起的一支，它的主要代表有巴瑞·布赞、奥利·维夫（Ole Waever）、莫顿·凯尔斯特拉普（Morten Kelstrup）、皮埃尔·利梅特（Pierre Lemaitre）以及迪·怀尔德（De Wilde）。布赞认为，安全的概念过于复杂、抽象，因此是一个低度发展和争议的概念（underdeveloped and contested concept）。[①]

哥本哈根学派对安全的认知也经历了一个不断发展、完善的过程。在哥本哈根学派早期的研究成果中，将安全问题视为对政治主体控制、发展的能力构成挑战的威胁。研究者认为，安全在根本上是一个政治问题，被认知的威胁是最重要的，政治行为首先取决于对威胁的认知或不认知，只要威胁没有通过实际的侵略具体化，政治行为就不由真实的威胁所决定。[②]

在1983年出版的《人、国家与恐惧》一书中，布赞将安全分为个人安全、国家安全和国际安全三个层面。个人安全有四种基本类型，即生理威胁（痛苦、受伤和死亡）、经济威胁（工作及资源取得管道的切断）、权利威胁（公民自由权遭否决）和职位及地位威胁（降职等）。布赞认为主权国家是最重要及最有效的安全庇护者，[③] 并由此指出安全研究的两个重要内容，即威胁和国家安全。安全的三个要素是包括人口、领土在内的物质基础（physical base）、国家体制（institution）和国家观念（idea of state），而国家安全就是要保护这三个要素不受到威胁。他还指出安全对一个指涉对象造成"存在性威胁"（existential threat），这个指涉对象在传统上一般是国家、政府或社会。安全威胁的特殊性为国家

---

① Barry Buzan, *People, States and Fear: The National Security Problem in International Relations* (The University of North Carolina Press, 1983), pp. 3 – 10.

② Egbert Jahn et al., "European Security Problems of Research on Non-military Aspects," *Copenhagen Papers*, 1987, p. 34.

③ Barry Buzan, *People, States and Fear: The National Security Problem in International Relations* (The University of North Carolina Press, 1983), pp. 19 – 23.

或政府采取特别的措施提供了合法性和正当性。界定存在性威胁的标准相对主观，既可以根据主权国家所制定的准则，也可以根据国家的意识形态。①

在由布赞、维夫和怀尔德共同推出的《新安全论》中，哥本哈根学派完成了一次自我超越，提出了翔实的安全化（securitization）理论。安全化的概念最早是由约翰·奥斯汀（John Austin）在其言语行为理论中提出来的。② 哥本哈根学派丰富了安全化的内涵。哥本哈根学派认为，安全化是指行为主体——通常指国家——将某个特定的问题和事件作为一种"存在性威胁"提出，并以此为依据要求以非常的方式处理这种存在性威胁。国家要面对的挑战包括各种形式的威胁，威胁和挑战成为安全事件的前提条件是必须存在一种由外在威胁所构成的情势，要解决这个安全事件必须采取一种异于平时的方法。所以分析国家安全概念，首先要分析安全化的概念。③ 所有问题的处理都可以被置于非政治化（non-politicized）④ 的范围，也可以使其政治化（politicalization）⑤ 或者安全化。由于安全关系着生存，因此一个问题之所以被提出，是因为它对一个指涉对象造成了"存在性威胁"。安全是超越一切政治规则和政治结构的一种途径，实际上就是一种在所有政治之上的特殊政治。安全化可以被视为一种更为激进的政治化描述。⑥ 安全威胁的特殊性质证明了为安全而采取的非常措施是正当的，同时因为被贴上了"存在性威胁"的标签，其具有紧急优先权，也就是说，实施安全化政策的行为主体可以破坏原有的程序和规则，这也就意味着，其愿意付出代价接受其他方面的限制。某个问题作为特殊的议事日程上升为安全问题的时候就意味着这个问题的"安全化"。它既指议事日程本身，也指这个过程。某个问

---

① Barry Buzan, People, *State and Fear*: *The National Security Problems in International Relations* (The University of North Carolina Press, 1983), pp. 36–69.

② John L. Austin, *How to Do Things with Words* (Clarendon Press, 1962).

③ Barry Buzan, Ole Waever, Jeep de Wilde, *Security*: *A New Framework for Analysis* (Lynne Reinner Publishers, 1998), p. 5.

④ 指国家不涉及也不制造公共争论的决定。

⑤ 指问题作为存在性威胁被提出，需要采取超出正常政治程序的紧急措施。

⑥ Barry Buzan, Ole Waever, Jeep de Wilde, *Security*: *A New Framework for Analysis* (Lynne Reiner Publishers, 1998), p. 30.

题上升为安全事务不仅是因为存在真正的"存在性威胁"，也是因为这个问题是作为一种威胁而被提出的。[①] 安全化的过程是，首先安全化施动者指出存在对指涉对象的威胁，然后采取紧急行动，随后破坏既存的原则和规范，最后受众接受威胁的升级。

安全化理论的核心论点是：安全是对行为自身意见的表达，根据这种说法，"通过为某个议题贴上安全的标签，它就成为一个安全问题"。通过声称特定指涉目标的存在遭到威胁，安全化施动者就可以要求采取特殊措施应对威胁。于是问题便从日常政治领域"拔高"到危机政治领域，可以被迅速处理，而且不受规则与规制的约束。对安全来说，这意味着安全不再有任何既定的含义，它可以是安全化施动者所指称的涉及"安全"的任何事。[②]

布赞等认为对安全概念进行分析的主体可分为三种类型：第一，指涉对象，即虽受到外来威胁但仍需要维持下去的事物；第二，安全行为主体，即宣布某事（一个指涉对象）受到"存在性威胁"的主体，也就是将问题安全化的行为主体；第三，功能性行为体，即对一个领域有决定性影响力的行为体，其虽然不是安全化过程中的指涉对象或是安全行为主体，但对安全化过程产生直接影响。

传统安全的指涉对象以国家为主，通常分析哪一个指涉对象的安全需求最能赢得团体内最大多数成员的支持。如果指涉对象是国家，代表其生存意义的就是主权；如果指涉对象是民族，代表其生存意义的就是认同[③]。安全行为主体有可能是决策团体、意见领袖、政府及国家本身，角色由问题涉及的领域确定。例如在国际政治或军事问题上，国家可能是安全行为主体。功能性行为主体则是直接相关者，如他国国内的政治事件可能牵动本国的政治稳定情况，这样，他国的事件对本国来说就是一个功能性行为体。在建构一个安全分析的中心时，布赞等认为指涉对象比安全行为主体更为重要，而且在每一个分析案例中，指涉对象和安

---

① 〔英〕巴瑞·布赞、〔丹麦〕奥利·维夫、〔丹麦〕迪·怀尔德：《新安全论》，朱宁译，浙江人民出版社，2003，第29页。

② 〔英〕巴瑞·布赞、〔丹麦〕奥利·维夫、〔丹麦〕迪·怀尔德：《新安全论》，朱宁译，浙江人民出版社，2003，第32～36页。

③ 指涉对象视安全化议题和过程来决定，贸易体系、人权或个人也可以是指涉对象，但指涉对象基本上以特定群体（limited collectivities）为主。

全行为主体可能有部分重叠的现象。另外，安全化重视的是安全共识建立的过程，不单单就安全化过程中使用的技巧而言。安全化的成效则是由指涉对象和团体中的其他成员对安全世界的认识和反映来决定的。①

　　布赞等认为，"安全"是超越一切政治规则和政治结构的一种途径，是一种处于所有政治之上的特殊政治。而安全化就以"存在性威胁"的出现为理由，通过打破规则并且宣布打破规则为合法来实施。安全化不同于政治化，政治化意味着这些问题需要国家政策应对，需要借助政府的决心和资源配置解决，或者还需要一种不同于以往的公共治理体制。在一种意义上，安全化是一种更强烈的政治化过程（通常将国家造就成一种更为强力的角色），但在另一种意义上，它是被政治化所反对的。政治化意味着可以使问题公开，可以对事情加以选择，并为所做出的决定承担责任。与政治化相比，安全化意味着宣布一种紧急状态，这种紧急状态是如此重要以至于不应当按照常规政治中的情理被讨价还价，而应当被最高决策层以优先于其他问题的紧急性来果断地予以考虑及处理。

　　布赞等提出，某些事之所以被定义为一种国际安全事务，是因为一旦如此就会使这个问题比其他任何问题都更为重要，并因此获得绝对优先讨论的地位。这个行为主体一直在要求一种以非常方式处理问题的权力，以便打破常规的政治规则。所以"安全"是一种自我参照的实践，正是在实践中，该问题变成了一项安全事务。一个推行安全化的行为主体可以通过使用"存在性威胁"这样的借口获得一种超越"常规性政治"条件的权利和机会。因此，严格的安全化定义和判断标准是依靠一种实质性的政治影响，并且具有明显特征的"存在性威胁"的"主体间性"而确立的。布赞等认为，通过对一种威胁的描述，安全化行为主体常常表示，有些人是不应当被常规方式所控制的。这种以自我为基础的暴力统治即安全行为，这种行为的根本动机是担心其他行为主体将剥夺其存在下去的权利，或者仅仅作为依附对方的臣民而苟存。在一种被安全化的环境中，一个单元不但依靠规则的社会资源，而且还依靠它自身的资源，并通过它特有的优先权来要求支配其自身行为的权利。

---

① Barry Buzan, Ole Wæver, Jaap de Wilde, *Security: A New Framework for Analysis*（Lynne Rienner Publishers, 1998）, p. 40.

维夫认为，安全既不是等待被发现的，也不是可以被客观描述的。[①]安全是由主体间的实践构成的。安全的提出意味着行动。当施动者将一个问题视为对指涉对象的存在性威胁时，这个问题就成为一个安全问题。存在性威胁危及自我决定（self-determination）甚至一个政治体的存在，因此一个安全问题可以改变所有其他问题的假定，这是一个关乎生存和毁灭的问题。存在性威胁只有与指涉对象的特征联系起来才能被理解。[②]安全的指涉对象并不必然是国家，安全的分析层次可以包括国际体系、次国际体系、单位、次单位及个人。[③]

在回答为什么某些威胁会被安全化方面，哥本哈根学派给出的答案如下。第一，由于一个存在性威胁与安全施动者的核心价值完全不相容，因此它比其他任何问题都更重要，占据了优先地位。第二，如果一个威胁被安全化了，为了反击这个客观的或主观的威胁，安全施动者就可以采取非常措施，这也就意味着，安全施动者可以打破常规政治原则，以非常规的手段，如保密、征税、征兵、限制以往神圣不可侵犯的权利，或者将社会的能源和资源集中于特定的议程来处理威胁。[④]如果安全施动者将某一威胁安全化，就会获得处理威胁的非常权力。因此，布赞等认为，安全施动者应该恰当地使用"安全化"，安全化的实施需要前提条件：只有当存在性威胁被提出并获得充分的资源，从而使紧急措施或特殊措施合法化后，安全施动者才可以采取非常措施。如果问题没有以存在性威胁的形式出现，非常措施就是不可能的。紧急措施和特殊措施作为非常手段需要进一步厘清，区分二者的一个重要标准就是威胁的规模。紧急措施是指大规模的行动，如全国范围内的军事调动等，而特殊措施是指更温和的行动，如新立法、社会运动，地区层面的行动。安全

① Ole Waever, "The EU as a Security Actor: Reflections from a Pessimistic Constructivist on Post Sovereign Security Orders," in Morten Kelstrup, Michael C. Williams, eds., *International Relations Theory and the Politics of European Integration* (Routledge, 2000), pp. 250 – 294.

② Barry Buzan, Ole Wæver, Jaap de Wilde, *Security: A New Framework for Analysis* (Lynne Rienner Publishers, 1998), p. 21.

③ Barry Buzan, Ole Wæver, Jaap de Wilde, *Security: A New Framework for Analysis* (Lynne Rienner Publishers, 1998), p. 6.

④ Barry Buzan, Ole Wæver, Jaap de Wilde, *Security: A New Framework for Analysis* (Lynne Rienner Publishers, 1998), p. 24.

化如果要成功，就必须获得受众对这些紧急措施或特殊措施的接受。受众的接受并不必然是以文明的、自愿的形式出现的，很多情况下是以被迫的方式接受的。

安全化是不能被强加的，因此安全化施动者应向受众出示需要安全化的证据。安全化施动者需要得到受众的允许以跨越束缚其的规则。① 在某些情况下，安全化施动者必须在公共领域证明为什么一种形势构成了安全，以及为什么可以采用不同的合法的方式处理。安全化并不是仅仅靠打破规则或存在性威胁实现的，而是通过将打破规则这一行为合法化实现的。② 布赞同时也声明，在诸如朝鲜、伊朗等国家，侵犯权利或采取非常措施的情况是普遍的，并不需要证实这种行为的合法性。③ 然而在存在社会规则的国家，当施动者使用安全化的话语时，问题也就超越了普通的政治程序。成功的安全化建立在单位与单位之间的接受基础上。如果没有施动者与受众间意见的融合，就不能将其称为安全化，而只称其是安全化行动。布赞等对安全化的定义和标准是：安全化就是主体间建立具有足够的实质性政治影响的存在性威胁。④

哥本哈根学派提出的另外一个很重要的概念就是话语行为。布赞认为，研究安全化的方法就是研究话语和政治格局，也就是如何使一个观点获得足够的影响，以使受众能够容忍对规则的违反。安全化主体通过宣称一个存在性威胁的优先性和紧迫性打破了其本应遵守的规则，这就是一个安全化的案例。言语行为可以被解释为修辞性行为，也就是行为体形成需要国家关注的议题。约翰·埃里克森（Johan Eriksson）和埃里克·瑙瑞（Erik Noreen）认为，言语行为就是对一个问题或一个现象的描述和表现，也就是一个议题被感知为威胁，通过这种方式说服受众确信威胁的存在，并对这个议题加以关注。安全是一种自我指涉的实践，

---

① Barry Buzan, Ole Wæver, Jaap de Wilde, *Security: A New Framework for Analysis* (Lynne Rienner Publishers, 1998), p. 28.

② Barry Buzan, Ole Wæver, Jaap de Wilde, *Security: A New Framework for Analysis* (Lynne Rienner Publishers, 1998), pp. 26 – 27.

③ Barry Buzan, Ole Wæver, Jaap de Wilde, *Security: A New Framework for Analysis* (Lynne Rienner Publishers, 1998), p. 24.

④ Barry Buzan, Ole Wæver, Jaap de Wilde, *Security: A New Framework for Analysis* (Lynne Rienner Publishers, 1998), p. 27.

即使不存在真实的威胁，一个问题也可以被视作安全问题。[①] 维夫把安全看作一种言语行为，它有两个内涵。第一，语言及行为，安全被说出的时候就已经包含了现实意义。也就是说，只要使用安全一词，议题就被贴上了能够行使特殊权利、动用资源来抵挡对安全的威胁的标签。第二，安全具有负面内涵。如果把安全当作一种可最大化的积极价值并用一般方法去研究，就无法理解安全化和非安全化的动态过程。

布赞等还对安全化行动（securitised move）和成功的安全化、安全化指涉对象和安全化的施动者做了重要的概念区分。安全化行动是指断定一个存在性威胁并要求采取非常措施的行动。一种生存威胁可以引起安全化行动，但并不意味着这就是成功的安全化行动。一个问题被安全化只能是因为受众把它视为威胁。安全化的含义远不止打破常规和面临生存威胁，只有两者结合起来，即当受众接受生存威胁的存在并允许采取打破常规的非常措施时，才会实现成功的安全化。安全指涉对象为需要得到安全保障的对象。安全化的施动者提出安全要求。

因此，安全不是一种纯粹用客观标准衡量的东西，它取决于行动者的主观感知，安全在本质上可以被理解为一种主观性的东西。安全化是主体间的实践。但主观性仍不足以体现其内涵，一个问题能否成为安全问题不只取决于个人，也就是说，成功的安全化不在于实施安全化的人，而取决于安全"话语行为"中的受众。从这个角度出发，安全化是一种主体间的、社会的建构。

识别出存在性威胁并不保证安全化就能成功，成功的安全化不但由安全化的施动者决定，而且由安全话语行为的受众决定，即这些受众是否接受对一种共有价值造成存在性威胁的说法。在安全化的过程中，由于个体对外来威胁的安全认知不同，如果要把威胁"安全化"，就必须让团体中的其他人也有相同的共识并做出反应，因此安全化就是认知影响政策的过程。安全行为是安全化的施动者与受众之间进行谈判的结果，也是议题交互设定的过程。[②]

---

① Johan Eriksson, Erik Noreen, "Setting the Agenda of Threats: An Explanatory Model," *Uppsala Peace Research Papers*, No. 6, 2002.

② Barry Buzan, Ole Wæver, Jaap de Wilde, *Security: A New Framework for Analysis* (Lynne Rienner Publishers, 1998), p. 27.

综上所述，《新安全论》中体现出来的哥本哈根学派的安全观可以归纳如下。第一，安全应该被理解为一个过程，安全化过程表明安全实际上是一种言语行为。安全的本质就是在政治中筹划现存问题，并把问题提升到超越一般政治的绝对优先地位，从而使安全的施动者有权采取非常手段。研究安全不是去评价影响指涉对象的实际威胁，而是要理解如何形成对威胁做出集体反应共识的过程。在这里，安全成为一种自我指向的实践，一种仅与自我相关的言语行为。第二，安全的逻辑。言语行为并非仅以话语表示"威胁"或"安全"，使用安全这个术语还带来一种特殊的修辞结构、一种逻辑或一种语法，它将特殊的意向、文本、社会关系等以安全的形式组织起来。作为安全修辞结构特征的安全逻辑强调，安全针对超过了政治主体控制能力的威胁。同时，修辞结构的形式使这种观点进一步系统化，即构建安全言语行为的三大要素包括现存的威胁、紧急行动以及打破常规对单位间关系的影响。第三，安全与安全化具有主体间（intersubjective）特性。通过言语行为方式建立安全问题，实现问题的安全化。安全的逻辑并不是个人行为者的一种认识结构。"安全（就像所有的政治问题一样）最终既不在于客体，也不在于主体，而在于主体之间。"① 通过强调主体间的互动和主体间的相互作用，进一步突出了安全问题的社会建构过程，安全最终成为社会实践的一种形式。

四　本书对安全的解释

上述三大范式，特别是哥本哈根学派对安全的解释具有说服力，根据欧盟的特殊性，本书对安全进行了重新界定。

欧盟的特殊性表现在：一方面，欧盟具有共同体的形式，是由 27 个国家组成的联盟。欧盟有自身的委员会、理事会等，它们处理欧盟的日常事务，特别是在经济领域实现了充分的一体化，具有超国家的性质；另一方面，国家主义在欧盟的政策制定过程中占据了相当大的比重，尤其是在安全领域，要达成一项共同安全政策往往受到各成员国的掣肘。

据此，讨论欧盟的安全也应从两方面入手。一方面，欧盟是由成员

---

① Barry Buzan, Ole Wæver, Jaap de Wilde, *Security: A New Framework for Analysis* (Lynne Rienner Publishers, 1998), p. 31.

国组成的，欧盟的首要任务是保证各成员国的安全，只有各成员国安全了，欧盟才称得上是安全的。从这个意义上讲，欧盟的安全带有新现实主义的色彩。另一方面，欧盟又是一个共同体，欧盟如何界定自己在国际社会的地位，欧盟如何自我认同，都影响着对欧盟安全的定义。而且，受欧洲历史传统的影响，欧盟在维护安全的手段上，更强调通过合作的方式、通过规范的力量获得永久安全；在获得安全方面，更强调获得免于长期威胁的安全，从这一点出发，欧盟的安全又带有建构主义色彩。

第三节 反核扩散国际规范的建立

自核武器出现以来，发展或限制核武器、核扩散与反核扩散就成为国际社会的突出议题，附着于这些国家行为之上的观念也在相互竞争，为发展或者限制核武器寻求合法性。冷战后，"核扩散威胁国际安全"的观念逐渐出现并被推广，在推广的过程中，这一观念也开始以一个新的国际规范的面貌出现。

一 核武器促进国家安全的观念

长期以来，（发展）核武器被认为是保障国家安全和应对国际威胁的最有效的和最重要的手段。从发展核武器的最初动机来看，国家安全是最基本的和最重要的考虑。[1] 结构现实主义认为，生存在无政府状态国际体系中的国家只能依靠自身来保障安全。自助是无政府秩序中的行为准则。[2] 由于核武器具有大规模杀伤力，对敌对者有巨大的破坏作用，因此很多国家把拥有核武器视为保卫安全的手段；或是通过自己发展核武器，或是通过同核武国家联盟，以核武器的威慑力量来保障安全，平衡竞争对手。[3]

---

[1] 三个基本动机或模式刺激国家发展核武器，即安全模式、规范模式和国内政治模式，参见 Scott D. Sagan, "Why Do States Build Nuclear Weapons: Three Models in Search of a Bomb," *International Security*, Vol. 21, No. 3, Winter, 1996/97, pp. 54–86。

[2] 〔美〕肯尼思·华尔兹：《国际政治理论》，信强译，上海人民出版社，2003，第117页。

[3] Scott D. Sagan, "Why Do States Build Nuclear Weapons? Three Models in Search of a Bomb," *International Security*, Vol. 21, No. 3, Winter, 1996–1997, p. 57.

从很多国家领导人的言论中可以看出，"核武器促进国家安全"这一观念的盛行。比如 1960 年 1 月在进行首次核试爆后，法国总统戴高乐表示，"由于建立了我们的第一批原子武器并且使我们的部队现代化，我们正在重新掌握我们自己的命运"，"首先我们必须继续努力为我们自己提供热核军备"，"使法国对'维护和平作出贡献'"[①]。中国领导人毛泽东提出，"不但要有更多的飞机和大炮，而且还要有原子弹。在今天的世界上，我们要不受人家欺负，就不能没有这个东西"[②]。1964 年 10 月 16 日中国核试爆的当天，中国政府发表声明，"保护自己，是任何一个主权国家不可剥夺的权利。保卫世界和平，是一切爱好和平的国家的共同职责。面临着日益增长的美国的核威胁，中国不能坐视不动。中国进行核试验，发展核武器，是被迫而为的"[③]。1998 年，印度在进行核试验之后也表示，进行核试验是确保印度安全的需要。[④]"印度期待核胜利已经很久了，现在这一时刻终于到来。下一步将是利用这种核能力在地区中创造稳定。"[⑤] 这些言论都强调了核武器对于保障国家安全的重要意义。

二　限制和反对发展核武器的观念

与强调"核武器促进国家安全"的观念相反，核武器发明伊始，限制和反对发展核武器的观念也在发展。这一观念比较典型地体现在国际核不扩散制度的发展方面。国际核不扩散制度主要由《不扩散核武器条约》、核供应国集团、无核区条约等构成，这一制度发端于 1963 年美国、英国和苏联三国签署的《禁止在大气层、外层空间和水下进行核武器试验条约》（《部分禁止核试验条约》）。这一条约禁止签字国在大气层、外

---

① 《戴高乐发表新年演说　强调发展核武器保证法国独立　说西欧要首先"联合"起来才可同美国"协调"》，《人民日报》1964 年 1 月 3 日，第 4 版。

② 《毛泽东文集》（第七卷），人民出版社，1999，第 27 页。

③ 《加强国防力量的重大成就　保卫世界和平的重大贡献　我国第一颗原子弹爆炸成功》，《人民日报》1964 年 10 月 17 日，第 1 版。

④ "Paper Laid on the Table of the House on Evolution of India's Nuclear Policy," 12/1/2010, http://www.nti.org/media/pdfs/32_ea_india.pdf?_=1316627913, Last Accessed on July 31, 2018.

⑤ "Time to Cool Down," *Indian Express*, 22 May, 1998.

层空间和水下进行核武器试验，这实际上是为其他国家发展、试验核武器设置了更高的门槛。1968 年 6 月，第 22 届联合国大会通过了《不扩散核武器条约》。同年 7 月 1 日，《不扩散核武器条约》在美国、苏联和英国开始开放签署。1970 年《不扩散核武器条约》正式生效。[①] 冷战期间，共有 160 多个国家签署了《不扩散核武器条约》。

"核供应国集团"（Nuclear Suppliers Group，NSG）是为了应对 1974 年印度首次进行民用核试验而成立的。印度核试验使美国、英国等已经签署《不扩散核武器条约》的国家意识到，限制两用技术的传播是非常必要的。核供应国集团在 1975～1978 年举行的会议中拟定了两用技术的出口规则，这些规则被国际原子能机构列为第 254 号信息交流系列（IN-FCIRC/254）。这些规则主要涉及核材料的实物保护、安全保障以及敏感项目的出口管制、对可能用于发展核武器的物品的控制等项目。[②] 这一组织成立后，在核不扩散方面所发挥的作用相对有限，主要体现在：核供应国集团的创始国仅有 7 个，涵盖了东西方两大集团的一些国家，如西方阵营中的美国、加拿大、联邦德国、法国、英国和日本，以及社会主义阵营中的苏联。在 1990 年之前，成员国仅有 17 个。而且这个组织在 20 世纪 70 年代除了拟定出口管制规则之外，并无特殊作为。

无核区条约也是核不扩散制度的重要构成部分。冷战期间签署的无核区条约包括：1959 年签署的成立南极洲无核区的《南极洲条约》（The Antarctic Treaty），1967 年签订的《外太空条约》（The Outer Space Treaty），1967 年关于加勒比和南美洲无核区的《塔雷特罗库条约》（The Treaty of Tlatelolco），关于南太平洋无核区的《雷罗塔戈条约》（Treaty or Rarotonga），以及 1971 年的《海底条约》（The Seabed Treaty）。南极洲、外太空、海底属于无人区，而南美加勒比和南太平洋属于当时没有国家发展核武器的地区，因此，在某种程度上，这些条约更具象征意味。

虽然核不扩散制度在冷战期间就得以建立并不断得到充实，但这并

---

① 《不扩散核武器条约》，联合国网站，https://www.un.org/disarmament/wmd/nuclear/npt/，最后访问时间：2018 年 12 月 17 日。

② Communications Received from Certain Member States Regarding Guidelines for the Export of Nuclear Material \\ Equipment and Technology，INFCIRC/254，https://www.iaea.org/publications/documents/infcircs/communications-received-certain-member-states-regarding-guidelines-export-nuclear-material-equipment-or-technology，Last Accessed on July 31，2018.

不意味着核不扩散的观念已经成为国际规范。原因如下。第一，冷战时期，美苏之间的核军备竞赛与核对抗是主流。核不扩散机制虽然在美苏的倡导下建立起来，美国启动了安全化的程序，造成了"核扩散威胁国际安全"观念的产生，但这一"安全"是美国的安全，而不是国际社会的安全。冷战时期，大多数国家的安全被迫服从于美苏两国的安全。美苏两国不断更新、扩充自己的核武库，两国的核武器数量足够让地球毁灭数次，整个世界都处于美苏进行"世界核大战"甚至全球毁灭的阴影之下。虽然20世纪70年代美国同苏联进行了一系列的核军备控制谈判，但这只是美国牵制苏联的策略性行为。美苏两国的行为违背了《不扩散核武器条约》中规定的有核国家进行核裁军的条款，其违规行为从根本上限制了核不扩散观念发展为新的国际规范。

第二，虽然在冷战时期签署《不扩散核武器条约》的国家有160多个，但是数量较多并不意味着核不扩散观念的普及。因为中国和法国这两个拥有核武器的大国并没有签署《不扩散核武器条约》，巴西、阿根廷、南非、以色列等地区大国在冷战期间也都没有签署《不扩散核武器条约》，而且南非、巴西、以色列等国家都曾经制订核计划并成功研制了核武器。这些世界或地区大国游离在核不扩散体系之外的状况削弱了《不扩散核武器条约》的权威性和可信性。即使那些签署了《不扩散核武器条约》的国家，也并不能说就是完全认同了核不扩散的观念。在冷战的背景下，处于美苏两个阵营中的国家更多情况下是牺牲本国的利益去服从美苏两大国的意愿。在对待《不扩散核武器条约》的态度上，部分国家如联邦德国就被迫接受了美国的说服（或者说是压服）从而放弃了发展核武器的权利。

第三，在两极格局下，尽管存在《不扩散核武器条约》，但国际上并没有形成反对核扩散的道义约束。相对来讲，国家无论是发展核武器还是放弃发展核武器的权利，都是出于国家的自身安全和利益考虑，在核问题上，国家仍然是比较自由的行为体，没有受到来自核不扩散或反核扩散的国际道义和义务的约束。

三　中国和法国立场的重大变化

截至20世纪80年代末，加入《不扩散核武器条约》的国家近170

个，但是中国和法国这两个拥有核武器的世界大国并没有加入，也没有认可核不扩散观念。这两个大国游离于核不扩散体系之外，使反对核扩散的观念难以成为世界性规范，不具有普遍性。20 世纪 90 年代初，这两个大国都改变了立场，相继加入了《不扩散核武器条约》，这也为核扩散威胁国际安全这一国际规范的确立铺平了道路。

长期以来，中国把限制军备控制的条约视为美、苏、英等国家企图垄断核武器、巩固核大国地位的阴谋，中国掌握核武器是为了反对美帝国主义的核讹诈与核威胁而采取的正当措施。社会主义中国手中的核武器是保卫世界和平的强大力量。[①]《部分禁止核试验条约》是美国用来束缚其他国家以便谋取美国核优势地位的工具，以有利于美国继续推行核讹诈与核威胁政策。[②] 拥有核武器后的中国政府更多强调核裁军，较少涉及反对核扩散。

虽然中国表示奉行不主张、不鼓励、不从事核武器扩散、不帮助别国发展核武器的政策，但迟迟未签署《不扩散核武器条约》，主要原因在于：中国认为《不扩散核武器条约》仅限制了核武器的横向扩散，没有限制超级大国拥有核武器的权利，超级大国仍然可以持有核武器，甚至继续秘密进行核试验。国际社会防止核扩散的最终目标不应该仅仅是防止核武器扩散本身，这只是防核扩散的一个步骤，防核扩散的最终目的应该是实现核武器的全面销毁。所以，既有的《不扩散核武器条约》具有不平等性和歧视性，[③] 中国不主张加入。在核裁军问题上，中国政府主张美苏两国应当率先垂范。1982 年，中国政府提出"三停止一削减"的核政策，即美苏停止核试验，停止更新核武库，停止生产核武器，并将现有的核弹头削减50%，以作为其他国家停止核试验并进行核裁军谈判的前提条件。[④] 1984 年 10 月，中国代表表示，中国在核裁军方面奉行三点基本立场，即"中国的根本立场是，主张全面禁止和彻底销毁一

---

① 《打破核垄断　消灭核武器（社论）》，《人民日报》1964 年 10 月 22 日，第 1 版。
② 《争取全面禁止核武器的新起点（社论）》，《人民日报》1964 年 11 月 22 日，第 1 版。
③ 王绳祖主编《国际关系史 第九卷（1960－1969）》，世界知识出版社，1995，第 361 页。
④ Bates Gill, "Two Steps forward, One Step back: The Dynamics of Chinese Nonproliferation and Arms Control Policy-Making in an Era of Reform," in David M. Lampton, ed., *The Making of Chinese Foreign and Security Policy in the Era of Reform*, Stanford University, 2001, pp. 257－289.

切核武器";"作为核裁军的实际步骤,中国主张苏美两国率先停止试验、改进和生产核武器,并在就大幅度削减其核武器达成协议之后,召开包括所有核国家在内、具有广泛代表性的国际会议来共同制订进一步实行核裁军的具体步骤";"在这一切成为现实之前,为了减少核战争的威胁和表明核裁军的诚意,所有核国家应当承担义务不首先使用核武器和无条件地不对无核国家和无核区使用或威胁使用核武器,并就互不使用核武器达成协议"。①

20世纪90年代初,中国的核政策逐渐向国际防核扩散的立场接近。1990年8月,中国首次派代表团参加在瑞士日内瓦举行的《不扩散核武器条约》第四次审议大会。中国代表团表示,"自1970年《不扩散核武器条约》生效以来,在防止核武器扩散和维护世界和平和稳定方面发挥了一定的积极作用。但是,《条约》对核武器缔约国和无核武器缔约国规定的义务失之平衡,也没有规定禁止在无核武器国家领土上部署核武器。这是《条约》的主要缺陷"。"中国政府奉行不主张、不鼓励、不从事核武器扩散、不帮助别国发展核武器的政策。中国在防止核武器扩散方面作出了贡献。"② 1990年10月,中国驻联合国代表表示,"中国政府奉行不主张、不鼓励、不从事核武器扩散、不帮助别国发展核武器的政策"。"我们主张不但要防止核武器的扩散,更重要的是必须全面禁止和彻底销毁核武器。只有在核裁军领域取得大幅度进展,才能切实加强核不扩散体制的权威性;同时,保持一个有效的核不扩散体制,有助于实现全部消除核武器的目标。"③ 1991年8月,中国国务院总理李鹏在会见日本首相海部俊树时表示,"为了推动实现全面禁止和彻底销毁核武器这一目标,中国政府已原则决定参加不扩散核武器条约"。④ 1992年3月9日中国正式加入《不扩散核武器条约》。之后,中国签署了多项同核不

① 《我代表要求苏美进行谈判实现核裁军 重申我国主张全面禁止和彻底销毁一切核武器》,《人民日报》1984年10月25日,第6版。
② 《我代表在〈不扩散核武器条约〉审议会上强调 必须全面禁止和彻底销毁核武器 我国在防止核武器扩散方面作出贡献》,《人民日报》1990年9月13日,第6版。
③ 《我代表重申防止核扩散立场 中国政府奉行不主张、不鼓励、不从事核武器扩散、不帮助别国发展核武器 的政策》,《人民日报》1990年10月26日,第6版。
④ 《李鹏在与海部会谈时宣布 中国政府原则决定参加不扩散核武器条约》,《人民日报》1991年8月11日,第1版。

扩散相关的国际条约或文件。1994 年签署《核安全公约》,1996 年 9 月签署《全面禁止核试验条约》,1998 年 12 月签署《〈国际原子能机构保障监督协定〉附加议定书》。

在制定防核扩散出口管制法规方面,1997 年 9 月中国颁布《核出口管制条例》,1998 年 6 月颁布《核两用品及相关技术出口管制条例》,2000 年 1 月颁布《核产品转运及过境运输审批管理办法（试行）》。① 这样,以 1992 年中国加入《不扩散核武器条约》为标志,中国已经完全接受了核不扩散的观念,并为防止核扩散做出了具体行动。

与中国类似,法国在 20 世纪 90 年代初也转变了对《不扩散核武器条约》的看法。1992 年 1 月 27 日,法国决定签署《不扩散核武器条约》,1992 年 8 月 3 日法国正式加入《不扩散核武器条约》。中、法两国立场的转变成为核不扩散观念推广的倾斜点（Tipping Point）,② 中国和法国对反核扩散观念的支持促使这个观念最终成为新的国际规范。

四　反核扩散国际规范的确立

在反核扩散国际规范形成过程中,联合国发挥着至关重要的作用。由于联合国一方面具有广泛的代表性,另一方面其所通过的决议对所有成员国都具有约束力,反核扩散国际规范最终以联合国决议的形式得以确立。在反核扩散国际规范确立的过程中,1990 年伊拉克对科威特的入侵以及 1991 年的海湾战争是直接的动因。

针对 1990 年伊拉克入侵科威特,虽然联合国授权美国领导多国部队通过武力的方式恢复科威特的国家独立,但美国等国在对伊拉克动武问题上仍然采取比较谨慎的态度。因为伊拉克作为地区强国,不仅拥有雄

---

① 中国履行反核扩散国际规范的具体表现参见《〈中国的军控、裁军与防扩散努力〉白皮书》,中华人民共和国外交部网站,https://www.fmprc.gov.cn/ce/cegv/chn/zywjyjh/t210705.htm,最后访问时间：2018 年 12 月 17 日。

② 规范的倡导者说服了关键的国家,使它们成为规范的领导者并率先接受新的规范,这时可以说规范达到了倾斜点或临界点。关于国际规范倾斜点的论述参见〔美〕马莎·芬尼莫尔、〔美〕凯瑟琳·斯金克《国际规范的动力与政治变革》,载〔美〕彼得·卡赞斯坦等编《世界政治理论的探索与争鸣》,秦亚青等译,上海世纪出版集团,2006,第 310 页。

厚的常规武器储备，而且拥有化学和生物武器，伊拉克在两伊战争中曾经对伊朗使用过化学武器。① 因此多国部队对伊拉克军队的进攻很可能招致后者的报复。

为此，美国政府通过第三方渠道告知伊拉克总统萨达姆，如果伊拉克使用大规模杀伤性武器，那么美国将保留使用一切手段进行报复的权利。② 美国国防部长迪克·切尼（Dick Cheney）表示，如果萨达姆愚蠢到使用大规模杀伤性武器，美国的反应将是压倒性的和毁灭性的。而且笔者认为萨达姆知道，如果他对以色列诉诸大规模杀伤性武器，以色列就很可能会使用非常规武器加以报复。美国多国部队总司令施瓦茨科普夫（Norman Schwarzkopf）也表示，如果萨达姆选择使用大规模杀伤性武器，那么这场战争的规则就很可能发生变化。③ 最后的结果是，伊拉克没有在海湾战争中使用化学和生物武器。

在后续的联合国核查中发现，在多国部队发动"沙漠风暴"行动前夕，1990年12月伊拉克利用外交斡旋的间歇来运载装有化学武器的25个弹头和166颗空投炸弹。④ 萨达姆政权在海湾战争爆发前已经接近获得核武器，并拥有大量的化学武器。"沙漠风暴"行动对伊拉克所囤积的大规模杀伤性武器的损害有限。⑤ 萨达姆囤积的大规模杀伤性武器引起世界震惊，这提醒人们，核武器如果扩散，将是极端危险的。

海湾战争结束后，国际社会开始对伊拉克的大规模杀伤性武器进行限制。1991年4月3日，联合国安理会通过了针对伊拉克的第687号决议。决议表示，联合国安理会注意到伊拉克曾发表声明，表示伊拉克将违反对1925年6月的《日内瓦禁止使用生物武器公约》所承担的义务而

---

① Dilip Hiro, *The Longest War: The Iran-Iraq Military Conflict* (Grafton Books, 1989), pp. 135 – 154.

② Neil Livingston, "Iraq's Intentional Omission," *Sea Power*, June 1991, pp. 29 – 30.

③ Robert Toth, "American Support Grows for Use of Nuclear Arms," *Los Angeles Times*, 3 February, 1991.

④ "Report of the Secretary-General on the Status of the Implementation of the Special Commission's Plan for the Ongoing Monitoring and Verification of Iraq's Compliance with Relevant Parts of Section C of Security Council Resolution 687 (1991)," UN Doc. S/1995/864.

⑤ Daniel Byman, "After the Storm: U. S. Policy toward Iraq since 1991," *Political Science Quarterly*, Vol. 115, No. 4, Winter, 2000 – 2001, p. 496.

使用这类武器；伊拉克虽然在 1972 年 6 月签署了《日内瓦禁止使用生物武器公约》，但是尚未批准；注意到伊拉克在同伊朗的战争中曾经使用过化学武器；注意到伊拉克曾经使用弹道导弹进行无端攻击；伊拉克违反了对《不扩散核武器条约》所承担的义务，曾试图获取核材料进行试验。

联合国安理会意识到各种大规模杀伤性武器对中东地区的和平与安全构成了威胁，因此在中东地区建立无核武器区的同时，联合国安理会决定敦促伊拉克尽快无条件批准《日内瓦公约》，并在国际监督下拆除、销毁所有化学武器和生物武器及一切储存药剂及相关部件，以及与之相关的研发资助和制造设施；销毁所有射程在 150 公里以上的弹道导弹和相关部件，修理生产设施；伊拉克必须无条件地承诺不谋求、不发展核武器或可用于生产核武器的材料及其部件，或从事与上述有关的研究、发展、资助或者制造设施。联合国安理会责成国际原子能机构对伊拉克的核设施与核材料进行核查。①

虽然伊拉克的大规模杀伤性武器计划并没有因为联合国特别委员会的核查而被彻底废除，但是联合国安理会第 687 号决议本身具有深远意义。它首次通过决议的形式宣布，禁止伊拉克拥有包括核武器在内的大规模杀伤性武器，这也就剥夺了伊拉克通过谋求大规模杀伤性武器来保障国家安全的权利和自由。联合国安理会第 687 号决议成为反核扩散国际规范诞生的标志。

1992 年 1 月 31 日，联合国安理会发表主席声明，表示冷战的结束意味着一个变革时代的到来，同时也提高了人们对建立一个更安全、更公平、更合乎人道主义的世界的期望水平。在新的环境下，联合国安理会已开始能够更有效地履行其维护国际和平与安全的责任。主席声明表示，联合国安理会完全了解裁军、军备控制及核不扩散领域的进展对维护国际和平与安全具有突出意义，因此，联合国安理会宣布，包括核武器在内的所有大规模杀伤性武器的扩散都是对世界和平与安全的威胁，联合国安理会承诺将制定相关政策，防止有关这类武器和技术的研制或者生

---

① 《联合国安理会第 687 号决议（1991）》，联合国网站，http://www.un.org/zh/documents/view_doc.asp?symbol = S/RES/687（1991），最后访问时间：2018 年 12 月 17 日。

产，防止这类武器和技术的扩散，并为此采取适当行动。① 在核扩散问题上，主席声明表示，《不扩散核武器条约》签字国的普遍性具有重要意义，国际原子能机构的监督和保障制度对执行《不扩散核武器条约》具有重要作用。如果国际原子能机构发现任何违约行为，联合国安理会就将对此采取适当措施。这份主席声明最重要的意义在于，其宣布大规模杀伤性武器的扩散对世界和平与安全构成威胁，并强调联合国所有成员国都应该防止大规模杀伤性武器的扩散。②

相对于1991年联合国安理会通过的第687号决议，1992年1月联合国安理会通过的这份主席声明意义更为重大。第一，联合国已经把禁止发展包括核武器在内的核生化武器的要求从伊拉克一个国家扩展到了其他国家。由于联合国决议具有广泛性，这种延伸已经不再仅限于这个国家是否加入《不扩散核武器条约》，也就是说，即使一个国家没有签署《不扩散核武器条约》，它也有遵守主席声明的义务。相对于《不扩散核武器条约》的签字国来讲，联合国成员更具有普遍性，这也就意味着，核不扩散规范的接受者范围更加广泛。第二，反核扩散观念已经成为替代核武器促进国家安全的观念。由于联合国等国际组织及美国等大国的积极推动，发展包括核武器在内的核生化武器对国际和平与安全构成威胁的观念逐渐成为国际上新的主导规范，而且这种国际规范继续为联合国安理会其他决议所加强。

2001年"9·11"恐怖袭击发生之后，打击恐怖主义成为国际社会的普遍共识。恐怖主义分子可能获取核武器或核材料的危险成为国际社会新的隐患，核恐怖主义出现的可能性成为国际社会新的忧虑。因此，国际社会要求进一步将反核扩散国际规范扩展到对非国家行为体进行限制。2004年4月28日，联合国安理会第4956次会议通过了第1540号决议，申明核武器、化学武器和生物武器及其运载工具的扩散是对国际和平与安全的威胁，并表明防止核生化武器的扩散不得妨碍为和平目的而

---

① "Presidential Statement of Security Council (UNSC)," S/23500, 31 January, 1992, https://www. securitycouncilreport. org/un-documents/document/PKO% 20S% 2023500. php, Last Accessed on Dec. 17, 2018.

② "Presidential Statement of United Nations Security Council (UNSC)," S/23500, 31 January, 1992, https://www. securitycouncilreport. org/un-documents/document/PKO% 20S% 2023500. php, Last Accessed on Dec. 17, 2018.

在材料、设备和技术等方面进行的合作，但是不得将和平利用核能作为扩散行为的掩护。①

第1540号决议的主要内容如下。第一，重申并维持联合国反核扩散体系中的各项承诺和义务，并呼吁在世界范围内全面实施反核扩散国际条约，加强国家、地区在国际范围内的合作，以实现反核扩散的国际目标。第二，恐怖主义同核扩散的结合是对世界和平的最大威胁。决议将重点目标放在了禁止非国家行为体获得核生化武器及其相关技术上，这也是为了应对在新的国际形势下可能出现的新的安全威胁。第三，成立专门的委员会来监督实施。1540号委员会的成立使联合国决议进入具体实施阶段。这也是反核扩散观念走向深入的重要标志。② 第1540号决议被认为是在反对核生化武器威胁时可执行的国际法。这项决议标志着反核扩散已经从最初的倡议演化为更集中的行为标准，这也标志着国际反核扩散已经不仅仅是一个反核扩散规范，而且发展成在核生化武器方面的裁军规范。③

2005年4月，第59届联大通过《制止核恐怖主义行为国际公约》，2007年7月7日起正式生效。截至2018年2月，共有115个签字国，113个成员国。联合国安理会秘书长潘基文表示，防止恐怖主义，加入国际反恐公约及其附加条款是联大2004年通过的《联合国全球反恐战略》的重要内容。

2006年联合国安理会一致通过第1673号决议，决定将1540号委员会任期延长2年，并要求委员会继续加强推动全面执行第1540号决议的努力。决议重申核武器、化学武器和生物武器及其运载工具的扩散对国际和平与安全构成威胁；④ 重申1992年1月31日联合国安理会主席声明，以及2004年联合国安理会第1540号决议；重申核生化武器扩散和

---

① 《联合国安全理事会第1540号决议（2004）》，联合国网站，https：//www.un.org/disarmament/wmd/sc1540/，最后访问时间：2018年12月17日。

② 关于1540号委员会的资料参见 http：//www.un.org/en/sc/1540/，最后访问时间：2018年7月17日。

③ Merav Datan，"Security Council Resolution 1540：WMD and Non-state Trafficking," *Disarmament Diplomacy*，No. 79，April/May 2005.

④ 《联合国安全理事会第1673号决议（2006）》，联合国网站，http：//undocs.org/zh/S/RES/1673（2006），最后访问时间：2018年12月17日。

相应的运载工具的扩散是对国际和平与安全的威胁。核生化武器的走私将增加核扩散的维度，同时也对国际安全与和平构成威胁。[①]

2008 年 4 月 25 日，联合国安理会通过了第 1810 号决议，重申核武器、化学武器和生物武器及其运载工具的扩散对国际和平与安全构成威胁，表示决心将根据《联合国宪章》规定的联合国安理会的职责，采取适当、有效的行动，以应对核生化武器及其运载工具的扩散给国际和平与安全带来的任何威胁。第 1810 号决议还指出，在打击非国家行为者非法贩运核生化武器、运载工具和相关材料的活动方面，各国间需按照国际法开展国际合作。与此同时，联合国安理会决定将 1540 号委员会的任期延长三年至 2011 年 4 月 25 日。呼吁所有尚未就本国如何执行第 1540 号决议这一问题提交第一次报告的国家，毫不拖延地向 1540 号委员会提交此报告。[②]

这样，通过这些决议，核扩散威胁国际安全的国际规范就得以确立、完善。在这个问题上需要指出两点。第一，虽然联合国在核扩散威胁国际安全的国际规范塑造方面发挥了突出的作用，但是联合国并不是这个国际规范建立的必要条件，而只是一个促成性条件。世界各国对核不扩散观念认识的深化、中法两国立场的转变、《不扩散核武器条约》成员国的进一步增加及联合国的多项决议共同推动这个国际规范形成。

第二，国家安全和国际安全的认知发生了重大变化。冷战结束后，包括核扩散在内的许多安全问题的议程从国家之间的关系，而不是单纯地从国家个体本身的角度加以界定。通过发展核武器来加强安全已经超越了国家安全而成为危及国际安全的事情。这样，核武器同国家安全的关系就变成了核武器同国际安全的关系。而在国际社会居于主导地位的美国等有核国家则把核武器的扩散看成对现有权力和安全结构的冲击，由于这些国家在国际制度和国际规范中占据主导地位，因此这些国家在其他国家的支持下将这种观念建构成国际规范。

反核扩散国际规范本身所具有的强大实力成为遏制核扩散的有效威

---

① 《联合国安全理事会第 1673 号决议（2006）》，联合国网站，http：//undocs.org/zh/S/RES/ 1673（2006），最后访问时间：2018 年 12 月 17 日。

② 《联合国安全理事会第 1810 号决议（2008）》，联合国网站，https：//undocs.org/ch/S/ RES/1810（2008），最后访问时间：2018 年 12 月 17 日。

慑力量。① 南非、巴西、阿根廷等国家都在拥有核武器后宣布弃核，乌克兰、白俄罗斯和哈萨克斯坦虽然在苏联解体后继承了苏联遗留在其领土上的核武器，但是由于国际规范的约束性力量，这些国家最终宣布放弃核武器并以无核国家的身份加入了《不扩散核武器条约》。②

小 结

通过上文的分析可以看出规范与安全的内在联系，安全（特别是安全化）是规范产生的动力，规范的产生能够促进安全。

布赞等人将安全视作自我指向的实践，在这个实践中，问题成为安全问题，这并不必然因为威胁的实际存在，而是因为这个问题被作为威胁提出来。只有成功地启动安全化，一个国际规范才可能产生、兴起、普及乃至内化。在国际规范发展的各个阶段，安全化都发挥着重要的作用，安全化是国际规范发展的根本动力。在规范的兴起阶段，必须有规范的倡导者迫切呼吁某一规范，也就是说，安全化施动者必须识别出一种存在性威胁，并对威胁的存在加以论证，从而启动安全化进程。在规范的普及阶段，规范的倡导者所倡导的存在性威胁观念被受众接受，尤其是要得到一些关键国家的支持。在规范的内化阶段，规范的倡导者不仅要通过法律程序将规范作为制度或法律固定下来，而且还需要在社会内部形成广为接受的规范，使规范内化为文化或价值观。

通过安全与规范的关系可以看出，成功的安全化有可能形成国际合作。安全化形成国际合作要满足两个条件：第一，遭受威胁的单位并不是单个国家，而是整个国际社会，这是国际合作的基础；第二，威胁主要不是来源于某个国家，而更多来自非国家行为体，这就能够保证国家间的集体行动不是针对另外的国家，从而保证国际社会的团结与合作。③

---

① Barry R. Schneider, "Nuclear Proliferation and Counter-Proliferation: Policy Issues and Debates," *Mershon International Studies Review*, Vol. 38, No. 2, October 1994, pp. 216 – 217.

② Scott D. Sagan, "Why Do States Build Nuclear Weapons: Three Models in Search of a Bomb," *International Security*, Vol. 21, No. 3, Winter, 1996 – 1997, p. 80.

③ 关于对安全化引起国际合作的分析参见潘亚玲《安全化、国际合作与国际规范的动态发展》，《外交评论》2008 年第 3 期。

　　具体到反核扩散国际规范的建立，核不扩散的观念首先是由美国的某些认知共同体提出的，其一方面意识到核武器的扩散会对美国的安全造成威胁，另一方面要求维护美国对核技术的垄断，因此向美国政府提出了核不扩散的建议。其中的某些人甚至加入杜鲁门、艾森豪威尔政府中，对游说美国政府接受核不扩散的观念起到了重要作用。此时所谓的安全是指美国的安全，认知共同体首先将核武器的扩散视为对美国安全的威胁，从而启动了安全化的进程。

　　美国政府在认同核不扩散的观念之后转而在国际上推广这一观念，并领导建立了以《不扩散核武器条约》为基石的国际核不扩散制度。制度建立是规范建立的框架基础，制度建立后，规范就有了附着的实体，制度的完善更有利于规范的推广。然而，尽管冷战期间建立了一系列相对全面的核不扩散制度，却不能说核不扩散规范已经确立，原因如下。

　　第一，尽管关于核不扩散的条约得以签署，但其没有得到认真的遵守和履行。而且某些条约带有明显的不公平性，如《部分禁止核试验条约》规定了禁止在大气层、外层空间和水下进行核试验，却没有禁止进行地下核试验，这主要是由于美国等国在大气层、外层空间和水下已经进行了充分的核试验，也获得了大量的核武器设计资料和效应数据，因此，它们只需要进行地下核试验便可继续发展和完善核武器。美国作为核不扩散观念倡导者的这一违规行为，从根本上削弱了核不扩散规范确立的基础。

　　第二，冷战期间，美苏两大国之间的矛盾是国际社会的主要矛盾，两大阵营中各国的安全都要从属于美苏两国的安全，因此在对待是否签署《不扩散核武器条约》的问题上，很多国家也是将自身的利益服从于美苏的利益，如联邦德国最初并不希望签署《不扩散核武器条约》，担心其会束缚自己发展核计划的权利，但在美国的说服或压服下，最终于1975年同意加入《不扩散核武器条约》。因此，冷战期间《不扩散核武器条约》成员国的广泛性并不意味着国际社会对核不扩散观念接受程度的广泛性，部分签字国并不真正认同核不扩散观念。

　　第三，尽管冷战期间有160多个国家签署了《不扩散核武器条约》，但其中并不包括中国和法国这两个联合国安理会常任理事国，而且巴西、阿根廷、南非、以色列等地区大国在冷战期间也都没有签署《不扩散核武器条约》，南非、巴西、以色列等国家甚至曾经制订核计划并成功研制了核武器。这些重要的地区大国游离在《不扩散核武器条约》之外，不能证明核不扩散观念得到了普及。

第四，冷战期间存在《不扩散核武器条约》等一系列对发展核武器的束缚，但总体来讲，一个国家发展核武器基本上是出于本国利益、安全的考虑，国家在这一问题上基本上是相对自由的行为体，国际上并不存在对发展核武器的道德约束，国际社会并没有形成谴责发展核武器的社会舆论。

20世纪90年代初，随着苏联的解体、冷战的结束、伊拉克入侵科威特战争的爆发，国际社会的安全观念发生了极大的转变，美苏之间的冲突不再占据主导地位，不负责任的政权掌握核武器成为国际社会的担忧，核武器重新被定义为对"国际社会"的威胁。需要注意的是，此时的"国际社会"才是真正的国际社会，冷战期间美苏尽管也打着维护国际社会安全的幌子，但更多的是为了维护本国的利益。直到冷战结束，"国际社会"才从美苏两国的束缚中挣脱出来，核不扩散规范才为国际社会所认可。1992年，国际社会以联合国安理会主席声明的形式，确认了核武器的扩散是对国际和平与安全的威胁。

当然，规范的确立是一个动态的过程，在规范确立后，规范可能会发生倒退的情况，也会因某些突发性的安全事件而得到加强，如2001年的"9·11"事件。正是在安全与规范的互动过程中，规范才得以发展，国际社会的安全才得以维系。

第二章 欧盟与反核扩散国际
制度建设

制度是规范所附着的实体，制度的创建有利于规范的传播。在反核扩散国际规范确立之前，以《不扩散核武器条约》为基石的国际核不扩散制度首先得以确立。在核不扩散制度框架下，核不扩散的观念得到普及，并最终为反核扩散国际规范的确立铺平了道路。尽管欧盟没有参与国际核不扩散制度最初的创立，部分欧洲国家也仅将签署《不扩散核武器条约》视为"权宜之计"，但在与核不扩散制度互动的过程中，欧盟逐渐接受、内化了核不扩散的观念，并积极参与了国际核不扩散制度的完善过程，这突出地表现在欧盟成功地促成了《不扩散核武器条约》的无限期延长。本章从欧盟与反核扩散国际规范的制度实体，也就是国际核不扩散制度的互动出发，探究国际核不扩散制度在欧盟反核扩散规范建立过程中的作用。

第一节 反核扩散国际制度创建

一个国际规范的成功推广与否，不仅取决于投入资源的多少，还取决于这种国际规范是否有国际法、国际制度的支持。国际制度作为重要的传播媒介和平台对规范的传播具有重要的意义。马莎·芬尼莫尔强调，通过国际规则和国际组织的形式让某种规范得以制度化对这种规范的传播至关重要。因为制度化的规范能够清楚地告诉人们某种规范的确定含义和违规行为的表现，制度化的规范还可以确定相关程序，使规范的倡导者得以协调不同立场，并对违规者进行惩罚，这样，制度化的规范就可以促进规范的普及。但是制度化的规范并不是规范普及的必要条件，制度化的规范可能在规范普及之前就已经产生。[①]

---

① 〔美〕马莎·芬尼莫尔、〔美〕凯瑟琳·斯金克：《国际规范的动力与政治变革》，载〔美〕彼得·卡赞斯坦等编《世界政治理论的探索与争鸣》，秦亚青等译，上海世纪出版集团，2006，第309页。

一　反核扩散国际制度的构成

国际核不扩散制度的创建始于 20 世纪 60 年代，目前已经形成了以《不扩散核武器条约》为基石的多层次的网络。尤为重要的是，目前的核不扩散已经完全制度化了，并在相当大程度上具有国内法律的特征，拥有了完善的法律制度、监管制度和执行制度。这种制度化所具有的约束力使核不扩散成为约束无核国家行为的重要规范。

在国家层面上存在不同等级的约束个体行为的规范，如习惯、正式化的惯例、准则和法律。① 约束国家行为的规范的形成大致经历这样的过程：从最初的操作规则发展为先例，然后成为道义原则，最后是法律文件。② 从规范的内化和维护来看，法律在规范中的等级最高，因为法律不仅是由立法机关制定的，而且由具有强制力的司法机关监督，并能够处罚违规者。

从国际层面来看，国际法在相当大程度上发挥着约束国家行为的作用。"有约必守"的原则是国家间达成协定的前提条件，并被视作是国际法的第一原则和基石。③ 国际法塑造的规范被遵守的时间更为持久，也更具影响力。但是与国内法不同的是，国际法是由多个国家制定的，由于国际社会中缺乏强制执行国际法的中央权威，国际法对国家的约束力明显弱于国内法对个体的约束力。如果要提高国际法的规范效应，就必须在一定程度上解决强制执行的问题。

从法律角度来看，与核不扩散相关的各种条约和制度安排组成了一套完整的法律体系。这些条约和制度安排从国家的核权利、核材料的供给管理、两用技术的控制等不同方面对国家制订的核计划进行限制，以达到防止核扩散的目的。

目前，核不扩散领域已经形成了多层次的、结构复杂的制度体系（见表 2－1）。其中最重要的是《不扩散核武器条约》，它是国际核不扩

---

① Neil MacCormick, "Norms, Institutions, and Institutional Facts," *Law and Philosophy*, Vol. 17, No. 3, May 1998, pp. 301–345.

② 〔英〕赫德利·布尔：《无政府社会：世界政治秩序研究》，张小明译，世界知识出版社，2003，第 55 页。

③ 〔英〕赫德利·布尔：《无政府社会：世界政治秩序研究》，张小明译，世界知识出版社，2003，第 56 页。

散制度的基石。《不扩散核武器条约》明确表示，条约的缔结建立在核武器的扩散会增加核战争的危险这一认知基础之上，缔约的目的是防止核武器的扩散。支撑《不扩散核武器条约》的三根支柱是核不扩散、核裁军及和平利用核能。条约明确规定，禁止有核武器国家对外转让核武器或其他核爆炸装置，或协助、鼓励、诱导无核武器国家和地区生产或以其他方式获得核武器或核装置。无核武器国家虽然拥有和平利用核能的权利，但是不得拥有、发展和接受核武器。[①] 自 1970 年 3 月 5 日《不扩散核武器条约》生效以来，世界上的国家除了印度、巴基斯坦和以色列外都已签署了这个条约（朝鲜于 2003 年退出），其中美、俄、中、英、法五个国家是以有核国家的身份加入这一条约的。成员国的广泛性和大国的普遍参与说明世界上绝大多数国家已经接受了核不扩散制度并将核不扩散作为约束国家行为的国际规范。

表 2 – 1　反核扩散国际规范的法律基础

	核心	外围
条约和组织安排	《不扩散核武器条约》	核供应国集团、瓦森纳安排、反扩散安全倡议
监督机构	国际原子能机构、联合国安理会	美国等大国
制度维护者	联合国安理会	美国等大国

资料来源：笔者自制。

除了《不扩散核武器条约》之外，核不扩散制度还涵盖一些重要的条约和制度安排，主要有以下几个方面。第一，有关核裁军的条约，其中包括《美苏关于销毁欧洲中程和中短程导弹条约》、《美苏关于削减和限制进攻性战略武器条约》以及《美俄关于进一步削减和限制进攻性战略武器条约》等。第二，关于限制核武器部署空间及有关无核区的条约，其中包括《南极洲条约》、《外太空条约》、《塔雷特罗库条约》、《海底条约》、《雷罗塔戈条约》、《东南亚无核武器区条约》及《非洲无核武器区条约》等。第三，限制核武器发展的条约，其中包括《不扩散核武器条约》《部分禁止核试验条约》《全面禁止核试验条约》《美苏限制反弹

---

① "Treaty on the Non-proliferation of Nuclear Weapons," Article Ⅲ, https：∥www. un. org/disarmament/wmd/nuclear/npt/, Last Accessed on July 1, 2018.

道导弹系统条约》《美苏限制地下核武器试验条约》《美苏和平利用地下核爆炸条约》《核材料实物保护公约》等。第四，有关无核国家安全保障问题的联合国决议和政府声明，其中包括1968年联合国安理会第255号、第984号决议，以及1995年美、俄、英、法、中分别发表的关于无核国家安全保障问题的声明等。第五，有关国际安全的其他协定，如《美苏关于减少爆发核战争危险措施的协议》《美苏关于防止公海水面和公海上空意外事件的协定》等。第六，关于核裁军与核军控组织，其中包括联合国大会、联合国大会第一委员会（裁军与国际安全委员会）、联合国大会裁军特别会议、联合国裁军审议委员会、裁军谈判会议等。第七，国际出口控制与核查机构，其中包括核出口委员会、核供应国集团、澳大利亚集团、导弹及其技术控制制度、巴黎统筹委员会、瓦森纳安排、国际原子能机构等。① 这些多边组织和安排或者从核材料、核技术的供应方面入手来限制敏感核技术和核材料的扩散，或者从地区禁核方面入手来反对核武器的扩散，这些条约共同构成了核不扩散制度，并为从这个制度中衍生出限制国家的核扩散行为的国际规范提供了法律依据。

目前，国际核不扩散制度仍在健全和发展中，并呈现不断扩大之势。2003年5月31日，美国总统小布什提出"防扩散安全倡议"，要求各国允许对某些国家装有可疑货物的飞机和船只进行检查，以截获违禁武器和导弹技术。具体就是要求成员国做到：（1）对已进入成员国领海和领空的被怀疑载有扩散物品的任何国家的船只和飞机，成员国有权对其予以扣留和检查；（2）成员国有权拒绝被怀疑从事核扩散活动的他国飞机飞越其上空；（3）对被怀疑从事核扩散活动的他国飞机在成员国或者愿意合作的非成员国机场停留加油时，成员国有权不让其起飞；（4）对在成员国注册的船只，以及对为方便起见在他国注册而该国允许对其进行搜查的船只，成员国有权登船搜查。② 此外，美国和欧盟一直倡导通过"放射性材料切断条约"（Fissile Materials Cut-off Treaty，FMCT），禁止用

① 李少军：《论核不扩散体制》，《中国与国际组织：加入与适应的过程》，福特基金会资助课题工作论文系列之四。

② 关于防扩散安全倡议参见顾国良《美国"防扩散安全倡议"评析》，《美国研究》2004年第3期。

于制造核武器的钚和高浓缩铀的生产。但是这一条约仍然处在初步的磋商阶段。[①] 尽管参与"防扩散安全倡议"的成员国并不普遍,"放射性材料切断条约"也未达成,但这些提议的出台,反映了国际社会反核扩散的决心,这不仅是对核不扩散制度的完善,也反映了核不扩散规范的深化。

在核不扩散规范的监督机构方面,国际核不扩散制度的监督体系具有多层次的特性,即国际原子能机构与国际社会上的大国同时对核不扩散的执行情况进行监督,其中,国际原子能机构是监督体系的核心,它接受《不扩散核武器条约》对其的委托,对无核国家的核设施进行监督。《不扩散核武器条约》规定,每个无核武器国家承诺接受《国际原子能机构规约》、保障制度和其他双方商定的保障措施对其的监督,接受国际原子能机构对本国履行条约情况的核查。各成员国应与国际原子能机构订立《监督保障协定》(Safeguard Agreement),无核国家必须申报自己的民用核设施,并将其纳入国际原子能机构的监督之下。保障措施同样适用于国家进行和平核活动的原料和裂变物质。[②]《国际原子能机构规约》(The Statute of the International Atomic Energy Agency of 1956)规定的国际原子能机构的监督职能是:制定并执行安全保障措施,以确保由机构本身,或经其请求,或在其监督和管制下提供特种裂变材料及其他材料、服务、设备、设施和情报等不致用于推进任何军事之目的;经当事国的请求,对任何双边或多边协议,或经一国的请求对该国在原子能

[①] 《放射性材料切断条约》的适用范围是制造核武器所需的钚和高浓缩铀等放射性材料。1993 年 9 月,美国总统克林顿在联合国发表演讲,呼吁签署禁止核爆炸物放射性材料生产的国际条约。1993 年 12 月,联合国大会通过第 48/75L 号决议,呼吁就禁止武器级别的放射性材料的生产进行多边磋商。1995 年,国际裁军会议成立关于切断放射性材料临时委员会,1998 年 8 月,国际裁军会议成立磋商这个条约的委员会。2004 年,美国总统小布什表示美国反对将可核查的限制生产条款纳入条约。2009 年 4 月,美国总统奥巴马推翻了美国对核查的立场,并提议谈判一个"可验证地终止用于核武器的裂变材料的生产"的新条约。2009 年 5 月 29 日,国际裁军会议同意建立禁产条约谈判委员会。然而,国际裁军会议的谈判受到巴基斯坦的阻挠。就目前情况来看,这个条约仍然处于磋商阶段,存在的问题主要包括缺乏主要大国的支持、可核查条款,详见 "Fissile Materials Cut-off Treaty, FMCT," http://www.fas.org/nuke/control/fmct/index.html, Last Accessed on July 2, 2018; Steve Fetter, Frank V. Hippel, "A Step-by-Step Approach to a Global Fissile Material Cut off," *Arms Control Today*, Vol. 25, No. 8, 1995, pp. 3 – 8.

[②] 《不扩散核武器条约》,联合国网站,https://www.un.org/disarmament/wmd/nuclear/npt/text,最后访问时间:2018 年 12 月 17 日。

方面的任何活动实施安全保障措施。[①]

　　安全保障措施的主要目的是监控纳入监督范围的民用核设施的材料使用和转移情况，以防止裂变材料的使用转向军事用途。国际原子能机构采取的主要监督方法是材料平衡计算法，即通过物质守恒原理来确定核材料存量的变化。[②] 但是这种监督方法所依赖的数据由无核国家自己提供。事实上，存在无核国家并未将所有核设施全部纳入国际原子能机构监督的可能，对此，国际原子能机构只能依靠环境采样分析方法（environmental sampling）对秘密核设施进行监测，即通过环境监测得来的数据进行化学和同位素分析。但是这种方法在采样地址等诸多问题上存在局限性。[③] 因此提高无核国家的核活动和平意图的透明度，将更多国家及其核设施纳入监督范围十分必要。为此，国际原子能机构开始推行《附加议定书》，要求无核国家向国际原子能机构提供包括核燃料循环活动在内的信息，给予核查人员准入的权利，允许核查人员进行环境取样、安装录像监控设备等。这些举措将增加国际原子能机构对无核国家的监督活动。[④] 截至2017年5月，《附加议定书》在129个国家及欧洲原子能共同体生效，另有19个国家签署但未生效。

　　在维护核不扩散制度方面，联合国和以美国为首的大国起着至关重要的作用。国际原子能机构只具备一般的监督权，一旦发现无核国家出现重大的违规行为且不能纠正的情况，国际原子能机构即将这类核问题提交联合国安理会。

　　《国际原子能机构规约》第三条规定，倘若在机构活动方面发生属于联合国安全理事会职权范围的问题时，国际原子能机构应通知对维持国际和平与安全负有主要责任的联合国安全理事会，并应采取根据本规约（其中包括第十二条 C 款的规定）可采取的措施，即遇有违约行为，视察员应向总干事提交报告，总干事应随即将此报告转交理事会。理事会应促使当事国立即纠正所发生的违规行为。同时，理事会应将此种违

---

①　《国际原子能机构规约》，https://www.iaea.org/sites/default/files/statute_ch.pdf，最后访问时间：2018年7月1日。

②　杜祥琬、张会、李彬：《核军备控制物理学研究简介》，《现代物理知识》1996年第3期。

③　杜祥琬编著《核军备控制的科学技术基础》，国防工业出版社，1996，第188页。

④　https://www.iaea.org/publications/factsheets/iaea-safeguards-overview，Last Accessed on July 16，2018.

约行为报告全体成员国、联合国安全理事会及联合国大会。①

联合国安理会是负责国际和平与安全的职能机关，它负责受理国际原子能机构对违规国家的报告，并根据情况做出强制执行的决议。联合国安理会采取发表呼吁、声明等措施要求违规国家纠正相关行为。如果违规国家仍然不能履约，那么联合国安理会可能采取制裁等措施来惩罚违规国家。联合国安理会制裁违规国家的典型事例是联合国通过对伊朗和朝鲜的制裁决议。

美国等大国也是保障反核扩散国际规范实行的重要力量。这些大国通过掌控的外交资源使违规国家改变违规行为，迫使后者回归到遵守核不扩散国际规范的道路上来。大国对违规者的影响主要是通过利益补偿等激励措施以及制裁等惩罚措施进行的。目前，反核扩散国际规范执行最成功的案例是利比亚的弃核。美国和英国以支持国际恐怖主义和发展大规模杀伤性武器为由，对利比亚实行长期的经济制裁，致使利比亚在2003年放弃核计划。

这样，联合国和以美国为首的大国组成了监督、维护核不扩散制度的体系，成为核不扩散制度的守护者，其中，联合国是主要的监督者，美国等大国在核不扩散制度的监督执行中起到了第三方制裁执行者的作用。联合国和这些国家成为核不扩散制度的保障者（见图2-1）。

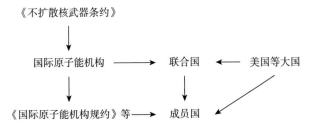

图 2 - 1　国际核不扩散制度的监督与维护

资料来源：笔者自制。

二　美国首倡下的国际核不扩散制度的建立

国际核不扩散制度包括一系列双边或多边条约及相关机制，如1970年

---

①　《国际原子能机构规约》，https：//www. iaea. org/sites/default/files/statute_ch. pdf，最后访问时间：2018 年 7 月 1 日。

生效的《不扩散核武器条约》、1987 年的《核材料实物保护公约》（Convention on the Physical Protection of Nuclear Material）、无核武器区、美朝框架协定、八国集团全球合作伙伴关系（G8 Global Partnership）、全球打击核恐怖主义倡议（Global Initiative to Combat Nuclear Terrorism）、防扩散安全倡议（Proliferation Security Initiative）以及相关的武器控制条约，其中最主要的就是《不扩散核武器条约》，它被称为国际核不扩散制度的基石。

关于国际核不扩散制度的首倡者，美国在国际核不扩散制度形成和发展中的主导作用得到了大多数学者的认同。例如伊拉·斯特劳斯（Ira Straus）认为，对以美国为首的倡导者的普遍承认是核不扩散成功的一个条件。① 约瑟夫·奈认为，美国首先倡议建立了国际制度，美国是国际核不扩散制度的主要支持者。彼得·克劳森认为，作为主要核供应国和国际原子能机构发起人，美国在国际原子能机构监督体系的发展过程中起了开创性作用，国际原子能机构监督体系在很大程度上是美国核出口双边监督体系的翻版。威廉·刘易斯也认为，美国在 1957 年成立的国际原子能机构建设中发挥了创造性的作用。②

美国在国际上倡导建立的核不扩散制度发端于美国政府对核武器扩散危险的认知。在核武器发明之初，美国的一些人士就认识到了核武器的扩散对美国安全的威胁，同时出于维护美国对核技术的垄断地位，他们将核武器的扩散建构为一种威胁，向美国政府游说。他们中的一些人甚至进入杜鲁门、艾森豪威尔政府中，对美国政府接受核不扩散的观念起到了重要的推动作用。出于维护美国安全的考虑，从 20 世纪 40 年代起，美国开始了推动建立国际核不扩散制度的进程。

美国最初在国际上倡导建立核不扩散制度主要是出于垄断核军事能力、保证美国核垄断地位的考虑。1945 年 11 月，美国就联合英国和加拿大提出成立联合国原子能委员会，以完全消除原子能的破坏性影响的建议。1945 年 12 月，美国参议院原子能委员会主席布里恩·麦克马洪向国会提出《原子能法案》（Atomic Energy Act of 1946），这一法案规定对美国所有的核活动进行严密的监控以防止核扩散，禁止把核情报传递给包

---

① Ira Straus, "Reversing Proliferation," *The National Interest*, Fall, 2004.
② 姜振飞：《美国的核不扩散政策研究综述》，《太平洋学报》2008 年第 1 期。

括美国盟国在内的任何一个国家。《原子能法案》字里行间透露出，核能蕴含了巨大的危险，应采取措施阻止核扩散以维护美国和世界的利益。[①] 这一法案于 1946 年 8 月 1 日生效。同年巴鲁克计划（Baruch Plan）出台。巴鲁克计划的提出可视为美国在国际上为防止核扩散而做出的最初努力。它由联合国原子能委员会美国代表伯纳德·巴鲁克于 1946 年 6 月 14 日提出，主要内容是提议设立原子能发展总署作为国际原子能监督机构，管制原子能的发展以及核原料的生产，任何利用裂变材料发展原子弹的违反管制的行为都将受到严厉制裁。原子能发展总署可派遣代表到各国观察，以确保对原子能进行有效的管制。原子能发展总署可以不受大国一致原则的约束，联合国安理会常任理事国在原子能发展总署中没有否决权。在原子能发展总署进行有效的管制后，应该停止核武器生产并销毁一切现存核武器。[②] 巴鲁克计划可以视为《不扩散核武器条约》的雏形。然而，这一计划要求首先建立有效的管制制度，然后再处置现存的核武器，所以并不能保证美国对现存核武器的销毁，这势必会有利于保持美国的核垄断地位。在苏联的反对下，巴鲁克计划失败。

1949 年、1952 年，苏联、英国相继核试爆成功，美国加快了防止核扩散的步伐。1957 年 8 月，美国联合英国、加拿大和法国向联合国裁军审议委员会分委员会提交了一揽子措施，承诺除非在自卫的情况下，否则不会向外转移对核武器的控制权。苏联尽管也反对核扩散，但苏联认为四国提出的框架为规则破坏者的行为提供了借口，规则破坏者可以以自卫为借口发展核武器。苏联希望将禁止核武器的对外转移与禁止在其他国家储备核武器联系起来。此次建议又以失败告终。

艾森豪威尔上台后延续了杜鲁门政府核不扩散的观念，继续为在国际上建立核不扩散制度做出努力。1953 年，艾森豪威尔向联合国大会提交了一份条约草案，要求控制世界范围内的核活动并阻止核武器的扩散。这份草案最终促成了 1956 年《国际原子能机构规约》的产生，这份规约

---

① http://www.sc.doe.gov/bes/Atomic_Energy_Act_of_1946.doc, Last Accessed on July 1, 2018.

② "Baruch Plan," Presented to the United Nations Atomic Energy Commission, 14 June, 1946, http://www.atomicarchive.com/Docs/Deterrence/BaruchPlan.shtml, Last Accessed on July 1, 2018.

旨在保障、监督和和平利用核能。1957 年 7 月，规约正式生效。同年 10 月，国际原子能机构（International Atomic Energy Agency，IAEA）召开首次全体会议，宣布机构正式成立。国际原子能机构有责任为向寻求和平利用核能的国家提供信息和援助，并有权对这些国家的核设施进行核查，以保证这些国家没有将本应用于和平目的的核燃料或技术应用于核武器的生产。[①]《国际原子能机构规约》第三款 A5 规定：制定并执行安全保障措施，以确保由机构本身，或经其请求，或在其监督和管制下提供特种裂变材料及其他材料、服务、设备、设施和情报等不致用于推进任何军事之目的；经当事国的请求，对任何双边或多边协议，或经一国的请求对该国在原子能方面的任何活动实施安全保障措施。[②] 这一规定将核燃料、核技术的转移和使用置于国际原子能机构的监督之下，由国际原子能机构对核活动进行安全保障。

20 世纪 60 年代，和平利用核能的研究在核反应堆技术上取得了重要的进展。到 1966 年，核反应堆已经在 5 个国家或是运转或正在建设，据推测，到 1985 年将有超过 300 个核反应堆投入运转或建设。核反应堆不仅会生产出电力，也会产生钚这种核裂变材料，这种材料可以通过化学分离方法获得，进而被应用于核武器的生产。预计到 1985 年，全世界生产的钚将有可能每天制造 15 ~ 20 枚核弹。[③] 面对核反应堆在世界范围内越来越广泛的分布，如果不对出于和平目的获得的核原料进行控制，如果越来越多的国家打着和平发展核能的幌子获得核武器，如果不对核武器的使用加以限制，那么在日益升级的地区冲突中，很可能会导致核战争。拥有核武器国家数目的增多将加剧对世界安全的威胁。为了防止这一局面出现，同时也为了在和平利用核能领域取得对苏联的优势地位，[④] 美国在继续执行核保密政策的同时，开始将目光转向国际核合作

---

① George Brun, "Arms Control by Committee," Cited from "Looking back: The Nuclear Non-proliferation Treaty: Then and Now," *Arms Control Today*, July/August 2008.

② 《国际原子能机构规约》至 1989 年 12 月 28 日的修订本，https://www.iaea.org/sites/default/files/statute_ch.pdf, Last Accessed on July 1, 2018。

③ Nuclear Non-proliferation Treaty-Background, http://www.fas.org/nuke/control/npt/back.htm.

④ Peter A. Clausen, "U.S. Nuclear Exports and the Nonproliferation Regime," in Jed C. Snyder, Samuel F. Wells, eds., *Limiting Nuclear Proliferation* (Ballinger Publishing Co., 1985), p. 184.

政策，通过在和平利用核能领域做出让步，以换取对别国民用核设施进行监督的权利，以防止以和平目的获得的核燃料被滥用于军事目的。国际核合作政策也就是各国将核活动置于国际原子能机构的监督下，并赋予国际原子能机构检查核设施、监督核活动的许可，促进核能的和平利用。

1960 年和 1964 年，法国和中国相继成功爆炸原子弹，这标志着美国核保密政策的失败。美国曾经认为由于核燃料的匮乏，核技术难以掌握，核武器扩散的概率比较小。而法国和中国核试爆的成功推翻了这个假设。尤其是法国核试爆的成功对美国是一个严重的打击，因为法国是第一个违背两个超级大国的意志并独立地、成功地发展核武器的国家。法国核试爆的成功直接刺激了美国建立国际核不扩散制度的决心，美国担心继法国之后，下一个最有可能发展核武器的国家就是两次世界大战的发起者——联邦德国。在法国核试爆成功后不久，美国开始积极地推动核不扩散制度的建立。《不扩散核武器条约》的谈判真正开始于 1961 年，联合国一致通过了谈判、签署防止核扩散条约的决议，联合国认为这个条约应该防止无核武器国家获取核武器，并规定只有在得到 IAEA 授权的情况下才可以对无核武器国家的核活动进行核查。这项决议还要求拥有核武器的国家保持对核武器的控制，防止向无核武器国家泄露关于核武器生产的信息，同时也建议无核武器国家做出不寻求生产核武器的承诺。联合国决议要求有核武器国家同无核武器国家一起合作达到这个目标。同一年，美国国会在总统肯尼迪的要求下批准成立了军控和裁军办公室（Arms Control and Disarmament Agency，ACDA），以取代国务院在军控和裁军条约谈判、研究和规划领域中的作用。军控和裁军办公室的成立标志着核问题从外交事务中独立出来，意味着核问题在美国事务中地位的提升。军控和裁军办公室成立后不久就被赋予了就防止核武器扩散问题与苏联展开谈判的权利。这一机构的成立虽然没有对《不扩散核武器条约》的出台产生直接的影响，却是美国为《不扩散核武器条约》的谈判做出的重要准备工作。

美国想建立一项普遍性的国际制度，首先需要得到苏联的配合。1962 年，美国在 1961 年联合国大会决议基础上起草了一份防核扩散草案，由国务卿腊斯克递交给苏联外交部部长葛罗米柯，希望以此为基础与苏联就防止核扩散展开谈判。但苏联坚持，防核扩散的前提条件是美国应该放弃多边核力量①。苏联认为北约内部多边核力量的存在使核技术向非北约国家泄露是有可能的。由于苏联的反对以及联邦德国等国坚持多边核力量，美国对防核扩散草案的讨论停滞下来。与此同时，美国与盟国就多边核力量的谈判也暂停下来。1962 年古巴导弹危机解决后，美苏之间的关系得到部分缓和，双方于 1963 年签署了《部分禁止核试验条约》。尽管如此，美苏之间就多边核力量的分歧仍然存在，如果美国与盟国就多边核力量达成协议，就不可能与苏联就核不扩散问题达成一致意见。经过三年的考虑，美国决定放弃多边核力量而致力于达成《不扩散核武器条约》。1964 年 1 月 21 日，约翰逊总统向十八国裁军委员会（Eighteen-Nation Disarmament Committee，ENDC）提交了中止核军备竞赛的方案，这个方案不同于 1957 年的一揽子建议，它包括不扩散、不获取以及对保障用于和平目的的核原料的国际转移，同时有核国家的和平利

---

① 多边核力量（Multilateral Force）：1962 年 12 月由美国总统肯尼迪提出的将美国与欧洲盟国的核力量置于北约管辖之下的倡议。具体来讲，"多边核力量"分为两个阶段。第一阶段由美国部署在地中海的三艘"北极星"核潜艇、英国的全部战略轰炸机以及英国和西欧其他国家的战术轰炸机合并而成，这些武器仍归各国所有（核弹头由美国控制），由本国人操作，并原则规定美国的力量在必要时可以撤出单独使用；若法国参加，则条件与英国相同。第二阶段主要由美国和英国的核潜艇组成，其他国家出人出钱混合编成，参加国的力量不得单独撤出使用。这支核力量由北约指挥，按照北约的计划进行部署和明确目标。1963 年 3 月，第二阶段的部分内容变为"25 艘特别建造的水面舰只每艘装备 8 枚'北极星'导弹，成员至少要从 3 个国家抽调"，投入 50 亿美元（其中美国负担 1/3 左右），用 10 年时间建成，并明确规定"多边核力量是超国家的，由北约控制，15 个成员国集体决定管辖"。后来其内容几经修改，但基本内容是建立拥有 25 艘舰只的军事力量，它们由来自美国、联邦德国、英国以及其他北约成员国的人员操作，并且装备 200 枚携带核弹头的导弹。这一倡议实质上是把参加国的核武器置于联合控制之下，由于美国提供的武器和资金最多，因此美国实际上拥有特殊地位。在美国的欧洲盟国中，联邦德国希望借助"多边核力量"获得对核武器问题的发言权和使用核武器的决策权，以弥补本国因放弃发展核武器而带来的政治损失，因此积极支持"多边核力量"。英国的态度比较复杂，英国一直希望保有自己的独立核力量，但"多边核力量"实际上把英国的核力量置于美国的控制之下。而且英国担心，一旦建立起没有英、法参加的"多边核力量"，就将形成某种美德特殊关系，从而取代英美特殊关系，这是英国最不希望看到的。因此即便矛盾，英国最终还是参与了"多边核力量"。1964 年 10 月威尔逊工党政府上台以来，英国对"多边核力量"的态度转淡。法国长期以来致力于发展自己独立的核力量，因此从一开始就表示不会参加"多边核力量"。1964 年底，由于盟国在"多边核力量"问题上一直无法达成一致意见，再加上苏联的反对，美国政府实际上搁置了这一倡议。参见王绳祖主编《国际关系史第九卷（1960–1969）》，世界知识出版社，1995。

用核能活动也要与其他国家一样接受核查。①

1965 年 8 月 17 日，美国再次向十八国裁军委员会提出不扩散核武器条约草案。这份草案要求拥有核武器的五个国家（中国、法国、苏联、英国和美国）不向无核武器国家转移核技术，不协助、鼓励或诱使任何无核武器国家生产或获得核武器。无核武器国家应该维护国际原子能机构或相关安全保障措施，以促进和平利用核能的活动。② 1966 年 5 月，美国参议院通过决议案，一致赞同达成一项核不扩散协定，并支持美国继续为此目标做出努力。参议院决议案的通过是对美国政府推动核不扩散制度建设的巨大支持。

1966 年秋天，美国与苏联在日内瓦以 1965 年美国提出的草案为基础展开谈判，美苏在十八国裁军委员会中的共同主席开始进行私人会谈，年底时，双方在条约的非传播和非获取条款及其他问题方面达成初步的协议。直到 1967 年 8 月 24 日，美苏两国才达成一致意见，分别向十八国裁军委员会递交了条约内容相同的文本。其他裁军委员会成员也提出了很多修正意见，其中大部分意见反映了无核武器国家的利益。经过几次修正，1968 年 3 月 11 日出台了共同草案。再度经过修正的共同草案最后呈交联合国大会，经过广泛的讨论，美苏于 5 月 31 日向联合国大会第一委员会呈交第七份修正案。6 月 12 日，联合国大会批准了这份修正案，并要求保管国政府（美国、英国和苏联政府）将这个条约开放签署。由此，《不扩散核武器条约》最终出台。

《不扩散核武器条约》共 11 条，宗旨是防止核扩散，推动核裁军及进行促进和平利用核能的国际合作。条约的主要内容是：每个有核武器的缔约国承诺不直接或间接向任何接受国转让核武器或其他核爆炸装置或爆炸装置的控制权；不以任何方式协助、鼓励或引导任何无核武器国家制造或以其他方式取得核武器或其他核爆炸装置或对这种武器或爆炸装置的控制权；每个缔约国承诺就及早停止核军备竞赛和核裁军方面的

---

① Lyndon B. Johnson, "Message to the 18-Nation Disarmament Conference in Geneva," 21 January, 1964, http://www. presidency. ucsb. edu/ws/index. php? pid = 26009&st = &st1 =, Last Accessed on July 1, 2018.

② "Statement by the President on the Draft Treaty to Prevent the Spread of Nuclear Weapons," 17 August, 1965, http://www. presidency. ucsb. edu/ws/index. php? pid = 27164&st = &st1 =, Last Accessed on July 1, 2018.

有效措施，以及就一项在严格和有效国际监督下的全面彻底裁军条约，真诚地进行谈判。把和平核设施置于国际原子能机构的国际保障之下，并在和平使用核能方面进行技术合作。① 法国在联合国大会上投了弃权票，并宣布尽管法国不会签署这个条约，但在未来将完全按照签字国的标准在核领域行动。该条约于 1970 年 3 月正式生效。由于联邦德国、意大利、日本和瑞典的反对，条约的有效期为 25 年，25 年后是否继续延长、如何延长要根据条约签署国的多数意见决定。这些国家反对条约无限期延长的理由是，它们认为有核国家没有很好地履行条约里的一些重要条款，如全面禁止核试验，停止生产可制造核武器的裂变材料，对无核武器国家承担安全保证的义务，允许无核武器国家获取和平利用核能技术等。如果条约无限期延长，就会使有核国家放松核裁军的努力，使既存的"有核"与"无核"成为永久不可改变的、不合理的分配格局。为了保证条约的履行情况，25 年内每 5 年举行一次审议会议，以审议条约的执行情况。

美国为了促成《不扩散核武器条约》的达成做出了很多努力，除了不断提出条约草案、建议外，美国的努力还体现在三个方面，即对联邦德国的说服、对苏联的妥协以及对无核武器国家的补偿。

第一，对联邦德国的说服是《不扩散核武器条约》能够成功签署的关键要素。对联邦德国来说，《不扩散核武器条约》一旦签署，其将是美国盟友中受影响最大的国家。美国在欧洲另外两个重要的盟友英国和法国都已经拥有了核武器，按照《不扩散核武器条约》的规定，英国和法国应该被视为有核国家，因此条约的签署对英、法两国的影响基本不大，不会影响它们的有核国家地位，而美国的其他盟国几乎没有发展核武器的强烈愿望和能力。然而，联邦德国却不同。20 世纪 60 年代，美国就已经在联邦德国建立核反应堆的问题上做了大量工作，很多联邦德国的领导人也支持在其领土上建立核设施，因为核设施的建立意味着美国将在联邦德国领土上驻军，这有利于维护联邦德国的安全，特别是在联邦德国与民主德国对峙的情况下，美国的驻军对联邦德国显得尤为重要。然而一旦签署《不扩散核武器条约》，美国就不可能再在联邦德国

---

① 《不扩散核武器条约》，联合国网站，http://www.un.org/chinese/peace/disarmament/t5.htm，最后访问时间：2018 年 12 月 17 日。

领土上建立核反应堆。因此，1961～1974 年，联邦德国几乎所有政党都强烈地反对《不扩散核武器条约》。阿登纳将其称为"美苏两国的摩根索计划"，[1] 是对联邦德国的"死亡宣判"；时任巴伐利亚州州长弗兰茨·约瑟夫·施特劳斯将条约视为新的《凡尔赛条约》；赫尔穆特·施密特也对条约表示质疑。1967 年，在联邦德国拥有巨大发行量的《图片报》以"核大国的命令""我们不想成为乞丐国家"为标题，煽动"国家主义"。

为了平息联邦德国对美国的不满，美国政府在与苏联就《不扩散核武器条约》进行谈判的过程中，一直与联邦德国保持联系，达成的条约草案也会向联邦德国政府递交，以使联邦德国享有知情权。1967 年 4 月，美国开始就《不扩散核武器条约》问题与联邦德国展开谈判。此时两国关系已经因"多边核力量"问题而跌入低谷。如前所述，由于是两次世界大战的发起国和战败国，联邦德国没有发展核军事力量的权利。然而进入 20 世纪 60 年代以来，联邦德国的经济实力迅速增强，联邦德国开始追求与其经济实力相对应的国际地位。联邦德国一直是"多边核力量"的热切支持者，联邦德国希望借"多边核力量"获得对核问题的发言权，从而实现与英法等国的"平起平坐"，摆脱"二流国家"的地位。面对欧洲盟国的层层障碍，联邦德国总理艾哈德甚至提出首先由美德缔约，以造成既成事实从而推动其他国家缔结条约。这一提议遭到美国的反对，美国坚持"多边核力量"要考虑其他欧洲国家的利益。[2] 美国最终搁置"多边核力量"对联邦德国是一个很大的打击，两国关系也跌入低谷。

---

① "Morgenthau Plan im Quadrat," *Der Spiegel*, No. 10, 27 February, 1967, http://www. spiegel. de/spiegel/print/d-46394432. html, Last Accessed on July 1, 2018. 摩根索计划：1944 年美国总统罗斯福的助理摩根索提出一份草案，要求将第二次世界大战后的德国转变为一个没有任何战争工业的国家。摩根索计划列举了将德国去战争化的一些措施，如破坏现有的工业设施，将鲁尔及其他一些地区国际化，将德国分为北部和南部德国两个国家。摩根索计划全文见 http://www. fdrlibrary. marist. edu/psf/box31/t297a01. html, Last Accessed on July 1, 2018。

② Department of State, "Telegram from the Embassy in Germany to the Department of State," *Foreign Relations of the United States*, 1964 - 1968, Volume XV, Germany and Berlin, Document 79, https://history. state. gov/historicaldocuments/frus1964 - 68v15/d79, Last Accessed on July 1, 2018.

美苏就《不扩散核武器条约》展开谈判使美国与联邦德国的关系面临更严峻的考验,联邦德国担心自身会成为《不扩散核武器条约》针对的主要对象,因此对条约持反对态度。美国为说服联邦德国认同并签署《不扩散核武器条约》做出了很多让步,在条约的最终条款中保留了联邦德国的部分利益,主要表现如下。首先,《不扩散核武器条约》第四条规定:"所有缔约国承诺促进并有权参加在最大可能范围内为和平利用核能而交换设备、材料和科学技术情报。有条件参加这种交换的各缔约国还应单独地或会同其他国家或国际组织,在进一步发展为和平目的而利用核能方面,特别是在无核武器的各缔约国领土上发展为和平目的应用核能方面,进行合作以做出贡献,对于世界上发展中地区的需要应给予应有的考虑。"[①] 这一规定将不再限制对核武器组成部件的研究、发展和生产。这样,《不扩散核武器条约》的无核武器签字国也可以接触发展核能的信息,并且如果愿意的话,可以通过打擦边球的方式,以和平利用核能的名义为发展核武器做好各项准备工作。联邦德国也无须担心《不扩散核武器条约》对其可能的核计划的限制。

其次,联邦德国的利益在《不扩散核武器条约》的安全保障条款中也得到了体现。联邦德国对于安全保障的目标在 1967 年 2 月的一次联邦德国政府会议上得到了明确的阐释,联邦德国确立的关于安全保障的目标是:废除核控制条款。如果核控制条款是不可避免的,那么应该永久性地保证欧洲原子能共同体的利益,核查人员也应尽可能地控制在一定数量之内。联邦德国坚持核查人员的指派及核查人员的权利都要限制在最低水平上。这一要求在《不扩散核武器条约》中也得到了很好的体现。尽管其他核门槛国家也致力于建立宽松的核查制度,但只有联邦德国的要求在《不扩散核武器条约》中得到了体现。

最后,关于联邦德国提出的核裂变材料的控制问题也保留在《不扩散核武器条约》的前言中。联邦德国认为,对核材料控制的主要对象应该是核裂变材料,而且主要应该是有关钚的核裂变材料。在与美国的谈判中,联邦德国政府坚持,安全保障措施只能应用于原材料,特别是核

---

① 《不扩散核武器条约》,联合国网站,http://www.un.org/chinese/peace/disarmament/t5.htm,最后访问时间:2018 年 12 月 17 日。

裂变材料，并应该保证核裂变材料在特定战略地点有效流动的原则。《不扩散核武器条约》的条款几乎照搬了美德谈判时联邦德国提出的草案原文，如"通过在一定战略地点使用仪器和其他技术有效地保障原料和特殊裂变物质的流动"[①] 等。在上述要求得到保障后，联邦德国决定放弃发展核武器的权利，以无核国家的身份加入《不扩散核武器条约》。

20 世纪六七十年代，联邦德国因素深刻地影响了《不扩散核武器条约》的内容和谈判进程，它不仅导致了条约的延迟，也在一定程度上削弱了某些重要条款的力度。在美国与联邦德国为期一周的谈判中，美国就核控制条款问题对联邦德国做出的让步，有很多与当时国际原子能机构的规定并不相符。据说当美国代表团将美德谈判的结果通知国际原子能机构并要求将其作为新的、标准的《不扩散核武器条约》的条款时，国际原子能机构的官员都对此表示震惊。国际原子能机构最初提出的条款就这样被美国抛弃，这也印证了，美国主导创建的《不扩散核武器条约》主要是为美国的安全、利益服务的。

第二，在对苏联的妥协方面，美苏之间就达成《不扩散核武器条约》主要有两个争论的焦点，其中之一就是上文提到的联邦德国问题。对苏联来说，联邦德国签署《不扩散核武器条约》是苏联签署《不扩散核武器条约》的前提条件。苏联曾经表示，如果没有联邦德国做出的弃核保证，苏联就不会签署条约。之前苏联就强烈反对美国的"多边核力量"，认为其等于把核武器放到联邦德国手中。[②] 苏联认为，即使是给联邦德国人在核扳机上很小的发言权，也会破坏和平，加剧紧张局势，并且会破坏《不扩散核武器条约》。苏联已经对美国在联邦德国部署携带核武器的驻军一事表示不满，苏联更不会签署一个允许联邦德国掌握任何核武器的条约。正是为了换取苏联同意签署《不扩散核武器条约》，美国对联邦德国做了大量的说服工作。

美苏之间达成《不扩散核武器条约》的另一个障碍就是美国与其他北约成员之间正在进行的多边核力量谈判。苏联对此强烈反对并宣称，

---

① 《不扩散核武器条约》，联合国网站，http://www.un.org/chinese/peace/disarmament/t5.htm，最后访问时间：2018 年 12 月 17 日。

② George Crews McGhee, *At the Creation of a New Germany: From Adenauer to Brandt: An Ambassador's Account* (Yale University Press, 1989), p. 97.

只要美国在北约内部保留核分享安排的可能性，任何关于核不扩散的协定就都不可能达成。苏联认为多边核力量会被联邦德国用来发展核武器，这会导致核扩散。核扩散的最大危险来自多边核力量以及英国倡导的大西洋核力量（Atlantic Nuclear Force，ANF），应该禁止直接或间接地向无核武器国家转移核武器，同时也应禁止由有核武器国家将核武器、对核武器的控制权或核武器的替代物向没有核武器的盟国转移，即使在核武器处于美国与盟国联合控制的情况下，也不应破坏上述不转移的原则。但美国强调，西方关于核武器的集体防御安排不会损害核不扩散的宗旨，美国将不会放弃对盟国使用美国核武器的控制权。苏联认为美国的提案并不能阻止核武器通过多边核力量、大西洋核力量以及类似北约这样的军事单位对外扩散，尽管美国保留了对核武器的控制权，但这并不足以为核不扩散提供保证。

尽管美苏对集体防御有种种不同的意见，但双方都认识到了尽快达成《不扩散核武器条约》的必要性。而且，外部力量此时也开始敦促《不扩散核武器条约》出台。无核武器国家开始关注条约进展情况，1964 年的非洲峰会及不结盟国家的开罗会议都通过了一系列要求给予《不扩散核武器条约》首要关注的决议。为了尽快与苏联达成一致意见，美国开始了对其盟国说服的过程，美国与其盟国展开了一系列长时间的、艰难的磋商。盟国提出关于《不扩散核武器条约》对北约核防御安排影响的质问。美国对此的解释是，《不扩散核武器条约》涵盖了核武器以及/或核爆炸装置，但不包括核投放装置，因此不会妨碍北约对核防御问题的磋商和安排，也不会阻止美国将其拥有并控制的核武器安置在无核武器的北约成员国的领土上，"也不会阻止新加入欧洲联盟的国家继承其成员伙伴的核地位"。① 盟国的问题与美国的解释都被呈递给苏联，苏联对美国的解释没有表示异议。美苏两国至此才达成一致意见。

第三，在对无核武器国家的补偿方面，美国也做出了相应的承诺。

---

① Department of State，"Memorandum from the Assistant Secretary of Defense for International Security Affairs（McNaughton）to Secretary of Defense McNamara，" Foreign Relations of the United States 1964 – 1968，Volume XI，Arms Control and Disarmament，Document 162，https：//history. state. gov/historicaldocuments/frus1964 – 68v11/d162，Last Accessed on July 1，2018.

无核武器国家关注的首要问题是保障措施的问题。各国关于《不扩散核武器条约》达成的一个共识是，应该防止核能从和平用途转向核武器的发展等军事用途。这样的规定产生的一个问题就是，按照《国际原子能机构规约》的保障措施条款，这将使无核武器国家在和平发展核能方面处于经济上和工业上的劣势。为了消除无核武器国家的这些疑虑，美国在1967年12月2日提出，允许国际原子能机构将《不扩散核武器条约》中的保障措施条款应用于美国所有的核设施上，甚至与国家安全直接相关的核设施都可以接受国际原子能机构核查。1977年11月18日，美国与国际原子能机构签署了这项协议，1978年2月9日协议呈交参议院，1981年9月12日协议生效。

无核武器国家关注的另一个问题是安全保障问题。无核武器国家要求有核武器国家向无核武器国家提供安全保障，以保证放弃核武器不会使本国处于永久性的军事劣势，也不会使自己易受核威胁的攻击。但是不同国家、国家集团的安全利益是不同的，如果为了将来的、未知的偶然性而在《不扩散核武器条约》的框架中加入对各国的安全保障条款，满足这种多样性的要求，则只会使情况变得更加复杂紊乱。为了解决这个问题，美国同苏联和英国于1968年3月7日向十八国裁军委员会提交了一份三方建议，提议安全保障以联合国安理会决议的形式提供，并辅以三国宣言作为支持。这个建议确认了有意签署《不扩散核武器条约》国家的安全关切，保证签字国一旦遭遇核入侵或核威胁，联合国安全理事会，特别是联合国安理会常任理事国会迅速采取行动。

《不扩散核武器条约》被提交到联合国大会后，三方建议被提交到了联合国安理会。在一份正式宣言中，美国表示如果《不扩散核武器条约》的无核武器签署国成为核入侵或核威胁的目标，美国就将立即向联合国安理会寻求对这些国家的支援。苏联和英国也发表了类似的宣言。法国对这个建议投了弃权票，法国代表表示，法国不希望因弃权票而阻碍三方建议的采纳，但法国也不相信如果没有核裁军，世界上的国家就会获得相应的安全保障。除了三方建议外，1978年美国再次发表政策声明，宣布美国将不会对《不扩散核武器条约》的无核武器签字国或者不谋求获得核爆炸装置的国家使用核武器，除非美国的领土、军队或盟国遭受到上述无核武器国家与拥有核武器国家对美国的联合打击。这一原则在继任的政府中都得到了重申。

这样，在美国的倡导下，一个以《不扩散核武器条约》为依托的国际核不扩散制度得以确立。尽管反核扩散国际规范至此并未确立，但核不扩散制度建立的过程就是核不扩散观念传播的过程。首先是美国的某些人士认识到了核扩散带来的危险，而后将其建构为一种威胁，向美国政府游说。在这一认知共同体的推动下，美国接受了核不扩散的观念。①随后美国政府开始将核不扩散观念对外推广，《不扩散核武器条约》就是美国致力于推广核不扩散观念的产物。为了促使条约出台，美国一方面说服苏联，另一方面以说服和压服结合的方式与盟国谈判，此外，对无核国家在保障措施和安全保障方面的异议也做出了补偿。应该说，美国的主导作用对《不扩散核武器条约》的出台起了重要的作用。由此可以看出，大国的主导更有利于观念的传播。美国对盟国或其他国家说服/压服的过程，同时也是使对方接受核不扩散观念的过程。无论是自觉的还是被迫的，一旦加入核不扩散制度，制度就会自动限制国家的行为，正是在这种约束、限制的过程中，核不扩散的观念得到深化。反过来，深化的观念又会促进制度的完善和发展。

三 国际核不扩散制度的发展

按照规定，《不扩散核武器条约》的签字国每五年召开一次条约审议会议。到目前为止已经召开了九次审议会议，除了第二次（1980年）、第七次（2005年）和第九次（2015年）审议会议外，其他六次审议会议均达成了某些共识，反核扩散国际规范就在历次审议会议中得到萌芽、发展。

比较重要的审议会议有如下几次。1975年5月在日内瓦召开的第一次审议会议，与会国家重申了对《不扩散核武器条约》的支持，支持国际原子能机构的核查，并建议核查应该更广泛、更有效。会议敦促设定共同出口标准，旨在将保障条款扩大到所有和平利用核能活动中，也就是说，所谓的无核武器的《不扩散核武器条约》非签字国出口核燃料或核技术时，也应采纳"综合保障条款"，所有核出口国及核接受国都应

---

① 此时的核不扩散仅仅是一种观念。规范意味着束缚，而在整个冷战时期，几乎不存在对制度外行为体核扩散行为的约束，国际社会并未形成反核扩散的舆论环境。

该接受这些要求。会议同时也认识到,对《不扩散核武器条约》的遵守将促进完善和平利用核能活动的援助和信任制度。

第三次审议会议于 1985 年 8 月 27 日至 9 月 21 日在日内瓦举行。会议通过了最后宣言,各签字国重申对《不扩散核武器条约》的支持,并确认《不扩散核武器条约》对国际和平与安全有突出的贡献。这次会议确认了进一步防止核扩散的必要性,认为《不扩散核武器条约》对防止核扩散具有积极意义。这次会议讨论的焦点集中在两个方面。第一个方面是关于保障条款的问题。会议认为《不扩散核武器条约》中的核不扩散和保障承诺条款为进行和平核合作提供了基础框架,并认为在和平利用核能领域存在双边合作与多边技术援助等形式。国际原子能机构的保障体系及其为维护保障体系的有效性而做出的努力得到了与会国的认可。尽管在是否应该将全面的保障条款作为向《不扩散核武器条约》非签字国、无核武器国家出口核材料、核技术的前提条件这一问题上没能达成一致意见,但会议同意为进一步完善保障条款采取有效的步骤。第二个方面是关于核军控与核裁军的问题。与会国普遍对核军控与核裁军在 20 世纪 70 年代取得的进展表示失望,所有国家都敦促就《全面禁止核试验条约》展开谈判并尽快缔结。美国重申了对《全面禁止核试验条约》长远目标的承诺,确认对现存核武器的大幅削减是首要问题,承诺美国将继续就这一问题展开谈判。这次审议会议对《不扩散核武器条约》进行了部分修正,对核裁军、核军控予以强调,之前片面强调核不扩散而在核裁军方面没有作为的倾向得到了部分纠正。

第四次审议会议于 1990 年 8 月在日内瓦召开,会议再一次重申《不扩散核武器条约》是维护全球安全与稳定的至关重要的工具。会议在下述问题上取得了进展,即将国际原子能机构的全面核查作为核供应的条件,加强对核技术转让、出口的控制,严格遵守《不扩散核武器条约》的条款。会议也在积极安全保证和消极安全保证①、防止对核设施

---

① 安全保证(security assurance)指为使无核武器国家免受核侵略及核威胁,对其一旦遭受此种侵略和威胁时获得援助的国际安排。积极安全保证(positive security assurance)指无核武器国家遭受核侵略或核威胁时,国际社会特别是有核武器国家向其提供援助;消极安全保证(negative security assurance)指有核武器国家承诺在任何条件下或在一定条件下不对无核武器国家使用或威胁使用核武器。具体内容参见侯红育《核国家向无核国家提供安全保证的由来和现状》,《国际资料信息》2005 年第 6 期。

的打击、在和平利用核能领域的合作、国际原子能机构保障条款的重要性、有效的出口控制以及核安全方面达成了一致意见。会议的一个重要成果是，大多数与会国赞同在 1995 年延长《不扩散核武器条约》的期限。

1995 年 5 月 11 日举行的第五次审议会议应该说是历次审议会议中最重要的一次。① 在这次会议中，178 个缔约国以协商一致的方式决定无限期延长《不扩散核武器条约》。会议通过了两个决议，分别是关于核不扩散与核裁军的原则和目标的决议、关于加强《不扩散核武器条约》审议制度的决议。

2000 年审议会议召开之前，由于印度和巴基斯坦进行核试验，国际核不扩散制度遭受了严重的冲击，很多无核武器国家对有核武器国家在核裁军方面的进展表示不满，它们表示不会再接受不公平的双重体系，要求美国等国在 1996 年末完成《全面禁止核试验条约》的签署，要求有核武器国家重申对核裁军的义务，大幅削减核武器，鼓励建立无核区，严格《不扩散核武器条约》的审议过程，敦促以色列、巴基斯坦和印度这些拥有核武器却不是条约签字国的国家加入条约，以提高条约的普遍性。与会国认识到提高国际核不扩散制度的必要性，认为应该使国际核不扩散制度足以应对印度、巴基斯坦，乃至伊拉克、朝鲜的挑战。155 个与会国成功地在完善核不扩散措施、削减核武器方面达成了共识，与会国也同意降低核武器在外交政策中的重要性，如果各国不再把核武器视作保护国家安全的最重要的、最后的手段，核武器也就失去了存在的必要性。所有参加会议的国家一致同意：签订《全面禁止核试验条约》；停止核试验；促成"禁止生产裂变材料条约"；就核裁军展开谈判；将不可逆转性的原则应用于核裁军、核武器控制领域；承诺削减核武器；遵守现存的条约；建立汇报制度等。② 尽管在安全保证、北约核分享方面仍存在分歧，但总的来讲，在这次会议中，核不扩散制度进一步完善。

2005 年 5 月在美国纽约召开的第七次审议会议被海若德·穆勒称作

---

① http:∥www.un.org/Depts/ddar/nptconf/162.htm, Last Accessed on July 1, 2018.

② https:∥www.iaea.org/newscenter/focus/npt/npt-review-conferences, Last Accessed on July 1, 2018.

《不扩散核武器条约》发展历史上最大的失败。① 这次审议会议与前几次相比步伐明显放慢，而且在会议召开之前，由于朝鲜于 2003 年宣布退出《不扩散核武器条约》，伊朗的燃料项目不断取得进展，小布什政府推进钻地核导弹（bunker buster）项目的发展这一系列违反条约规定的活动，《不扩散核武器条约》已经陷入了僵局。国际社会对核不扩散及核裁军的希望从 2005 年审议会议一开始就破灭了。第七次审议会议就在这样阴郁的背景下召开。尽管在会议召开之前，各国已经进行了四次准备会议，世界上最好的外交官聚集在一起付出了诸多努力，但与会国最后还是连一份适时的工作议程都拿不出来，20 多天的会议有 15 天浪费在程序的争论上，用于讨论实质性问题的时间最多只有 4.5 天。2005 年审议会议失败的原因之一在于有核武器国家与无核武器国家的矛盾，主要表现为：美国不同意将条约审议过程中达成的承诺作为工作议程的基础，而坚持讨论由伊朗与朝鲜带来的核扩散的威胁；埃及认为会议议程应集中于如何使《不扩散核武器条约》普遍化；伊朗则抨击有核武器国家在核裁军问题上没有取得进展，特别是对美国发展低当量核武器和空间武器表示批评。各国在会议的议程方面都未能达成一致意见，最后没有达成任何共识。②

原因之二在于美国对《不扩散核武器条约》的不遵守。按照法学家的观点，对条约的诚信遵守程度可以作为判断一个国家能够认真履行国际承诺的标准。奥兰·扬（Oran Young）认为，"当特定主体的实际行为符合指定行为时，遵守就发生了；当实际行为显著偏离指定行为时，不遵守或违反就发生了"。③ 国际遵守就是指国家对国际法、国际制度、国际规范的遵守，也就是对国际承诺的遵守。由于作为《不扩散核武器条约》倡导国的美国不能遵守条约，条约的完整性被削弱。美国的行为在国际上造成了恶劣的影响，使《不扩散核武器条约》的遵守体制受到了威胁，条约的整体性遭到动摇。在 2005 年《不扩散核武器条约》审议会

---

① Harald Müller, "The 2005 NPT Review Conference: Reasons and Consequences of Failure and Options for Repair," The Weapons of Mass Destruction Commission, No. 31, 2005.

② Rebecca Johnson, "Politics and Protection: Why the 2005 NPT Review Conference Failed," *Disarmament Diplomacy*, No. 80, Autumn, 2005.

③ Oran R. Young, *Compliance and Public Authority: A Theory with International Applications* (The John Hopkins University Press, 1979), p. 104.

议上，国际法遭到了严重的威胁。

历经多年的发展，《不扩散核武器条约》应该说是颇有成效的，国际社会逐渐形成了一种比较普遍的压力，一方面有效地遏制了核武器及核材料的扩散，20世纪60年代几个将要迈入核门槛的国家（如南非、巴西、阿根廷）由于《不扩散核武器条约》的出台没有一个发展为有核国家，在苏联解体后实际拥有核武器的乌克兰、白俄罗斯和哈萨克斯坦也最终放弃了核武器。在1970年《不扩散核武器条约》生效之际，有观察家预言，将来会有20~30个国家宣布拥有核武器[1]，但这种情况并未出现。另一方面《不扩散核武器条约》也促进了核军控与核裁军的发展，美苏（俄）之间相继达成了限制和裁减战略核武器的协定。在世界各地陆续出现的有关建立无核区的协定，也是核不扩散观念推动的结果。但以《不扩散核武器条约》为基础的核不扩散制度取得的最重要的成就是，推动了反核扩散国际规范的建立。国际社会形成了反核扩散的舆论和压力，任何一个国家如果想挑战这一规范，首先要权衡发展核武器带来的利益得失。在国际社会普遍认同核不扩散规范的情况下，违背这一规范无疑要付出巨大的代价。

第二节　欧盟（欧共体）与反核扩散国际制度建设

欧盟（欧共体）参与反核扩散国际制度建设的过程，也就是欧盟反核扩散政策形成的过程。欧盟反核扩散政策的形成过程是对反核扩散观念逐渐接受、内化的过程，也是欧洲合作与缓和的累积过程。它从20世纪60年代末开始逐渐勾勒，通过欧洲政治合作制度到90年代初成形，并在1994~1995年的共同行动中具体化，最终在2003年提到战略层面。欧盟反核扩散规范以《欧盟反对大规模杀伤性武器扩散战略》的形式得以确立。欧盟对国际核不扩散制度建设的参与是欧盟反核扩散政策形成过程中的重要一步。

---

[1]　李少军：《论核不扩散体制》，《中国与国际组织：加入与适应的过程》，福特基金会资助课题工作论文系列之四。

一 国际核不扩散制度与欧共体核不扩散政策的初步形成

20 世纪 50 年代，为了避免两次世界大战后的欧洲再次陷入流血和冲突，为了维护持久的和平，法国、联邦德国、意大利、卢森堡、比利时与荷兰从组建煤钢共同体起，开始了欧洲联合的过程。共同体建立之初主要致力于欧洲内部的经济建设，核扩散问题基本上不在其关注的范围内。20 世纪中期，无论是艾森豪威尔的"原子能为和平"计划还是《不扩散核武器条约》的谈判，核不扩散都是由美国建构出来并关心的议题。欧共体只是致力于欧洲内部建设，在国际核不扩散问题上，很少听到欧洲的声音。另外，欧洲最初反而是美国防核扩散的目标。至少在中国于 1964 年核试爆之前，美国核不扩散针对的目标直接指向当时并没有能力获得独立核能力的欧洲国家。美国主导下的《不扩散核武器条约》谈判、"多边核力量"以及北约内部的核安排等，都隐隐包含建立针对欧洲——特别是联邦德国——的核不扩散制度的想法。

1957 年 3 月，欧洲原子能共同体（EURATOM）成立。成立欧洲原子能共同体是为了为原子能联营和分销提供共同市场，并对外出口剩余的原子能。欧洲原子能共同体的主要职能是管理欧洲内部的核工业，包括核实和监督成员国的核燃料循环等。从欧洲原子能共同体成立的目的与职能可以看出，此时欧共体只是将原子能视为一种商品，原子能的安全属性在欧洲原子能共同体的政策中并未体现，欧共体并未将原子能/核能视为对国家或共同体的威胁，安全化过程并未启动。

然而，随着美国在国际上推动建立核不扩散制度，作为美国最初防范目标的欧洲不可避免地被卷入《不扩散核武器条约》谈判中，成为美国说服/压服的对象。彼时英国的核地位已成既定事实，法国成为新出现的核力量，其他的欧洲主要工业国家（联邦德国、意大利和瑞士）也是有能力发展军事核工业的为数不多的几个国家。法国将《不扩散核武器条约》视为美苏共管的产物，对核不扩散的自身逻辑持怀疑态度。联邦德国和意大利（两国于 1975 年加入）对《不扩散核武器条约》的态度也比较复杂，它们一旦承认了条约的正当性，就意味着断绝了发展核武器的后路。然而迫于美国的压力，除法国外，欧共体成员最终都同意签署《不扩散核武器条约》，前提条件是将《不扩散核武器条约》的有效期规定在 25 年。这样，欧洲国家虽然迫于美国的压力暂时放弃了发展核武器的权利，但 25 年后条约失效时，仍有自由选择是否发展核武器的权利。此外，美国也做出保证，即一旦欧洲联邦成立，《不扩散核武器条约》将不会阻碍欧洲保留自己的核力量。

从上述分析可以看出，20 世纪中期，欧洲国家只是将"核"视作可以带来经济利益的商品，并未将"核"或者"核扩散"视为是对欧共体安全的威胁，核扩散的问题基本不在欧共体的政策范畴之内。在美国的压力下，欧共体部分国家被迫接受了《不扩散核武器条约》，被动地卷入国际核不扩散制度中，也就是说，欧共体被动地接受了美国启动的安全化过程。从某种意义上讲，欧共体部分国家签署《不扩散核武器条约》只是"权宜之计"，是在实力不足的情况下暂时对美国的让步，欧共体部分国家的签字并不意味着其接受了核不扩散的观念。

尽管欧共体自身对核扩散问题没有什么兴趣，但 20 世纪 70 年代以来，国际上的核扩散事件不断冲击欧洲。1974 年，印度进行了第一次民用核试验，越来越多的国家（如阿根廷、巴西、伊朗、伊拉克、巴基斯坦、南非和韩国）开始表现出对核技术的兴趣，这导致关于核技术转让以及建立控制和出口制度的争论，欧洲的《不扩散核武器条约》签字国及非签字国都受到了影响。

为了回应 1974 年印度核试验，1975 年，法国、联邦德国和英国以核供应国集团（伦敦俱乐部）创始成员国的身份参与制定了伦敦指令。伦敦指令旨在为俱乐部成员的共同出口控制政策打下基础，希望通过加强核出口管制，防止敏感物项出口到没有签订《不扩散核武器条约》的国家。核供应国集团最初有加拿大、联邦德国、法国、日本、英国、美国和苏联七个成员国，其中欧共体成员有两个。1976～1977 年，比利时、捷克斯洛伐克、民主德国、意大利、荷兰、波兰、瑞典和瑞士加入，其中三个国家是欧共体成员。1977～1980 年，欧共体国家在关于核不扩散与核燃料循环——也就是所谓的国际核燃料评价——讨论中扮演了重要的角色。在这次讨论中，欧共体成员国与美国在界定核燃料循环以及回收工业的问题上分歧严重，英国、法国和联邦德国开始表现出有别于美国的独立立场。

1981 年，为了促进欧共体各国政治层面的合作，欧共体开启了欧洲政治合作（European Political Cooperation，EPC）进程，核不扩散问题被纳入欧洲政治合作进程，并建立了专门的工作小组。由于当时欧洲原子能共同体负责处理核能在欧共体内部的流动问题，因此欧洲政治合作核工作小组的任务就是负责处理欧共体国家对外的核扩散问题。这是欧共体成员第一次在核不扩散领域表示合作的意愿，也是欧共体核不扩散政策的起步。

在欧洲政治合作框架下，欧共体国家采取的第一个协调一致的步骤是共同采纳了1984年11月20日宣布的关于核出口的伦敦指令。通过《单一欧洲法案》及随后的《马斯特里赫特条约》，政府间就核扩散问题展开对话的议程也得到了制度化。1985～1990年，欧洲在核不扩散问题上的合作日趋深入。工作小组的会面更加频繁，每届主席任职期间至少会晤两次，双边磋商变得更经常，欧盟成员国之间的交流也增加了。工作小组在联合国论坛与核供应国集团中经常代表欧共体发表一些共同声明，这些共同声明主要集中在核保障与核转移领域。在对国际核扩散行为的惩罚方面，欧共体也采取了相应的行动。比较突出的一个案例就是1986年，欧洲理事会响应联合国对南非进行经济和军事制裁的决议，对南非主要的核燃料实行了禁运。1987年，欧洲政治合作就联合国关于和平利用核能的会议达成第一个共同宣言。1989年，欧共体向第33次国际原子能机构会议递交了共同宣言。1990年，欧洲政治合作在都柏林峰会上通过了关于核不扩散问题的共同文件。① 这份文件主要是为当时即将召开的《不扩散核武器条约》审议会议做准备，意在协调各国立场。

20世纪七八十年代，欧共体的对外政策体现了核不扩散观念，这一方面是由于欧共体在被迫卷入美国的核安全化进程后，不得不接受国际核不扩散制度制约的结果。在被制度束缚的同时，制度中所体现的观念也逐渐内化到欧共体的对外政策中。另一方面，20世纪七八十年代国际上不遵守核不扩散制度的行为不断冲击着欧共体，迫使欧共体开始对自身的安全进行再一次定位。然而，此时欧共体的核不扩散观念仍是比较薄弱的，这主要体现在欧共体成员国在很多问题上缺乏共识，核不扩散

---

① "European Council in Dublin 25 - 26 June 1990, Annexes 6 Declaration on Nuclear Non-proliferation," http://www.europarl.europa.eu/summits/dublin/default_en.htm, Last Accessed on July 1, 2018.

观念并未强大到可以弥合成员国之间分歧的程度。成员国之间的分歧表现在：第一，法国和西班牙仍不是《不扩散核武器条约》的签字国，甚至对这一条约持反对态度；第二，法国和英国两个有核武器国家继续进行核试验，拒绝考虑参加核裁军谈判；第三，欧洲在对待核技术出口问题上分成了两派，爱尔兰、英国和荷兰赞成全面的核查控制，而比利时、法国和联邦德国则希望能采取更灵活的措施；第四，在对待美国驻扎在欧洲的中程导弹部队问题上，欧洲国家的公众舆论也分成了两派，一派赞成美军迅速撤离并与苏联展开谈判，另一派担心这将引起欧洲和美国的分裂。上述表现中，第一点是削弱欧共体核不扩散政策的根本原因。尤其是作为欧洲共同体倡导国的法国不认同核不扩散观念，这是对欧共体核不扩散政策的打击。法国很少参与到欧共体的核不扩散行动中。在1990年的都柏林峰会上，法国仅仅作为观察员国参加了会议。不仅如此，对于以国际原子能机构文件为基础通过的大部分共同宣言，法国也都表示反对。作为欧共体的重要一员，法国的不参与极大地削弱了欧共体行动的力度。另外，从内容上看，此时欧共体的核不扩散行动比较多地采取宣言的形式，无论是从束缚力还是从成效来看，都是比较微弱的。即便如此，核不扩散问题已经成为欧洲国家外交、政治和经济关系中不可避免的考量。

二　欧盟促成《不扩散核武器条约》无限期延长

1993年欧共体扩大后，欧盟反核扩散政策的发展进入新的阶段，这一时期也是欧盟在核不扩散领域比较活跃的一个时期，这主要受益于以下几个因素。第一，国际大环境的变化。20世纪80年代末90年代初，随着东西方冲突重要性的下降，欧盟的安全关切发生了转移，苏联不再是对欧洲安全的威胁。而1991年海湾战争后，伊拉克核计划的暴露将反核扩散的必要性提到世人面前。欧盟也开始重新建构威胁与安全，核扩散成为欧盟担心和关注的主要问题，也逐渐被构建成对欧盟安全的威胁。此外，冷战期间，核军控领域被两个超级大国把持，冷战的结束终结了这种局面，为拓展核军控领域中的多边道路提供了可能。第二，欧洲内部反核扩散障碍的消除也为积极的核不扩散行动提供了可能性。1991年6月3日，法国宣布加入《不扩散核武器条约》，并于1992年8月正式加入了该条约。作为欧共体的创始国，作为一个拥有核武器的国家，法国加入《不扩散核武器条约》具有重要的意义，它为建立一个更加积极的欧洲反核扩散政策扫除了最后的政治障碍。第三，欧共体废止，欧盟诞生，这对于欧盟反核扩散政策的发展有两个意义。一是从法律上确立了欧盟作为一个国际行为体的地位。二是共同外交与安全政策作为欧盟的三大支柱之一被独立出来，这一政策明确了欧盟在外交与安全政策上的决策程序，安全被提到一个新的高度，核不扩散政策也被正式确立为共同外交与安全政策中的一个重要方面，这标志着欧盟在安全政策合作方面一个质的飞跃。制度的完善为欧盟反核扩散政策的发展铺平了道路。此外，随着欧洲一体化程度的提高，欧盟成员国也感到需要在外交方面进行更紧密的合作，希望在外交与安全政策上有所作为，核不扩散领域成为欧盟首选领域之一。综合考虑以上三个因素，欧盟反核扩散政策得以发展的最主要的因素是第一个，也就是欧盟安全关切的变化。无论是法国签署《不扩散核武器条约》，还是欧盟赋予安全政策特殊重要的意义，都源于欧盟认识到，核武器的扩散确实危及欧盟的安全。欧共体在国际核不扩散制度中十几年的累积，最终将核不扩散观念内化为自身的政策。

这一时期的欧盟反核扩散活动主要集中在三个方面，即支持核不扩散相关条约的普遍性、出口控制的透明性及主动参与地区核问题的解决。在法国于 1992 年加入《不扩散核武器条约》后，欧共体的核不扩散政策达到了空前的统一，核不扩散目标的设定也达到了最高层次，继 1990 年欧洲理事会在都柏林发表核不扩散声明后，1991 年，其再次于卢森堡重申了欧共体对核不扩散的支持，法国的加入使这份声明更有分量。在1991 年签署的《马斯特里赫特条约》中，军控、核不扩散与裁军被列为共同外交与安全政策的首要关注领域。① 更重要的是，欧盟已经不仅局限于发表核不扩散声明，而且提出了具体的政策建议。比如欧盟 12 个成员国向国际原子能机构理事会递交了增加保障措施的建议；1991～1992年，欧共体提出了完善国际原子能机构出口控制体系的计划；同时欧共

---

① 《马斯特里赫特条约》文本参见 https：//europa. eu/european-union/sites/europaeu/files/docs/body/treaty_on_european_union_en. pdf, Last Accessed on July 1, 2018。

体也推动联合国安理会 1992 年 1 月 31 日主席声明出台，这份声明将大规模杀伤性武器的扩散视为对国际和平与安全的威胁。1994 年 12 月 19 日，欧洲理事会通过了关于欧盟管制核两用品出口的决议。在欧盟的机构安排中，核事务也占据了重要的地位。在共同外交与安全政策框架下，目前有两个委员会专门负责核问题，这两个委员会分别是核不扩散委员会及核事务委员会，委员会的成员由来自欧盟委员会和欧洲理事会秘书处的专家级代表组成。可以说，从这时开始，欧盟已经不仅仅实施核不扩散政策，而且开始实施更积极的反核扩散政策。

欧盟扩大后在核不扩散领域做出的最突出的行动是使《不扩散核武器条约》无限期延长。这次行动不仅将欧盟反核扩散政策的活动舞台从联合国、国际原子能机构、核供应国集团扩大到核不扩散制度的主要论坛，而且欧盟反核扩散政策的特点也逐渐显现出来，就是通过外交、合作手段来达到核不扩散的目标。

从 1990 年都柏林峰会开始，欧共体就为 1995 年的《不扩散核武器条约》审议会议做准备。1993 年，负责处理安全事务的共同外交与安全委员会建议，欧盟在即将到来的《不扩散核武器条约》审议会议上采取共同行动。由于欧盟成员国身份复杂，既有核武器国家也有无核武器国家，既有大西洋联盟成员国也有中立国，因此在达成共同意见的过程中出现了一些困难。尽管它们之间存在各种分歧，但支持核不扩散的决心占据了上风，最终在 1994 年 6 月的科夫峰会上，成员国就共同行动问题达成一致意见。科夫峰会同意在 1995 年《不扩散核武器条约》审议会议上采取共同行动，共同行动应该遵循以下原则：（1）共同行动的基础是成员国一致同意《不扩散核武器条约》应该无限期、无条件延长；（2）为了促进这个目标的达成，欧盟成员国应该共同努力说服持不同观点的《不扩散核武器条约》签字国；（3）为了实现《不扩散核武器条约》普遍性的目标，欧盟成员国应该共同努力，尽可能地促进条约非签字国在 1995 年之前签署条约，同时帮助那些有意愿签字的国家，以加速其加入《不扩散核武器条约》的进程。[①] 欧盟达成的这一共同行动，不

---

① "European Council at Corfu," 24 – 25 June, 1994, Presidency Conclusions, http：//www. europarl. europa. eu/summits/corl _en. htm, Last Accessed on July 1, 2018.

仅代表了欧盟成员国的意愿，而且代表了欧盟的联系国、中东欧等国家的意愿。

从上述表述可以看出，共同行动的目标设置有些不合实际，因为它是绝对地、无条件地延长《不扩散核武器条约》，对欧盟一些成员国来说，绝对地、无条件地延长《不扩散核武器条约》并不是必要的，在法国和德国，它引起了知识分子对条约内在逻辑的辩论，德国曾经一度反对这个共同行动。而对热切支持核不扩散的爱尔兰和瑞典来说，这个目标又没有满足它们核裁军的要求。尽管如此，但这毕竟是欧盟第一次决定在核不扩散问题上采取共同行动。在 1994 年 7 月 18 日、19 日的部长会议上，共同行动的目标和安排再次得到重申。欧盟采取主席国颁布行动方针的形式，这个行动方针既针对《不扩散核武器条约》的非签字国，也针对那些反对条约无限期延长的国家。从那时开始，欧洲人就开始为推动《不扩散核武器条约》的无限期延长而努力。

从 1994 年夏天开始，欧盟不断发布行动方针敦促《不扩散核武器条约》成员国参加审议会议的第三次准备会议。在这次会议中，英国代表欧盟 15 国提出反对两阶段延长条约的声明。在每次主要的外交会面中，如准备会议、联合国大会、裁军会议以及其他重要的地区论坛会议中，欧盟主席国都会代表 15 国发表支持《不扩散核武器条约》无限期延长的声明。在第三次准备会议之后，欧盟的外交活动更加频繁，特别是针对那些强烈反对条约无限期延长的国家（如中东国家），以及条约的非签字国（阿尔及利亚、阿根廷、智利和乌克兰），欧盟做了大量的说服工作。在会议召开的前几个月，不仅主席国，成员国也对那些与本国关系密切，特别是前殖民地国家做了一系列说服工作。在会议召开前夕，为了促成所有国家都能够有效地出席会议，欧盟向某些国家提供了实际援助。

法国代表在审议会议上代表 15 国做了开幕发言，这份发言由 15 国共同起草，每个成员国及相关国家都参与其中，欧盟参与《不扩散核武器条约》审议会议的主要基调在这份发言中展现出来："欧洲国家，包括那些由于冷战而被痛苦分裂的国家，包括经济发展水平较低的国家，包括拥有一定规模核工业及完全没有核能源的国家，包括拥有核武器和声明放弃发展核武器权利的国家。现在让它们走在一起的是，它们做出了无限期延长《不扩散核武器条约》的共同选择。我们的差异与这个决定相比是微不足道的，它被我们保证共同利益，也就是保证《不扩散核武器条约》延续性的决心淹没了。欧盟通过共同行动一致支持《不扩散核武器条约》无限期、无条件延长。我们确信核武器的扩散是对世界和平与安全的威胁。"[1] 在审议会议自始至终，欧盟都坚持这个立场。在欧盟的推动下，要求无限期延长《不扩散核武器条约》的国家远远超过了持保留态度的国家，条约最终获得延长。

欧盟为促成国际社会对 1995 年《不扩散核武器条约》审议会议的广泛参与和共识的达成做出了突出的贡献。国际核不扩散制度是在美国的主导下建立的，不可避免地带有美国单边主义的色彩。特别是 1991 年苏联解体以后，制衡美国单边主义的力量更加微弱，国际核不扩散制度不仅在内容上，而且在形式上都无法保证平等。而欧盟 15 国对核不扩散制度的参与，淡化了美国单边主义的色彩，是对美国主导的核不扩散制度的积极补充。正是由于欧盟的参与，核不扩散制度的普遍性得到提高。

三　欧盟反核扩散政策的反复

规范的形成不在朝夕之间，欧盟在反核扩散政策形成的过程中，也经历了颇多反复。在 1995 年成功促成《不扩散核武器条约》无限期延长后，欧盟没能延续 1994～1995 年的努力，反核扩散政策并没有按照政策设定者最初设想的那样，发展为成员国共同协调战略的一部分。成员国之间的分歧占据了上风，反核扩散政策在欧盟政策中的重要性下降，成为一项总是在宣言中出现却很少付诸实践的政策。保守的目标设定、消极的核不扩散活动成为 20 世纪 90 年代末欧盟反核扩散政策的主流。

这一时期欧盟推动核不扩散规范的活动主要可以归纳为两个共同行动、两个共同立场，以及一系列主席国声明，其中两个共同行动是这一时期欧盟反核扩散政策中的亮点。第一个共同行动是欧洲原子能共同体

---

[1] "Opening NPT Debate Overwhelmingly Backs Indefinite Extension," Remarks by Foreign Ministers from throughout the World on the First Day of Debate at the Nuclear Non-proliferation Treaty Conference, http://www.fas.org/nuke/control/npt/news/950419 - 387782.htm, Last Accessed on July 1, 2018.

加入朝鲜半岛能源发展组织（Korean Pennisula Energy Development Organization，KEDO）的共同行动。1995 年 12 月 15～16 日，在马德里，欧洲理事会就关于欧盟加入 KEDO 的问题展开了热烈的讨论。尽管有些国家怀疑卷入远东问题的必要性，但最终欧洲理事会同意欧盟通过欧洲原子能共同体参与 KEDO 的活动。1997 年 9 月 19 日，欧洲原子能共同体代表欧盟正式加入 KEDO，并成为执行委员会的成员。但总体来讲，相对于美国，欧盟对 KEDO 活动的影响较小，KEDO 的活动主要被美国和朝鲜之间的对话主导。尽管欧盟表现出参与全球性核不扩散事务的愿望，但无论是在能力上还是在实力上，欧盟都无法改变美国主导国际核不扩散制度的格局。欧盟对 KEDO 的参与表明欧洲试图为朝鲜核问题找到全面解决方案的决心，是对美国政策的有益补充。第二个共同行动是关于出口控制的透明度问题。透明度问题对国际核不扩散制度的未来非常重要，更高的透明度是提高出口控制制度合法性的条件，也是出口控制制度得以延续的基础，对维持国际核不扩散制度相当重要。欧盟部分成员国是核工业出口大国，在出口控制领域的自我约束是遵守核不扩散规范的重要表现。

两个共同立场中一个针对 2000 年《不扩散核武器条约》审议会议，另一个针对反对弹道导弹扩散行为法案。在 2000 年审议会议召开之前，《不扩散核武器条约》签字国分别于 1997 年、1998 年和 1999 年召开了三次准备会议，这几次会议为审议会议的召开制定了程序、日程，并任命主席。第一次准备会议于 1997 年 4 月在纽约召开，参加国基本上就程序问题达成一致意见。第二次准备会议（于 1998 年 4 月 27 日至 5 月 8 日在日内瓦召开）由于美国和阿拉伯国家在中东问题上（更具体地说是条约签字国在对待以色列问题的态度上）观点不同，彻底失败。第三次准备会议（于 1999 年 5 月 10～21 日在纽约召开）为审议会议的召开做好了准备工作。欧盟在这三次准备会议中表现不甚积极，基本上在每次会议都会呈交一份共同声明，以表示对核不扩散及《不扩散核武器条约》坚定的支持。1998 年 4 月 23 日，欧盟通过了共同立场，要求通过促进《不扩散核武器条约》审议会议的成功来完善国际核不扩散制度。共同立场特别表明，欧盟将说服《不扩散核武器条约》非签字国尽快加入条约，鼓励其参与准备会议及审议会议，促进全体成员在会议中达成共识,以加快对《不扩散核武器条约》执行情况的结构化平衡的审议。[①]
欧盟还表示要促成《全面禁止核试验条约》的签署,这也是欧盟共同立
场的内容。《全面禁止核试验条约》在 1996 年开放签署,但能否生效还
取决于 44 个国家的签字和批准。欧盟在共同立场中表示,要通过支持
《全面禁止核试验条约》加快其批准的步伐,并鼓励 44 国签署和批准该
条约。2000 年 4 月 13 日,欧盟再次出台共同立场,表示要促进 2000 年
审议会议的成功。[②] 在 2000 年审议会议达成的最后文件中,不可逆转性
和透明原则是由欧盟提议的,不可逆转性体现了核裁军措施是不可逆转
的政治承诺,透明原则要求各国应使本国的核武器能力和核裁军的进行
情况等信息更加公开化。欧盟削减战略核武器的要求也体现在了最后文
件中,这是这个问题第一次出现在审议会议的最后文件中。在完善国际
出口管制标准方面,欧盟提议所有签署《不扩散核武器条约》的核供应
国都应该遵循桑戈委员会达成的谅解,以及核供应国集团制定的出口指
导方针。然而,这个建议只是被提交到了审议会议的准备会议中,并未
在正式审议会议中加以讨论。欧盟还同十国集团(G10)一起为国际社
会承认桑戈委员会的标准以及完善核不扩散领域中的国家出口控制体系
做出了努力,但未成功。欧盟成员还在反对弹道导弹扩散行为法案上采
取了共同立场。最初国际社会并未将导弹的扩散视为核武器的扩散,然
而随着导弹技术的发展,导弹已经成为运载核武器的重要手段,因此防
止导弹技术的扩散也成为防止核扩散的重要内容。欧盟这次出台共同立
场的目的是促进国际社会对反对弹道导弹扩散行为法案普遍接受。

这一时期,欧盟主席国发出的声明主要是针对其他国家的问题,特
别是针对发展核武器的地区问题。然而在这一时期,欧盟也仅仅是发表
主席国声明而已,欧盟成员虽然在原则上已经就反对核扩散问题联合起
来,却没有利用它们的政治、经济甚至战略力量向违反核不扩散规范的

---

① "Council Common Position of 23 April 1998 Defined by the Council on the Basis of Article J. 2 of the Treaty on European Union, Relating to Preparation for the Second Preparatory Committee for the 2000 Review Conference of the Parties to the Treaty on the Non-proliferation of Nuclear Weapons, 98/289/CFSP, Official Journal of the European Communities," 30 April, 1998.

② "Council Common Position of 13 April 2000 Relating to the 2000 Review Conference of the Parties to the Treaty on the Non-proliferation of Nuclear Weapons," 2000/297/CFSP, Official Journal of the European Communities, 19 April, 2000.

国家施压。在这个领域，美国仍然是唯一的、无可争议的领导，就像在历次核危机中所显示的那样。

在中东问题上，欧盟成员国意见分歧严重，制约了欧盟采取统一立场。在伊拉克持续发展大规模杀伤性武器问题方面，欧洲分裂为两派。英国倾向于对伊拉克政权采取强硬立场，并在1998年12月参与了美国领导的"沙漠之狐"行动中的低烈度空中行动。法国倾向于通过外交途径解决伊拉克核查危机，并一直寻找结束禁运的方式和途径。其他国家在这个问题上虽然没有多少利益，但按照对英国或者对法国的支持，很自然地分裂成两个阵营。在伊拉克问题上，由于欧盟成员国的意见分歧，欧盟无法提出一项既能达到防止核扩散的目的又能中止现状的解决方案。

在以色列问题上，由于美国的纵容，以色列一直未签署《不扩散核武器条约》，这不仅降低了条约的普遍性，而且置核不扩散制度于危险的境地。伊斯兰国家不能接受将以色列作为《不扩散核武器条约》中的特例对待，如果以色列迟迟游离在条约外，伊斯兰国家就会对条约的可信性产生怀疑。欧盟并不像美国一样对以色列潜在的核能力表示宽容，欧盟认为核不扩散原则应该是普遍性的。在1997年《不扩散核武器条约》审议会议第一次准备会议上，欧盟就表示，某些拥有核能力的国家不签署条约是《不扩散核武器条约》面临的一个主要问题。1998年，欧盟再次重申支持在中东地区建立无核区，号召所有非签字国，特别是核设施不在国际原子能机构控制下的国家尽早开始谈判。欧盟尽管没有指明具体国家，但可以看出直接针对以色列。1999年，欧盟再次表示赞成1995年通过的号召所有中东地区国家签署《不扩散核武器条约》的中东决议案。

在印巴核问题上，欧盟成员国的意见也不统一。1998年印巴核危机爆发时，欧盟主席国在一个月之内发表了两个声明，称印巴核试验是令人沮丧和失望的，希望两国签署《全面禁止核试验条约》。① 但是具体到是通过制裁还是通过对话的方式解决印巴核危机时，欧盟成员国的意见

---

① "Declaration by the Presidency on Behalf of the European Union on Pakistan Nuclear Tests," PESC/98/47，16/06/1998，http：//europa. eu/rapid/pressReleasesAction. do? reference = PESC/98/47&format = HTML&aged = 1&language = EN&guiLanguage = zh，Last Accessed on July 1，2018.

再次出现了分歧。最终美国发挥了关键作用，欧盟仅成为印巴与美国谈判的中介。南亚地区对核不扩散制度和国际安全的未来发展具有重要意义，欧盟如果在这一地区有所作为，那么不仅能够推动国际核不扩散制度的发展，也会对欧盟自身反核扩散政策的整合具有重要意义。欧盟对印巴核试验立场的模糊、行动上的不作为表明欧盟反核扩散政策的软弱，以及欧盟在将共同观念转变为外交行动方面的困难。

总体来讲，20世纪90年代末期，欧盟在推动国际核不扩散制度建设上的步伐放慢，欧盟在这一时期的行动乏善可陈。1995年之后，欧盟在核不扩散领域的活动主要集中在话语层面上，欧盟似乎退回到最初依靠共同宣言来阐释各成员国政策仅有的共同点的程度，这种现象的出现是由以下几个原因造成的。第一，欧盟成员国对国家主义的回归。这一时期欧盟的军控与反核扩散政策重新出现国家主义的倾向，具体表现就是由于法国在1995～1996年恢复核试验，从而在欧洲引起了对使用核武器合法性的争论，以及对核能源未来的争论。1995年，法国宣布恢复核试验引起了欧洲的分裂，法国这一举动遭到了欧盟内部大部分国家的批评，只有英国没有对此做负面评论，有核武器国家与无核武器国家之间的矛盾充分暴露出来。法国的行为削弱了欧盟在1994～1995年建立起来的防核扩散热情，欧盟暂时也不再可能就核不扩散问题达成任何共同倡议。尽管在发展过程中，欧盟成员国之间的意见交换制度得到了一定的发展，但在核问题上，欧盟仍没能发展出一条共同道路，能使其做到用一个声音讲话。就像卡乐（Christhphe Carle）所认识到的那样，"十二国在核问题上意见的和谐更像是偶然的而非深思熟虑的，更像是联盟外部国际变化的结果而非联盟内部有意识做出的特定努力"。① 制度的不健全甚至使北约的欧盟国家也选择在欧盟框架外解决核扩散问题。造成这一结果的原因在于欧盟成员国对国家主义的回归，国家属性很容易战胜共同体属性，各国很容易退回到从国家利益出发、从传统的现实主义出发考虑安全问题。

第二，成员国属性的复杂造成共同利益缺失。欧盟成员国属性复杂，

---

① Camille Grand, *The European Union and the Non-proliferation of Nuclear Weapons*, Chaillot Paper 37, Institute for Security Studies, Western Union, Paris, January 2000.

既有有核武器国家，又有无核武器国家；既有北约国家，又有非北约国家，不同的属性认同造成不同的利益。有核武器国家与无核武器国家、受北约核保护的国家与不受北约核保护的国家的利益是不同的，各国之间缺少共同利益。不同的利益造成了既有赞成核裁军的传统的军事国家，也有不希望快速进行核裁军的有核武器国家。坚持核裁军的国家认为，国家档案的公开透明是很重要的，而有核武器国家坚持不可能为了所谓的"欧洲的团结"而将本国的政策置于其他国家的监督之下。对如此多样化的国家来说，就大的原则达成共同宣言比就细节方面达成倡议要容易得多。

上述两点归纳起来，即欧盟反核扩散政策在20世纪90年代末停滞的原因在于，欧盟并未完全接受核不扩散规范，核不扩散规范的力量还不足以强大到整合欧盟各国的政策。这也说明了，规范的建立并不是一朝一夕之事，会经历反复倒退的过程。然而，即使在这样的情况下，保持一项欧盟反核扩散政策仍然是必要的。无论欧盟的反核扩散政策是否有效，反核扩散政策本身就是对成员国的约束。就像国际核不扩散制度之于反核扩散国际规范一样，欧盟的反核扩散政策也是欧盟反核扩散规范产生的基础。反核扩散政策的存在能够保持成员国之间的相互控制，有核武器国家将反核扩散政策视为保持无核武器国家防核扩散热情的手段，其也是防止无核武器国家发展核武器的手段；而无核武器国家将其视为向有核武器国家施压的手段，以确保有核武器国家不放松对核裁军的努力。另外，尽管欧盟成员国之间有种种分歧，但它们有基本认知，即核武器的扩散是对国际和平与安全的威胁，《不扩散核武器条约》的存在是必要的，在这一点上，各国的认知是相同的。不同的只是如何贯彻核不扩散观念，以及为了贯彻核不扩散观念愿意出让多少国家利益的问题。在对这个问题思考、探索的过程中，欧盟的核不扩散观念得以确立。

第三节　国际核不扩散制度面临的挑战
——遵守问题

以《不扩散核武器条约》为基础的国际核不扩散制度的建立，减缓了核扩散的步伐，有效地维护了世界的和平与安全。核不扩散制度在发展过程中遇到了很多挑战，其中最大的挑战就是遵守问题。所谓遵守，奥兰·扬对其的定义是，"当某特定主体的实际行为符合指定行为时，遵守就发生了；当实际行为显著偏离指定行为时，不遵守或违反就发生了"。① 完整意义上的遵守应该包括遵守具体条款（如国际法的具体条款），遵守权威决定（如联合国、国际法院等做出的决定）以及遵守国际规范。遵守不同于实施，实施是指通过国内立法、司法解释或行政法规、制度建立或执法等方式使国际承诺适用于国内；而遵守是指国家的行为符合国际协定的具体条款与规范性框架。② 有效的遵守有助于促进规范的建立。

对国际核不扩散制度的不遵守主要来自两个方面，分别是制度的内部层面与外部层面。从国际核不扩散制度内部来看，第一，《不扩散核武器条约》本身并没有涉及如何评价遵守，如何解决关于遵守的争论，以及如何处理不遵守的问题。更重要的是，条约不存在对签字国是否遵守的验证制度。《不扩散核武器条约》第一条要求有核国家不向任何接受国转让核武器或其他核爆炸装置或对这种武器或爆炸装置的控制权，不以任何方式协助、鼓励或引导无核国家制造或以其他方式取得核武器或其他核爆炸装置或对这种武器或爆炸装置的控制权。第二条要求无核国家不接受核武器或其他核爆炸装置或对这种武器或爆炸装置的控制权的转让。但是，条约签字国是否遵守了这两条，条约中没有证实制度。第三条要求无核国家接受国际原子能机构的保障制度，这种保障制度适用于无核国家领土之内、在其管辖之下或其控制之下的任何地方进行的一切和平核活动中的一切原料或特殊裂变物质。③ 但是签字国是否接受保障制度也没有证实措施。第四条是目前争议较多的一条，这一条一方面确认为和平目的而研究、生产和使用核能是成员国不可剥夺的权利，这就意味着无核武器国家可以发展、掌握各种类型的核设施；但另一方面，这一条又强调，和平发展核能的活动应该按照第一条和第二条的规定开

① Oran R. Young, *Compliance and Public Authority: A Theory with International Applications* (The John Hopkins University Press, 1979), p. 104.

② Edith Brown Weiss, Harold K. Jacobson, eds., *Engaging Countries: Strengthening Compliance with International Environmental Accords* (The MIT Press, 2000), p. 4.

③ 《不扩散核武器条约》，联合国网站，http://www.un.org/chinese/peace/disarmament/t5.htm，最后访问时间：2018年12月17日。

展，这样，无核武器国家获得核燃料与核技术又会受到限制。条约的不明确性给条约的遵守带来了困难。而且第四条同样存在无法验证签字国是否遵守了义务的问题。

这个问题后来通过国际协议得到了一定程度的补充，如国际原子能机构单独与成员国或国家集团签订了《各国和国际原子能机构关于实施保障的协定的附加议定书》（INFCIRC/153 协议），其中第Ⅷ条第 3 款规定召开签字国审议会议审查条约的执行情况，以保证《不扩散核武器条约》条款的落实。[①] 这一规定赋予了审议会议审查特定的不遵守事件的权利，以及改变条约的运作方式以使遵守、不遵守和其他程序更有效地发挥作用的权利。从以往历次审议会议的过程可以看出，这种补充仅限于《不扩散核武器条约》审议会议中，而在比如国际原子能机构保障体系和总务会议中，在联合国安理会相关会议中，或在核供应国集团及其国家出口控制的指导方针这样的制度框架中没有这样的规定。

第二，对《不扩散核武器条约》的遵守与对《国际原子能机构规约》的遵守之间存在差距，这便为不遵守提供了可乘之机。《不扩散核武器条约》规定对无核武器国家进行全面的核安全保障，也就是说，一国控制下的所有的核燃料都应向国际原子能机构报告，并接受其保障。国际原子能机构的保障既包括对申报的核设备的用途转换的保障，也包括对未申报的核燃料生产的监督。安全保障的目的是保证无核武器国家没有将和平利用的核能转向军事用途。然而国际原子能机构却没有直接的权限去核查成员国核设施的生产及发展活动，包括核武器的设计、化学爆炸试验以及精确爆炸装置的获得等。按照条约文本，对安全保障的违反可能并不意味着对《不扩散核武器条约》的违反。也就是说，如果成员国不将本国发展核武器的活动向国际原子能机构报告（违反了安全保障条款），从理论上讲，国际原子能机构就无法获悉其核计划，也就不会认定其违反了《不扩散核武器条约》，即使在事实上其正在进行不遵守条约的活动。反过来，如果国际原子能机构证实一国正在进行核武器

---

① "International Atomic Energy Agency, The Structure and Content of Agreements between the A-gency and States Required in Connection with the Treaty on the Non-proliferation of Nuclear Weapons," http://www.iaea.org/Publications/Documents/Infcircs/Others/infcirc153.pdf, Last Accessed on July 1, 2018.

化活动，从理论上讲，其是可以被认定为不遵守《不扩散核武器条约》的，但具有讽刺意味的是，可能这个国家很好地遵守了安全保障条款。

安全保障条款还与国际原子能机构的核查体系、报告与核算程序有关，核查旨在查悉成员国的报告与核查结果之间的差异。然而，何种程度的差异才可以称得上是不遵守行为，条约也没有规定。《国际原子能机构规约》第十二条规定了对不遵守行为的汇报程序。遇有违反行为，视察员应向总干事提交报告，总干事应随即将此报告转交理事会。理事会应促使一个或几个接受国立即纠正理事会所查悉的一切违约行为。理事会应将违约行为报告全体成员国、联合国安全理事会及联合国大会。如果一个或几个接受国未及时采取充分的纠正行动，理事会可采取下列一项或两项措施：直接削减或停止机构或其成员国所提供的援助，并索回向一个接受国或一些接受国提供的材料与设备。国际原子能机构也可依第十九条的规定，停止任何不履约成员国的特权与利益。① 然而，从以往国际原子能机构向联合国安理会提交的类似案例来看，即使成员国承认应当确立对不遵守的惩罚制度，也并不必然导致其采取相应的惩罚措施。伊拉克战争后，国际社会通过了 INFCIRC/540② 条款以确保安全保障条款的有效性，但总体来讲所取得的成效有限。

从国际核不扩散制度外部层面来看，主要体现为国际社会部分成员对条约义务或核不扩散规范的不遵守。1998 年，印度和巴基斯坦相继进行核试验，这是自 20 世纪 60 年代核不扩散制度建立以来，第一次有两个国家公然挑战核不扩散制度，这严重颠覆了核不扩散的精神。1991 年海湾战争后，伊拉克大规模杀伤性武器计划暴露；1993 年，朝鲜承认其核计划；2003 年，伊朗的核计划也被揭露出来。这些国家的核试验、核计划一次次冲击着国际核不扩散制度，挑战反核扩散国际规范。更严重的是，2003 年朝鲜宣布退出《不扩散核武器条约》，这是该条约签署以来第一个声明退出的签字国，这更是对核不扩散规范的沉重打击。不仅如此，作为国际核不扩散制度重要支柱的核裁军也出现了停滞或后退的迹象。无论是美俄的双边谈判还是多边谈判，前景都不甚乐观。由于俄

---

① 《国际原子能机构规约》至 1989 年 12 月 28 日的修正本，https：//www. iaea. org/sites/de-fault/files/statute_ch. pdf，最后访问时间：2018 年 7 月 1 日。

② https：//www. iaea. org/sites/default/files/infcirc540. pdf, Last Accessed on July 7, 2018.

罗斯杜马没有批准第二阶段削减战略核武器条约，削减战略核武器的谈判因此暂停。围绕着反弹道导弹条约的争论以及美国国家导弹防御系统的部署也威胁着核裁军谈判的前景。在日内瓦裁军会议上，由于不结盟国家与有核武器国家之间的争执，"禁止生产裂变材料条约"陷入困境。甚至在核领域的谈判问题上也没能取得什么进展，各主要大国在核不扩散领域的合作也没能进一步深入，这既体现在谈判平台上，也体现在地区危机的解决方式上。20世纪70年代以来一直倡导建立国际核不扩散制度的美国，由于共和党主导的国会的反对，似乎也不再准备扮演传统的领导者角色，而更多地倾向以单边主义解决问题。共和党主导的国会不仅不满意多边参与，认为这是对美国的束缚，而且反对政府签署的国际条约。1999年10月13日，美国参议院拒绝批准《全面禁止核试验条约》，这沉重打击了核不扩散制度。在反导弹防御和伊拉克等问题中，美国更多地表现出单边主义的倾向。

国际法建立在这样一个预期的基础上，即签署国都会遵守条约义务。成员国的不遵守行为会导致成员国之间互信程度的下降，成员国之间的凝聚力会被削弱，对其他国家意图的不信任甚至会导致条约体系崩溃。据联合国威胁、挑战和变化高层委员会的报告，如果《不扩散核武器条约》的法律和规范约束不再存在，那么大约有40个国家可以在短期内拥有制造核武器的工业和科学设施。① 因此，只有建立并完善更有效的核不扩散遵守制度，才能长期保持反核扩散国际规范的活力。遵守问题是目前国际核不扩散制度建设中迫切需要解决的问题。

在过去的30多年中，为协议的遵守提供保障以保证签字国履行法律义务的制度已经规范化。这些措施包括向所有签字国报告对条约义务的履行情况，构建全面的核实体系以及在不遵守协议出现的情况下所应采取行动的详细计划。然而除了审议会议之外，《不扩散核武器条约》没有监督执行情况的机构实体，取而代之的是在条约第三条确立了间接的核实和不遵守体系。第三条规定无核国家与IAEA签署覆盖所有在其管辖下的核燃料保障协议，定期向IAEA汇报核燃料的生产、储存和流动

---

① "Report of the High-level Panel on Threats, Challenges and Change," 2 December, 2004, p. 38, https：//documents-dds-ny. un. org/doc/UNDOC/GEN/N04/602/31/PDF/N0460231. pdf? Open Element, Last Accessed on July 7, 2018.

情况。IAEA 可以利用这样的协议对不遵守的行为采取行动，或者将其提交到联合国安全理事会。

小　结

在 20 世纪四五十年代末，美国国内的一些科学家和战略学家认识到了核武器的扩散带来的威胁，逐渐形成了有关核威胁的认知共同体。他们不断通过学术交流、游说等方式影响美国的决策者，陈述共同体的认知标准，核扩散带来的严重后果，军备竞赛的技术后果，以及同核对手之间合作的必要性等。认知共同体所倡导的观念逐渐被美国主流政治所接纳，一些成员进入艾森豪威尔和肯尼迪政府的行政部门。[①] 美国政府在传播核不扩散观念方面起了主导性的作用。为了推动国际核不扩散制度的建立，美国同苏联展开了长期的谈判，说服欧洲盟国认同《不扩散核武器条约》，并对无核武器国家提出了补偿条款。20 世纪 70 年代初，以《不扩散核武器条约》为基石的国际核不扩散制度逐步建立起来。

核不扩散制度建立并不是一蹴而就的，建立的过程也是制度不断完善的过程，是核不扩散观念逐渐普及的过程，也是反核扩散国际规范逐步形成的过程。经过七次审议会议，《不扩散核武器条约》的条款逐步完善，最重要的是，1995 年，条约得以无限期延长，核不扩散成为一个永久性的制度固定下来，这是核不扩散观念深化的结果，也是反核扩散规范确立的表现之一。同时，在多年的历程中，核不扩散制度的内容也逐渐丰富，建立起了以《不扩散核武器条约》为基石，以核裁军条约、无核区公约、联合国决议、核供应国集团等为辅助的、复杂的、多样的核不扩散体系。

国际核不扩散制度的建立有效地维护了世界的安全，国际社会逐渐形成了一种比较普遍的核扩散压力，一方面，有效地遏制了核武器及核燃料的扩散，20 世纪 60 年代几个将要迈入核门槛的国家（如南非、巴西、阿根廷）由于《不扩散核武器条约》的出台没有一个发展成有核国

---

① Emanuel Adler, "The Emergence of Cooperation: National Epistemic Communities and the International Evolution of the Idea of Nuclear Arms Control," *International Organization*, Vol. 46, No. 1, Winter, 1992, pp. 101 – 145.

家，在苏联解体后实际拥有核武器的乌克兰、白俄罗斯和哈萨克斯坦也最终放弃了核武器。在 1970 年《不扩散核武器条约》生效之际，有观察家预言，将来会有 20～30 个国家宣布拥有核武器①，但这种情况并未出现。另一方面，《不扩散核武器条约》也促进了核军控与核裁军的发展，美苏（俄）之间相继达成了限制和裁减战略核武器的协定，在世界各地陆续出现了有关建立无核区的协定。但以《不扩散核武器条约》为基础的核不扩散制度取得的最重要的成就是，推动了反核扩散国际规范的建立，1992 年 1 月，核武器的扩散被联合国安理会确认为冷战之后对世界和平与安全的威胁，国际社会形成了反核扩散的舆论和压力，任何一个国家如果想挑战这一规范，首先要权衡发展核武器带来的利益得失。在国际社会普遍认同核不扩散规范的情况下，违背这一规范无疑要付出巨大的代价。

在国际核不扩散制度完善的过程中，欧盟积极参与了制度建设。尽管最初欧洲许多国家在美国的胁迫下签署《不扩散核武器条约》，但在与《不扩散核武器条约》共同成长的过程中，欧盟也逐渐内化了核不扩散的观念，建立起了欧盟自身的反核扩散政策。与此同时，欧盟还积极推动国际核不扩散制度完善，1995 年《不扩散核武器条约》无限期延长得以成功，欧盟做出了很多贡献。尽管欧盟在自身反核扩散政策建立的过程中出现了种种反复，但总体来讲，核不扩散观念在欧盟呈现深化的趋势。尤其是在国际核不扩散制度出现遵守危机，美国倾向于以单边主义解决核问题时，作为拥有 27 个成员国、经济总量居世界第二的欧盟，在国际核不扩散领域中的作用更加重要。欧盟的反核扩散政策不仅对于欧盟的安全，而且对于维护国际核不扩散制度，对于世界的安全与稳定都有重要意义。

---

① 李少军：《论核不扩散体制》，《中国与国际组织：加入与适应的过程》，福特基金会资助课题工作论文系列之四。

第三章　欧盟反核扩散规范的
确立及实施

冷战结束后，随着国际形势的变化，欧盟的安全认知也发生了极大的改变。冷战期间欧洲国家最为担心的苏联威胁随着苏联的解体而消失，欧盟内部由于一体化程度的深入，成员国之间的敌意降到最低，欧盟的安全环境可以说达到了历史上最好的水平。然而，冷战的结束也使之前被掩盖的地区冲突、有组织犯罪、非法移民、核武器的扩散等安全问题浮出水面，它们对欧盟的安全构成了新的威胁。核武器由于破坏性巨大被欧盟视为主要的威胁。欧盟安全认知的变化提升了核不扩散观念的地位，欧盟的反核扩散规范最终以共同安全战略的形式得以确立。其中，欧盟在出口管制方面的自我管制，集中体现了欧盟对核不扩散观念的认同。

第一节　欧盟的安全认知与反核扩散规范的建立

冷战结束后，国际形势的变化带来欧盟安全的认知变化。冷战时期对苏联威胁的担心随着苏联的解体而消失，核武器扩散带来的危险成为欧盟主要的安全关切。欧盟对安全的再认识提升了核不扩散观念在欧盟决策中的地位，欧盟反核扩散政策的发展获得了极大的动力。在安全与反核扩散国际规范的双重作用下，欧盟的反核扩散规范也最终以共同安全战略的形式得以确立。

一　欧盟安全认知的转变

冷战时期，欧洲认为危险来自确定的敌人的军事进攻，安全就是避免欧洲大陆的武装冲突。所谓确定的敌人，具体来讲就是苏联和民主德国。从欧洲外部看，冷战时期欧洲一直受到来自苏联社会主义的制度挑战和安全威胁，同时欧洲一直是美苏争夺的重要地区，欧洲还担心成为美苏斗争的牺牲品。欧洲对苏联威胁应对的措施是通过加入北约的方式与美国结盟，由美国来保证欧洲的安全。从欧洲内部看，欧洲各国对安全的担心主要来自两次世界大战发起国——联邦德国的威胁。面对联邦德国，其他欧洲国家似乎只有两条道路：第一条道路是分而治之，这样做的后果很可能是纳粹主义再次复兴；第二条道路是将联邦德国重新融入欧洲，以期通过欧洲各国整合的过程化解历史宿怨。① 欧洲国家明智地选择了第二条道路。由此，从战争军事物资煤炭与钢铁的整合开始，欧洲走上了一体化的道路。

冷战结束后，国际形势发生了很大的改变，苏联对欧洲造成的威胁随着苏联的解体而消失，作为苏联主要继承者的俄罗斯的实力大为削弱。在军事方面，俄罗斯已不足以构成对欧洲的威胁；在经济方面，俄罗斯甚至有求于欧洲国家。在内部威胁方面，经过半个世纪的融合与发展，联邦德国与其他欧洲国家已经形成了共荣共辱的关系，联邦德国的发展日益依赖于欧洲的发展，联邦德国的经济已经与欧洲的经济形成一个整体，联邦德国再次挑战其他欧洲国家几乎已经没有可能。欧洲长期防范的大规模军事入侵局面已经随着冷战的结束而消失。与此同时，冷战掩盖下的民族问题、非国家行为体获得核武器问题、有组织犯罪问题等浮出水面，欧盟面临的威胁越来越多样化。

在这些多样化的威胁中，相对来讲，包括核武器在内的大规模杀伤性武器的扩散对欧盟的威胁更大一些。核扩散对欧盟安全带来的威胁主要包括：第一，欧盟在域外执行联合国维和等军事行动时可能面临装备核武器的对手；第二，拥有核武器及导弹能力的敌对国家对欧盟的直接军事威胁；第三，因某些国家获得核武器以及导弹技术而带来的地区国家力量失衡的风险；第四，因核武器等大规模杀伤性武器的扩散带来的地区混乱的可能性；第五，因某些国家的不遵守行为而导致反核扩散国际规范和国际秩序的削弱；第六，因管理不善可能会发生的核生化意外事故；第七，核武器与恐怖主义相结合的新型恐怖主义。② 1991 年，欧

---

① Reimund Seidelmann 教授于 2007 年 10 月在复旦大学关于 European Security 的讲授。

② Joachim Krause, "The Proliferation of Weapons of Mass Destruction: The Risk for Europe," in Paul Cornish, ed., *Europe and the Challenge of Proliferation*, Chaillot Paper 24, May 1996, p. 5.

共体成员国在海湾执行解放科威特的任务的时候，就已经真切地体验到了萨达姆政权利用生化武器的危险。

除了上述认知上的威胁外，现实中核扩散带来的危险也正逼近。首先，欧盟因东扩而不断延伸的边界正在使欧盟逐渐接近核扩散危险区。1991 年通过的《马斯特里赫特条约》为欧盟进行新一轮的扩大提供了法律基础，它已经从最初的 6 个国家扩大到涵盖南欧和东欧等地区的 27 个国家联盟，部分苏联加盟共和国成为欧盟成员国，欧盟的地域范围已延伸至苏联境内。苏联解体后，独联体的核安全成为国际核不扩散领域中的突出问题。苏联解体后遗留在乌克兰、哈萨克斯坦、白俄罗斯等国家的核武器的处置问题以及各种核材料走私、核技术人员的流失，都有可能造成新的核扩散。① 另外，欧盟也担心中东国家同俄罗斯等国家之间的核合作与武器销售会出现新的扩散问题。1992 年，欧洲理事会里斯本会议特意就苏联和东欧地区的核安全发表声明，并启动法尔计划（PHARE）来改善这些国家的核安全。②

其次，核恐怖主义成为国际社会出现的新问题。2001 年美国遭受"9·11"恐怖主义袭击之后，反对恐怖主义成为国际社会关注的安全问题。2004 年 3 月 11 日，马德里遭受恐怖主义袭击；2005 年 7 月 7 日，伦敦发生连环爆炸案。马德里遭受恐怖主义袭击后，欧洲理事会发表决议，在谴责恐怖主义并强调加强反恐方面的情报共享与政策协调以外，欧洲理事会也特意提出反对核恐怖主义。③ 2004 年，在美国的呼吁下，英国、丹麦等国家向联合国安理会提议，联合国安理会最终通过了第 1540 号决议，再次强调核武器、生化武器的扩散是对世界和平的威胁，

---

① Joachim Krause，"The Proliferation of Weapons of Mass Destruction：The Risk for Europe，" in Paul Cornish，ed.，*Europe and the Challenge of Proliferation*，Chaillot Paper 24，May 1996，p. 2.

② "European Council in Lisbon，" 26 – 27 June，1992，pp. 20 – 21，http：//www. europarl. europa. eu/summits/lisbon/li1_en. pdf，Last Accessed on July 7，2018. 法尔计划：欧盟针对中欧国家和波罗的海国家制订的计划，目的是帮助那些想要加入欧盟的国家为取得成员国资格而进行准备。这一计划通过向中欧国家和波罗的海国家提供援助，支持其进行改革，帮助其尽快完成加入欧盟的步骤。

③ "European Council to Focus on Fight against Terrorism，" C/04/81，7429/04 （Presse 81） Brussels，15 March，2004，http：//europa. eu/rapid/press-release_PRES – 04 – 81_en. htm，Last Accessed on July 7，2018.

要求成员国建立严格的出口管制措施，以防止核燃料、核技术流入非国家行为体手中，在核不扩散问题上加强合作，并把打击核恐怖主义列为打击的重点。①

综上所述，由于欧盟安全环境的改变，欧盟的安全认知也发生了改变，在核扩散带来威胁这一认知的驱动下，欧盟的核不扩散规范逐步建立。

二　欧盟反核扩散规范的确立

如前一章所述，20 世纪六七十年代，欧共体国家被动地卷入了美国所倡导的应对核扩散带来威胁的安全化进程中。1975 年，欧共体六国除法国以外，全部在《不扩散核武器条约》上签字。尽管欧洲国家被动地认同了核不扩散的观念，但一旦加入核不扩散制度，其就会受到制度的约束。在被制度约束的同时，制度所体现的观念自然会内化为行为规范。反过来，这种行为规范又会加强制度，成为制度的维护力量。欧盟在参与国际核不扩散制度的建设过程中，也逐步形成了自身的反核扩散政策，并且其最终在 2003 年作为欧盟的一种规范固定下来。

1990 年 6 月 14~15 日，欧洲理事会在都柏林召开会议。会议首次发表了《关于核不扩散的宣言》，这个宣言指出，核武器的扩散对地区和世界的安全与稳定构成威胁。欧洲理事会同欧盟议会一起致力于防止核武器扩散。欧洲理事会认为维护以《不扩散核武器条约》为核心的国际核不扩散制度十分重要，表示将不遗余力地加强国际核不扩散制度。②这次会议的重要意义在于，会议发表的宣言是第一个反对核扩散的宣言，这个宣言最终成为 1992 年 1 月 31 日联合国安理会通过的主席声明的范本，并成为国际社会建立反核扩散国际规范的起点。③ 1991 年 4 月 8 日，

①　"United Nations Security Council, Resolution 1540 (2004)," Adopted by the Security Council at its 4956th Meeting, 28 April, 2004, http://www.un.org/en/ga/search/view_doc.asp?symbol = S/RES/1540 (2004), Last Accessed on July 7, 2018.

②　"Declaration on Nuclear Non-proliferation," European Council in Dublin, 25 – 26 June, 1990, Annex VI, p.35, http://www.europarl.europa.eu/summits/dublin/du2_en.pdf, Last Accessed on July 7, 2018.

③　Carlo Trezza, "The EU between Non-proliferation and Disarmament," *ISPI Policy Brief*, No. 51, April 2007, p.1.

欧洲理事会在卢森堡召开会议，确认欧共体的共同外交与安全政策将涵盖欧共体安全的所有方面。[1] 也就是说，反核扩散政策将被纳入共同外交与安全政策的框架内，这一决定提升了欧盟反核扩散政策的地位，也丰富了欧盟防核扩散的手段，反核扩散政策可以借助共同外交与安全政策的手段，维护核不扩散的目标。

2003 年，欧盟连续出台了《欧盟安全战略》和《欧盟反对大规模杀伤性武器扩散战略》，形成了自己的反核扩散战略。这表明欧盟已经把核不扩散的国际规范上升到安全战略的高度，也标志着欧盟反核扩散规范的确立。

2003 年 6 月，欧洲理事会在萨罗尼卡（Thessaloniki）峰会上通过了《不扩散大规模杀伤性武器宣言》及"关于欧盟反对大规模杀伤性武器扩散战略的基本原则"。宣言指出，包括核武器在内的大规模杀伤性武器及其运载工具是对国际和平与安全的威胁。同时，大规模杀伤性武器及其运载工具的扩散对欧盟成员国、个人以及欧盟在世界上的利益构成了威胁。应对这些大规模杀伤性武器带来的挑战应该成为欧盟对外行动（包括共同外交与安全政策在内）的核心要素。如果可能的话，那么欧盟的目标是延缓、停止、逆转全世界的核扩散局面。[2] 欧洲理事会还为此制定了基本原则和行动计划。从宣言可以看出，核不扩散的重要性在欧盟文件中的地位显著提高了。

在萨罗尼卡峰会上，欧盟共同外交与安全政策高级代表索拉纳做了题为"在一个更美好的世界中的安全欧洲"的报告。[3] 以这个报告为基础，2003 年 12 月 8 日欧洲理事会通过了《欧盟安全战略》。这一文件明确将以核武器为代表的大规模杀伤性武器列为对欧盟最大的安全威胁。文件明确指出，大规模入侵欧盟成员的可能性已经不存在，欧盟面临的新的威胁来自恐怖主义、大规模杀伤性武器及其运载工具的扩散、有组织犯罪、国家失败等。其中，大规模杀伤性武器及其运载工具的扩散是

---

① "Presidency Conclusion of European Council," Luxembourg, 28 – 29 June, 1991, http://www.europarl.europa.eu/summits/luxembourg/lu1_en.pdf, Last Accessed on July 7, 2018.

② "Presidency Conclusions," Thessaloniki, 19 – 20 June, 2003, p. 36, http://www.sussex.ac.uk/Units/spru/hsp/documents/2003 – 0620% 20WMD% 20declaration. pdf, Last Accessed on July 7, 2018.

③ Javier Solana, "A Secure Europe in a Better World," Thessaloniki, 20 June, 2003.

对欧盟最大的安全威胁。最令人担忧的是，恐怖主义组织获得大规模杀伤性武器。在这种情况下，较少的恐怖主义分子将能够对欧盟国家造成以前只能由国家和军队造成的巨大伤害。[①] 在应对核扩散威胁的方式上，文件指出，欧洲国家致力于通过和平方式解决冲突，并通过共同制度进行合作。[②]

2003 年欧盟出台了《欧盟反对大规模杀伤性武器扩散战略》。文件表示，核扩散虽然由少数国家和一些非国家行为体推动，但是对欧盟构成了真实的威胁。欧盟领土可能因遭受来自核生化武器的攻击而导致巨大人口伤亡，而且还存在恐怖主义分子利用这些武器对欧盟社会构成直接威胁的可能。因此，欧盟所有国家都有阻止核扩散、防范核扩散风险的集体责任。欧盟认为，《不扩散核武器条约》在延缓军事核力量的传播方面发挥了积极作用，强调应保持《不扩散核武器条约》的完整性。[③]

相对于《欧盟安全战略》，《欧盟反对大规模杀伤性武器扩散战略》更为清晰地指明了欧盟在反核扩散方面的原则和政策工具。在应对原则方面，欧盟强调支持多边条约体系的原则、同美国等盟国密切合作的原则、加强成员国和国家间出口管制协调的原则、解决造成核扩散危险根源的原则[④]，并表示，欧盟需要整合内部所有资源，动用一切手段，采取一切措施应对核扩散带来的威胁，这些措施包括多边条约和核查制度、成员国和国家间的出口管制合作、政治和经济杠杆、拦截非法行为和强制外交措施等。其中，政治外交预防性措施（包括多边条约体系和出口管制措施）和有效的国际组织措施是欧盟反核扩散的第一层防线。如果

---

① Council of the European Union, "A Secure Europe in a Better World: European Security Strategy," 12 December, 2003, https://europa.eu/globalstrategy/en/file/10/download? token = ubYn8qBQ, Last Accessed on July 7, 2018.

② Council of the European Union, "A Secure Europe in a Better World: European Security Strategy," 12 December, 2003, https://europa.eu/globalstrategy/en/file/10/download? token = ubYn8qBQ, Last Accessed on July 7, 2018.

③ "European Strategy against the Proliferation of Weapons of Mass Destruction," 10 December, 2003, http://register.consilium.europa.eu/pdf/en/03/st15/st15708.en03.pdf, Last Accessed on July 7, 2018.

④ "European Strategy against the Proliferation of Weapons of Mass Destruction," 10 December, 2003, p.5, http://register.consilium.europa.eu/pdf/en/03/st15/st15708.en03.pdf, Last Accessed on July 7, 2018.

这些措施失败，欧盟就将根据《联合国宪章》和相关国际法，采取包括制裁、进行选择性或全球性货物拦截以及使用武力在内的强制性措施。①

第二节　欧盟反核扩散战略及其实施

20 世纪 90 年代，尽管欧盟在核不扩散问题上发表了一些声明，颁布了某些政策，采取了相应的行动，甚至成功地推动了《不扩散核武器条约》的无限期延长，但总体来说，欧盟在 90 年代的核不扩散活动基本上是零散的，缺乏战略目标的指导。这一时期主要是欧盟反核扩散政策的建设阶段，也是反核扩散规范的准备阶段。2003 年，《欧盟反对大规模杀伤性武器扩散战略》②（以下简称"反扩散战略"）出台，从此以后，欧盟的反核扩散政策有了具体战略的指导。欧盟以共同战略的形式确立了核扩散是对欧盟安全的威胁，欧盟反核扩散规范得以建立。本节通过解读"反核扩散战略"这份文件，分析欧盟反核扩散政策的确立及实施情况。

一　"反核扩散战略"出台的背景

"反核扩散战略"与共同外交与安全政策中的正式政策工具不同，它既不是共同立场，也不是共同行动，而是共同战略，它将反核扩散提升到了战略的高度。它具有与政治宣言不同的特点，即它预见到了这份文件需要根据形势的变化不断进行修正，规定了对这份文件的审议制度。这份文件虽然没有法律上的约束力，但彰显了规范的力量。

这份文件出台之时，国际上的反核扩散行动正处于低迷时期，核不扩散制度正面临不遵守的挑战。首先，小布什领导的美国政府不再积极支持国际核不扩散行动，反核扩散国际规范遭受严重危机。2001 年"9·11"事件后，美国政府关心的焦点是，恐怖主义组织获得包括核武器在内的大规模杀伤性武器的可能性。美国认为既存的国际核不扩散制

①　"European Strategy against the Proliferation of Weapons of Mass Destruction," 10 December, 2003, p. 5, http://register. consilium. europa. eu/pdf/en/03/st15/st15708. en03. pdf, Last Accessed on July 7, 2018.

②　The European Council, "Fight against the Proliferation of Weapons of Mass Destruction-EU Strategy against Proliferation of Weapons of Mass Destruction," Brussels, 10 December, 2003, http://register. consilium. europa. eu/pdf/en/03/st15/st15708. en03. pdf, Last Accessed on July 7, 2018.

度不能很好地预防核扩散，也不能阻止核扩散带来的威胁。应对恐怖主义威胁需要一个能够做出更强有力的反应的组织。因此，在"9·11"事件后，美国更多地倾向于依靠自身的力量，组建新的反核扩散同盟。如前所述，美国不仅是国际核不扩散制度的创建者，还是强有力的维护者，美国的单边主义倾向意味着规范的倡导者已不再支持规范，这使核不扩散制度失去了一个主要的领导国家，是对国际核不扩散制度的重创。其次，美国希望推进预防性防御原则。预防性防御就是把预防作为军事战略的首要任务，防范以传统的威慑和实战方式难以应对的潜在威胁。预防性防御主要针对涉及各种大规模杀伤性武器的裁军、军控和防核扩散，对国际危机的管制，对武装冲突和战争的预警。预防性防御的特点是强调对事态发展全过程的管制，把对美国安全潜在的不利因素消除在萌芽状态，或把危机管制在最低水平。这一原则成为美国发动伊拉克战争的借口。欧盟国家在美国是否有必要对伊拉克进行军事行动、是否要响应美国的号召参加这一军事行动、军事行动是不是解决伊拉克问题的最佳手段等问题上进行了激烈的辩论，这些分歧不仅造成了欧洲的分裂，也使跨大西洋伙伴关系出现裂痕。

正是在这种情况下，瑞典提议欧盟应该提出一项应对核扩散威胁的共同措施。这项提议与欧盟委员会的想法不谋而合，欧盟委员会也感到迫切需要达成某种共同谅解，以避免由于伊拉克战争而带来的欧盟的崩溃。而且，针对欧盟的反核扩散政策经过了几年的低迷期，成员国也迫切感到需要做出新的调整，以应对国际核不扩散制度面临的各种挑战。正是由于达成了这样的共识，2003年"反核扩散战略"顺利通过。在应对核扩散带来的威胁的手段方面，欧盟秉持了一贯的多边主义的立场，希望通过支持国际多边条约体系来防止核扩散。同时欧盟也表示希望美国能重返国际核不扩散体系，因为这个体系的有效运作离不开世界主要大国的参与，欧盟有意推动美国重新加入国际核不扩散进程中。

这份文件中出现了几个新的要素。第一，将核生化武器的不扩散问题列为欧盟议程的首要关注事项，并要求采取所有可能利用的手段达到这个目标。核不扩散问题第一次在欧盟的议程中处于如此高的地位，欧盟也第一次提到为核不扩散问题动员如此多的资源和手段。第二，"反核扩散战略"涉及欧盟以前从未在核不扩散问题中采用的强制性手段，即制裁手段和武力手段，这在欧盟反核扩散历史上是一个重大突破。尽管如此，欧盟在具体手段的采用上具有严格的限制，即武力手段必须是在其他所有可能的手段用尽之后方可采用的手段；使用武力手段要遵循国际法、联合国的规定。制裁手段也应符合国际法与《联合国宪章》的精神。第三，将条件引入核不扩散条款中。这一创新借鉴了欧共体的人权条款，即欧共体的发展援助建立在援助接受国对人权的尊重情况的基础上；在核不扩散问题上，这一条件表现为接受欧盟援助的国家必须保证遵守国际核不扩散制度，促进在核不扩散问题上的合作，反对核不扩散行为，履行核不扩散义务。在出现违反核不扩散制度的行为的情况下，欧盟会重新与接受国缔结条约，重新考虑对其的援助，建立新的出口管制和制裁制度。

二　"反核扩散战略"的实施

"反核扩散战略"的通过对欧盟的反核扩散政策是一个极大的推动力，在这份文件被采纳后一年的时间里，欧盟采取了一系列行动促成这份文件实施，并取得了惊人的成果。具体表现在：文件中涉及的所有措施几乎都被付诸实施，虽然实施力度有所不同；某些措施被纳入法律，如欧盟委员会在高活度密封放射源和孤生资源问题上形成的指令，为支持国际原子能机构核安全项目形成的共同行动，以及欧盟在大规模杀伤性武器领域多边协定的普遍性和强制性问题上形成的共同立场等都被纳入了法律程序。此外，欧盟成员国在促进《全面禁止核试验条约》签署方面达成了共同立场；在关于通过合作减少威胁计划上，欧盟就与俄罗斯的合作采取了共同行动。在出口管制领域，欧盟取得的成就格外显著。欧盟成功地将各种出口管制的细则纳入欧盟出口管制体系中，完善了出口管制体系，严格限制了核燃料等流出的途径，扩大了欧盟对外行动的范围，将针对俄罗斯核出口管制提供援助的计划提上议事日程；积极参与了伊朗核问题的解决，并在限制伊朗铀浓缩计划中扮演了"领导性的角色"[1]。欧盟成员国对核不扩散规范的认同也在强化，英法两个有核国家做出了遵守核规范的承诺，尽管两国还在继续更新核储备，但都宣布

---

[1]　Oliver Meier, "The EU's Nonproliferation Efforts: Limited Success," *Arms Control Today*, May 2008, http://www.armscontrol.org/act/2008_05/OliverFeature, Last Accessed on July 7, 2018.

裁减军事核弹头的数量。法国总统萨科齐在 2008 年 3 月 21 日提出，法国的核弹头数量将减少至 300 枚以下，[①] 这个数字是冷战时期法国核弹头储量的一半。英国也宣布将核弹头的数量减少 20%。2008 年 2 月 5 日，英国国防大臣布朗在日内瓦裁军会议上表示，核裁军与核不扩散是相互联系的，并暗示如果继续依赖核威慑，就将刺激核扩散。[②] 欧盟对核裁军的关注还表现在敦促美国与俄罗斯尽快恢复削减战略武器谈判上。欧盟也采取了一系列共同行动支持国际多边核不扩散制度和机构。2008 年 4 月 14 日，欧盟决定拨款 770 万欧元支持国际原子能机构在核安全与核验证方面的工作。欧盟对全球合作计划的资金支持也在继续，旨在安全地拆除、保障苏联的核遗产。2018 年 2 月，为了支持反核扩散战略的实施，欧洲理事会决定促进欧洲反核扩散和裁军智库网络建设。[③]

然而在某些领域，欧盟反核扩散战略实施的情况并不理想，如在核不扩散和核裁军成本预算方面，在建立监督战略实施情况的监控中心方面，以及在新旧成员国信息交流方面。同时，欧盟官员对英国和法国态度的转变也持谨慎乐观态度，认为只有当它们的言论付诸实施的时候才能确认英法像其所声称的那样维护核不扩散规范。在核不扩散议程的其他问题上形成共同立场对欧盟来说也不是一件容易的事情，比如在美国—印度核交易问题上。欧盟共同外交与安全政策高级代表索拉纳在核不扩散问题上的个人代表安娜丽萨·贾尼拉（Annalisa Giannella）就反复警告称，对印度的特殊照顾会削弱欧盟敦促其他国家接受严格出口标准的努力。[④] 美国—印度核交易削弱了国际核不扩散制度的可信性。尽

---

① Steven Erlanger, "Sarkozy Defends France's Nuclear Arsenal," *International Herald Tribune*, 21 March, 2008.

② Secretary of Defence Des Browne, "Laying the Foundations for Multilateral Disarmament," Speech Given to the Conference on Disarmament, Geneva, 5 February, 2008, http://www. acronym. org. uk/old/archive/textonly/docs/0802/doc04. htm, Last Accessed on July 7, 2018.

③ "Council Decision (CFSP) 2018/299 of 26 February 2018, Promoting the European Network of Independent Non-proliferation and Disarmament Think Tanks in Support of the Implementation of the EU Strategy against Proliferation of Weapons of Mass Destruction," https://eur-lex. europa. eu/legal-content/EN/TXT/PDF/? uri = CELEX：32018D0299&qid = 1519892550 595&from = FR, Last Accessed on July 7, 2018.

④ Council of the European Union, "Speech by Mrs. Annalisa Giannella at a Seminar on Nuclear Proliferation," Madrid, November 6, 2007.

管欧盟官员认识到了这一点，但欧盟成员国之间对美国—印度核交易仍存在严重的分歧，英国和法国公开宣布支持，但其他国家表示反对，因此就这一问题达成一项共识的努力被放弃了。

在敏感核技术的传播问题上，由于法国决心加大对中东的核出口力度，欧盟在这一问题上很难达成协调一致的立场。在萨科齐于 2007 年 5 月当选法国总统后，法国结束了与阿尔及利亚、利比亚和阿联酋的双边核合作协定，并准备与约旦、摩洛哥和卡塔尔签订类似的协定。对于这些敏感核技术可能存在的核扩散问题，法国对欧盟其他成员国并未做出特别的说明。德国对法国的这一行为表示不满，德国外交部长施泰因迈尔表示，不推荐将核能源视作解决全球能源问题的手段，也不建议将核反应堆传播到不能保障核技术有效发挥作用的地方以及不能确保政治稳定性的地方。① 法、德两个大国在敏感核技术传播上的这一分歧，阻碍欧盟达成一致的立场。

在核燃料循环活动的多边化问题上，由于各国的利益和背景不同，欧盟没能出台一个统一的立场。欧盟官方表示支持建立安全的核供应制度，这个制度应该满足四个标准，即抵制核扩散、确保核供应、权利与义务的平衡以及市场的中立。② 欧盟成员国提出核供应多样化的建议。四个核供应国法国、德国、荷兰和英国最初支持六国在 2006 年 6 月提交的关于可靠接触核燃料的多边制度。德国认为应该逐渐减少，甚至废止核能的使用，在核供应问题上提出了自己的多边浓缩计划（Multilateral Enrichment Sanctuary Project），这一计划要求在国际原子能机构管制下的特殊地区建立新的浓缩设备。③ 值得注意的是，德国是美国全球核能源伙伴国家之外的唯一一个核供应国。奥地利提出核能源循环制度逐渐多

① "German Minister Opposes Nuclear Aid to Middle East," *Carnegie Proliferation News*, 17 December, 2007, http://www.carnegieendowment.org/static/npp/pronews_12 – 18 – 07.htm.

② "Preparatory Committee for the 2010 Review Conference of the Parties to the Treaty on the Non-proliferation of Nuclear Weapons," NPT/CONF. 2010/PC. I/WP. 61, 9 May, 2007, http://www.nti.org/media/pdfs/nptconf2010_pc1_11.pdf?_ = 1317315341, Last Accessed on July 7, 2018.

③ IAEA, "Communication Received from the Resident Representative of Germany to the IAEA with Regard to the German Proposal on the Multilateralization of the Nuclear Fuel Cycle," INFCIRC/704, 4 May, 2007, https://www.iaea.org/sites/default/files/infcirc704.pdf, Last Accessed on July 7, 2018.

边化的建议。英国坚持将对浓缩合同的遵守作为保证浓缩设施的手段。①
成员国之间的立场分歧阻碍了欧盟共同立场的形成。

三　对"反核扩散战略"的检验：欧盟与 2005 年《不扩散核武器条约》审议会议

2005 年《不扩散核武器条约》审议会议是反核扩散战略出台后欧盟
在核不扩散领域参加的主要会议，从欧盟在审议会议上的表现可以看出
反核扩散战略通过后，欧盟反核扩散政策的发展情况。但是，从准备参
加这次会议开始，欧盟成员国之间的矛盾和分歧就暴露出来，它们很难
达成共同立场。由于欧洲安全文件和反核扩散战略都没有为涉及欧盟反
核扩散政策的行动规定具体的方针，因此在审议会议之前就欧盟的行动
达成一致的立场是非常必要的。尽管欧盟的反核扩散战略将核不扩散视
为欧盟共同外交与安全政策的中心目标，但是在涉及具体行动时，仅简
单地将其描述为"追求《不扩散核武器条约》的全球化，维护国际原子
能机构的保障协定及附加条款"，② 缺乏指导行动的具体措施。欧盟成员
国在为达成共同立场而进行的磋商中，在某些问题上具有争议，其中就
包括核裁军问题。欧盟成员国在核裁军问题上的分歧由来已久，这也是
成员国分歧最严重的问题，反映了有核武器国家与无核武器国家的深层
矛盾。拥有核武器的英国和法国结成一方，支持核裁军的瑞典和爱尔兰
结成另一方。争论的焦点仍然是原有的核裁军义务问题，具体就是如何
定义核裁军的问题。在这一点上，法国站到了美国的立场上，赞同 2000
年审议会议中对核裁军的宽泛的解释。法国不建议强化《不扩散核武器
条约》的监控制度，法国的意见背离了之前欧盟倡导的条约的可证实性。
直到审议会议召开之前一个星期，欧盟各成员国才进行了妥协，在新达
成的共同立场中，欧盟表示，欧盟及其成员国将通过促成审议会议的成
功，完善国际核不扩散制度。

---

① Oliver Meier, "News Analysis: The Growing Nuclear Fuel-Cycle Debate," *Arms Control To-day*, November 2006, pp. 40 – 44.

② Council of the European Union, "Fight against the Proliferation of Weapons of Mass Destruc-tion-EU Strategy against Proliferation of Weapons of Mass Destruction," Brussels, December 10, 2003.

在 2005 年 5 月召开的《不扩散核武器条约》审议会议上，很多观察家担心美国和伊朗的强硬立场可能会成为达成最后文件的障碍。在对待伊朗核问题上，欧盟尽管也赞成美国所坚持的伊朗应该遵守国际核不扩散制度的立场，在主要原则问题上保持了跨大西洋关系的一致性，但欧盟的立场不像美国那样强硬。欧盟很多成员国，包括德国都对美国的强硬立场表示不满，但出于维系跨大西洋联盟的需要，欧盟官员不能直接对美国的核不扩散政策进行公开的批评。欧盟无法软化美国和伊朗的立场，但为了会议的成功，欧盟做出了一些努力。

首先，欧盟提议明确退出《不扩散核武器条约》的程序问题。由于朝鲜于 2003 年宣布退出《不扩散核武器条约》，条约的第十条第一次被援引。欧盟建议提高退出条约的门槛，特别是联合国安理会应该存在自动就退出声明展开讨论的制度，也就是说，一旦有国家宣布退出条约，联合国安理会应该自动就这一问题展开讨论，以确定解决方案。欧盟同时也建议，应采取措施防止某些国家将在核不扩散体制下获得的核技术用于生产核武器等军事目的，尤其是应该处理好条约签字国在退出条约之前在核不扩散制度下获取的核燃料、核技术问题。欧盟提出加强核保障措施以防止核技术的滥用，并希望审议会议能够制定更严格的管制措施。在这次会议上，欧盟避开了争执已久的核裁军问题。

然而，欧盟的这些建议都没有被采纳。经过近三周的程序讨论和一周的实质讨论后，会议最后仅通过了没有什么实质内容的程序报告。由于部分国家如埃及、伊朗和美国仅将这次会议作为追求本国利益的手段，而不是将其作为一个有意义的讨论问题的论坛，因此注定了这次会议不可能在任何实质性问题上达成协议。这次会议揭示了国际社会的深刻矛盾，以美国为首的拥有核武器的国家拒绝进一步完成它们对核裁军的义务，部分发展中国家担心更严格的核管制政策会限制它们获得核技术，因此对核管制政策持怀疑态度。而且，从审议会议的规定来看，某些国家具有绝对的否决权，这也限制了审议会议达成共识。欧洲以一己之力几乎不能扭转这种局面。

但是从积极方面看，这次会议也在一定程度上推动了欧盟的反核扩散政策。第一，为了参加这次审议会议，25 个成员国之间克服了分歧，达成了共识。就像索拉纳的个人代表安娜丽萨·贾尼拉所讲的，由于政

治原因、历史原因以及在联合国中地位的不同，成员国之间的政策具有
分歧。考虑到各成员国的政策起点，在这次会议上，欧盟 25 国能够达成
共识就是一个显著的成就。① 第二，尽管 2005 年审议会议一开始就面临
美国与伊朗的争执，但欧盟还是提出了很多实质性的倡议，打破了会议
的僵局，避免会议彻底失败。第三，欧盟的建议尽管并未被审议会议的
最后文件采纳，但欧盟的立场得到了很多国家的支持，其中既包括北约
成员国，也包括新议程联盟的国家。② 欧盟在核不扩散领域的声音被越
来越多的国家接受，国际社会已经开始逐步承认欧盟在国际核不扩散领
域中的作用。但是这次会议也揭示了欧盟反核扩散政策的不足。欧盟成
员国仍无法在核裁军问题上达成共识，在欧盟向这次《不扩散核武器条
约》审议会议提交的建议中，核裁军的问题被排除在外，成员国在这一
问题上的分歧仍十分严重，这也是国际社会在核裁军领域的分歧在欧盟
内部的反映。

四　欧盟反核扩散政策的限制性因素

欧盟尽管制定了反核扩散目标，但在政策实施过程中总是不尽如人
意，其根本原因在于欧盟成员国之间的意见分歧，从深层次上看，也就
是国家利益与欧盟利益、对国家的认同与对欧盟的认同、国家安全与欧
盟安全之间的差异。欧洲国家经过 60 多年的整合，已经完成了较深层次
的一体化，但这主要表现在经济领域。欧盟国家在政治、安全领域的合
作起步较晚，③ 而且安全问题关系到国家的生存，安全领域是各个成员

---

① Oliver Meier, "Between Noble Goals and Sobering Reality: An Interview with EU Nonprolifer-
ation Chief Annalisa Giannella," September 2005, http://www. armscontrol. org/act/2005_
09/Giannella, Last Accessed on July 7, 2018.

② 由巴西、埃及、爱尔兰、墨西哥、新西兰、南非和瑞典组成的致力于在核裁军问题上
达成国际共识的集团，成立于 1998 年 6 月，参见 http://www. nti. org/learn/treaties-and-
regimes/new-agenda-coalition/。

③ 虽然从 20 世纪 70 年代开始欧共体成员就已经进行政治合作，但合作内容比较有限，
主要还是就国际危机，如 1974 年的塞浦路斯危机，1979 年的伊朗人质事件、苏联入侵
阿富汗等发表声明。其在防务与安全问题上起步更晚，欧洲的安全问题主要在北约框
架下解决。直到 1991 年《马斯特里赫特条约》签订，共同外交与安全政策才成为欧盟
的三大支柱之一，欧盟成员在安全方面的合作开始了新的一页。详见 Elfriede Regels-
berger, Philippe de Schoutheete de Tervarent, Wolfgang Wessels, eds. , *Foreign Policy of the
European Union, from EPC to CFSP and beyond* (Lynne Rienner Publishers, 1997)。

国最不愿意让渡主权的领域，因此安全领域的合作最为困难。各国安全利益的不同造成了在核不扩散领域的争论不休。

目前，欧盟反核扩散政策也不够健全，在共同外交与安全政策框架下，只有两个负责处理核问题的委员会。尽管欧盟出台了反核扩散战略，但并未将其纳入法律框架，反核扩散战略仅对成员国的政策起到指导作用，对成员国并无太多的约束。欧盟在核不扩散领域的作用还受到欧盟与北约分工的影响。冷战期间，北约一直负责欧洲的防务问题，而冷战后欧盟开始追求独立的防务与安全，因此这两个组织在外交和防务问题上总是处于竞争状态。法国重新加入北约有助于推动这两个组织关系的调整，但是很多既是欧盟又是北约成员的国家在核不扩散问题上往往更多地依赖北约，这需要欧盟重新确立其在核不扩散领域与北约的分工。上述的问题归根结底仍然是成员国之间的分歧问题，因为成员国的利益不同，所以无法达成一个强有力的核不扩散战略，更不愿意建设一个约束自己行为的核不扩散制度；也是因为国家利益的不同，各国将自己定位为北约国家或欧盟国家，由此导致在达成共同立场上的困难。这也就不难理解，为何欧盟在核不扩散领域的政策、声明远远多于行动。就像保兹南斯基（Poznanski）所说的那样，如果以各国之间政策的最小共同点为基础，那么在大的战略性问题上达成共识并不那么容易，因此欧盟的核不扩散和军控政策更多地集中在技术问题上，这些问题更容易解决。①

在欧盟层面，欧盟委员会和欧洲理事会之间的竞争也削弱了欧盟反核扩散政策的力度。为了弥合二者的矛盾，2006年12月，欧洲理事会决定同欧盟委员会合作，创建大规模破坏性武器监控中心。创建这一中心的目的一方面是监控核武器等的扩散；另一方面，更重要的是在欧洲理事会、欧盟委员会以及成员国之间就预防核武器扩散的问题交换意见，相互合作，以发挥欧盟作为一个国家集团的协同作用。

但是如果就此说欧盟没有认同反核扩散规范是不恰当的，欧盟一直在强调核扩散是对欧盟安全的威胁，也一直在为消除核扩散努力。欧盟

---

① Oliver Meier, "The EU's Nonproliferation Efforts: Limited Success," *Arms Control Today*, May 2008, http://www.armscontrol.org/act/2008_05/OliverFeature, Last Accessed on July 7, 2018.

的困难在于如何协调成员国在核不扩散领域的行动，这已经不仅是是否认同核不扩散规范的问题，而且是欧盟自身制度建设的问题。只有在协调成员国立场方面取得进展，才能更好地推动欧盟反核扩散政策的建设。

第三节 欧盟的出口管制体系

出口管制是防止核扩散的重要手段。《不扩散核武器条约》第一条规定有核国家不以任何方式协助、鼓励或引导无核国家制造或以其他方式取得核武器或其他核爆炸装置或对这种武器或爆炸装置的控制权。[①]有核武器国家阻止无核武器国家获得核燃料或核技术的主要手段就是实行出口管制，出口管制是防止核扩散的有效手段。然而，出口管制却是核不扩散规范中容易引起争议的一个领域。发展中国家担心出口管制措施会使国际市场的核供应长期保持一种求大于供的状况，这会阻碍第三世界国家和平利用核能；而赞成实行出口管制的国家也对既有的出口管制体系持批评态度，它们认为既有的出口管制体系不够健全，容易被规避。尽管如此，但是出口管制体系至少在以下几个方面促进了核不扩散的实现。[②] 首先，出口管制延迟了核扩散的进程，这为国际社会通过外交努力延缓或停止核扩散争取了时间。其次，由于建立了广泛的出口管制网络，发展核武器计划的代价变得更加高昂，这会相对地放缓有意发展核武器国家制订核计划的步伐。再次，对违反对外贸易管制行为的惩罚会产生强烈的威慑效应，这种效应既会促使出口方采取严格的出口管制措施，也会威慑进口方发展核武器的意愿。最后，出口管制对核技术专家是一个有效的约束，如果没有出口管制，国际原子能机构的核原料转移汇报体系就无法运作。一个有效的出口管制体系可以增强有核国家维持核能力的信心，使其确信核能力维持在有核国家手中，不存在对外核扩散的危险。因此，出口管制是反核扩散的重要手段，是核不扩散制度的重要支柱，出口管制体系的建立是反核扩散规范的体现。欧盟主动

---

① 《不扩散核武器条约》，联合国网站，https://www.un.org/disarmament/wmd/nuclear/npt/，最后访问时间：2018 年 12 月 17 日。

② Harald Müller, "Nuclear Export Controls in Europe: An Instruction," in Harald Müller, ed., *Nuclear Export Controls in Europe* (European Interuniversity Press, 1995), p. 12.

建立出口管制体系是对行为的自我约束，是从供应方面切断或者收紧敏感物资的出口，是欧盟内化反核扩散规范的重要表现。本节从欧盟出口管制体系这一层面出发，探求欧盟反核扩散规范的发展情况。

一 欧盟出口管制体系最初的建立

两用物资和技术通常被作为民用物资和技术，但在军事方面也被运用。作为民用技术，两用物资的出口可以换取一定的经济利益；而作为军事技术，两用物资一旦落入不负责任的行为体手中，可能会危及世界的安全。因此，对两用物资的监管是国际社会普遍关心的安全问题。出口管制的实质就是以牺牲一定的经济利益来换取安全和政治利益，这就使促进安全与推进贸易两者之间发生矛盾。对欧盟来说，一方面，欧盟正在加强其在维护国际安全方面的作用，如参与解决伊朗核问题、朝核问题等；另一方面，欧盟倡导自由贸易，鼓励军民两用高科技产品出口。对两用技术和产品的出口管制尽管防止了某些不负责任的行为体提升军事能力，维护了欧盟的安全，但同时也妨碍了欧洲的工业扩大市场占有份额。如何促进两者之间的平衡，使欧盟既能获得经济上的收益又不与欧盟的核不扩散政策冲突，是欧盟出口管制政策需要考虑的核心问题。与单个国家的出口管制政策不同的是，欧盟的出口管制政策还要协调各成员国之间的关系以及欧洲理事会与成员国之间的权力分配，这是成功形成欧盟出口管制政策的关键。在20世纪90年代欧盟出口管制政策形成之前，各成员国都有自己的出口管制政策。因此，欧盟出口管制政策的主要任务就是整合各成员国出口管制政策。

《罗马条约》已经对出口管制做出了某些规定。第223条将某些战略物品出口管制权赋予成员国，欧洲理事会只起指导作用。[①] 成员国可以借口某些两用物资具有战略价值而将其置于自己的管辖之下。欧共体内部核工业的出口交换由欧共体原子能委员会管辖。1984年，某些成员国根据伦敦核供应国纲领，针对某些敏感物项如钚、高浓缩铀，再处理、浓缩和重水生产工业和技术建立了特殊的管理制度，即如果上述物项是

---

① "The Treaty of Rome," 25 March, 1957, https://ec. europa. eu/romania/sites/romania/files/tratatul_de_la_roma. pdf, Last Accessed on July 7, 2018.

在欧共体成员之间进行交易，则将由成员国处理。

然而随着欧共体一体化的深入，特别是在建立共同外交与安全政策呼声日益高涨的背景下，将经济与安全分离的政策越来越不适应欧共体自身的发展。特别是随着核不扩散观念的深入，防止大规模杀伤性武器扩散的政策成为欧盟共同外交与安全政策中重要的一部分，而防止核扩散的重要工具——出口管制却仍处于由各成员国控制的分散的状态，这严重限制了欧盟反核扩散政策发挥作用。因此从 20 世纪 80 年代末期开始，协调欧共体成员出口管制政策的谈判就已展开。1991 年，成员国首先在常规武器的出口问题上达成协议，规定成员国在颁发出口许可时，应该考虑下述七个因素：第一，成员国的国际承诺，特别是联合国的制裁；第二，接受国的人权状况；第三，接受国的国内状况；第四，接受地区的安全与稳定状况；第五，欧盟成员国的安全利益；第六，接受国对恐怖主义及国际法的态度；第七，接受国对接收物资使用目的转向以及再出口的可能性。①

继在常规武器的出口管制问题上达成一致意见后，欧共体对两用物项出口管制的谈判也随即展开。1991 年 4 月，欧洲议会要求欧共体委员会及成员国构建武器和两用物项出口的共同道路。随后，欧共体委员会工业总司在成员国之间进行了调查，并制定了出口管制体系的详细目录。这个目录详细列举了各成员国对两用物项的规定、许可程序和标准、违规惩罚措施以及其他因素，显示了成员国出口管制体系的多样性和差异化。1991 年 12 月，欧洲共同体工业联盟（Union of Industrial and Employers' Confederations of Europe，UNICE）② 发表了第一份协调两用物项出口管制的声明和立场文件。1992 年，欧共体开始就制定一个具体的出口管制政策展开谈判。1 月底，欧共体委员会向欧洲理事会和欧洲议会各提交了一个管制两用物资出口的倡议，引发了成员国关于出口管制问题的讨论。成员国的分歧主要集中在以下几点。第一，两用物项应该按照《欧共体条约》第 113 条的规定归于贸易问题，还是隶属于由欧共

---

① "European Council in Luxembourg 28 – 29 June 1991, Annexes 7 Declaration on Non-proliferation and Arms Exports," http://www. europarl. europa. eu/summits/luxembourg/lu2_en. pdf, Last Accessed on July 7, 2018.

② 2007 年 1 月 23 日更名为欧洲商业联合会（Confederation of European Business）。

体负责的外交政策问题。第二，负责欧洲理事会两用物项谈判的成员国代表应该由经济专家还是由外交家担任。各成员国在这一点上的意见不一致，如德国代表团由经济部官员组成，英国的代表来自贸易和工业部，法国和意大利的代表则来自外交部。第三，成员国同意把《欧共体条约》第113条作为即将颁布的法规的基础，共同行动参照J3条款。从政治角度考虑，法规与共同行动的区别是明显的，因为法规以及法规的修正案遵循特定多数的表决制度，而共同行动需要全体一致。基于对实质内容、行政责任、政治进程和法律形式的考虑，两用物项出口管制政策跨越了经济和外交/防御层面。最具争议的一点是第四条包罗条款，这一条款表示，如果出口方意识到出口物品将被用于军事目的，即使出口的物品不是出口管制清单上的物品，出口方也应该强制采用出口许可方法。第八条列举了出口许可标准，包括目标国家的人权状况、买方国家对国际恐怖主义的态度、买方国家的国内状况（如是否处于内战中）。欧共体委员会此时提出这个倡议的最主要的动机并不是为了协调各成员国的出口管制政策本身，而是为了完成内部市场项目，并废除成员国出口管制制度。欧共体委员会预见到，成员国之间的政策协调对实现欧共体内部市场的目标，同时保持对外部世界的有效管制是十分必要的。

1992年末，欧洲议会对欧洲理事会草案提出了一系列修改意见。草案在理事会和国家智囊中也展开了激烈的讨论。成员国不接受欧洲理事会的提议，大多数成员国反对第四条。由于第四条规定，出口方应从本国政府处得知，进口方是否将物资用于军事目的。西班牙认为，对出口公司与政府对进口方的认知这一规定是非常模糊和主观的，并不适用于法庭上的条文援引。另外的反对意见是，这一规定更像是外交政策而不是贸易条款，它超越了理事会的权限，不应该作为规制（regulation）的一部分。1993年2月欧洲理事会提出了第二稿。与第一稿相比，第二稿是很大的后退。关于强制性包罗条款的第四条改由成员国决定是否实施。即便如此，谈判仍然进行得很艰难。成员国关于包罗条款、第七条的咨询程序以及各国清单的设定问题仍有争议。主席国比利时提交了一份妥协方案，这份方案既有针对与大规模杀伤性武器计划相关的涉及出口的强制性条款，也允许成员国将这一条款延伸至常规武器计划。然而到1993年秋天仍有一些国家反对强制性条款，大多数成员国拒绝将第四条延伸至常规武器。第七条的目的是防止出口公司选择在管制标准相对宽松的国家从事出口贸易以寻求利益最大化。出口公司应该在公司所在国（A 国）领取出口许可。如果进口国是另外的成员国（B 国），则负责颁发出口许可的 A 国机构应该与相应的 B 国机构协商，B 国机构拥有对出口的否决权。理事会最初反对这样的咨询过程，不同意协商国的否决权。

在各国所列的出口管制清单方面，到 1993 年秋天，成员国制定了能够合法颁发出口许可国家的清单，即澳大利亚、奥地利、加拿大、芬兰、日本、挪威、瑞典、瑞士和美国九国，但没有提出应该禁止向哪些国家出口的清单。彼时欧盟成员国中德国和英国都出台了敏感国家清单，尽管法国等国并未出台这样的清单，但这并不意味着它们对所有的敏感国家采取相同的许可措施。即使各国原则上同意发表这样一份清单，在清单的构成上，成员国之间也出现了分歧，比如阿根廷位于英国的清单上却不在德国的清单上。在讨论中出现的一个提议是，仅制定无赖国家清单而无须制定敏感国家清单。但这样做的一个问题就是，对于处于无赖国家边缘的国家的定性比较困难。

1994 年之前，欧盟在出口管制方面的谈判基本没有取得实质性成果。归纳起来，成员国之间的分歧主要包括以下几点。第一，成员国与欧洲理事会之间权力划分问题，这也是欧盟成立以来一直被困扰的问题。某些成员国坚持主张，按照《罗马条约》第 223 条的规定，两用物项具有战略重要性，应该由成员国管制，不同意将这一权利让渡给欧洲理事会。而欧洲理事会却致力于发展一项统一的出口管制政策。第二，对没有列于两用管制清单上的物项的处理问题，某些国家坚持使用包罗条款，认为某些物项虽然没有被列于出口管制清单之上，但鉴于最终被用于军事目的的可能性，因此也应该接受管制；而部分国家则认为这类物项出口时不用进行颁发出口许可。第三，对"技术"的定义存在分歧，特别是某些无形的技术转让如现场工程服务、信息传输和操作员的培训等，是否应该是出口管制的对象，也是成员国之间的分歧。第四，许可选购（license shopping）问题，也就是出口商在一个出口管制标准较低的国家获得出口许可，而将获得出口许可商品的生产置于出口管制标准较高的国家。由于出口许可在欧盟内部都适用，产品的生产国将无法阻止这类物品的出口。在如何避免这类问题上，欧盟成员国也无法达成一致的意见。第五，有效期限问题，也就是既有的欧盟内部管制（成员国的出口管制）存在的期限问题，部分国家倾向于开放期限，部分国家及理事会要求时间尽量缩短。

直到 1994 年 6 月，成员国才克服了部分分歧并在 6 月 13 日、14 日的理事会会议上达成了关于欧盟规制和共同行动的实质协定。1994 年夏天，专家们制定了最后的细节，12 月 19 日，欧洲理事会通过了欧盟 3381/94 规制①以及相关的共同行动 94/242/CFSP②，并于 1995 年 7 月生效，协调欧盟两用物项出口管制的法律框架由此建立。欧盟规制涉及贸易问题，共同行动包括出口物项清单、目的地清单以及颁发出口许可的标准。文件规定出口管制事宜由欧洲理事会中负责内部市场事务的总司负责，后来发展为其与对外经济关系总司、对外政治关系总司三方共同负责。

经过冗长的谈判达成的欧盟规制包含理事会提出的出口管制的大部分条款，以及必要的物项、国家清单和许可指导的共同行动。这个法律框架的部分内容解释了对《罗马条约》条款的疑问，并对出口管制政策的进一步协调、发展做出了预期。欧盟规制和共同行动建立了有关出口物资的原则。然而，出口管制清单并不包括知识、服务或跨界贸易这类无形物项，这也是德国没能成功说服其他欧盟成员接受德国标准的一个领域。③《欧共体条约》第 223 条将防务贸易排除在条款之外，而欧盟规制对此并未做出改进，军事物资仍然不在出口管制的范围内。1998 年 5 月，欧洲理事会颁布了出口武器行为准则，以作为对这项规制的补充，但爱尔兰等成员国仍指责这份规制太软弱，没有约束力。两用物项的构

---

① "EU Council Regulation 3381/94 of 19 December 1994 Setting up a Community Regime for the Control of Exports of Dual-use Goods," https://publications.europa.eu/en/publication-detail/-/publication/13658912-2e47-4dcb-ba7b-c1cb9629a51b/language-en, Last Accessed on July 7, 2018.

② "EU Council Decision 94/942/CFSP of 19 December 1994 on the Joint Action Adopted by the Council on the Basis of Article J.3 of the Treaty on European Union Concerning the Control of Exports of Dual-use Goods," http://freecases.eu/Doc/LegalAct/3655172, Last Accessed on July 7, 2018.

③ 20 世纪 90 年代，德国一家化工厂向利比亚出口违禁物资的活动被揭露出来。之后，德国政府加强了出口管制，提升了出口管制的标准，并将知识、服务和跨界贸易这类无形物项列入了出口管制清单中。

成问题一直是比较棘手的问题，规制附件五列举了需要出口管制的一系列物项，但成员国对这份清单的认同感不强，它们的目的是将这份清单上的项目减至零，成员国仍希望由自己掌握出口管制的权力。

理解这份规制的关键是区别欧盟内部贸易以及欧盟与第三国贸易。至少在某种程度上，规制依赖欧盟内部的相互承认原则，但是在与第三国的贸易条款方面只实现了部分政策协调。规制的目的是减少欧盟内部的贸易壁垒，但是成员国和理事会都没能成功做到这一点。第十九条包含对欧盟内部贸易的两个重要限制。第一个限制是，在过渡时期，如果一个成员国向另一个成员国出口的物项中包括规制附件四所列举的物品，则必须获得出口许可。这个附件包括敏感核物项如浓缩与核燃料回收设备、导弹技术等。第二个限制是，对出口方逃避行为的限制。如果出口方知道出口物项的最终目的地是欧盟之外的国家或地区，成员国应该对在欧盟内部进行的贸易采取限制措施。第六条表明了互相承认的原则，一个成员国颁发的出口许可在整个欧盟都是有效的。

在欧盟与第三国贸易方面，附件一第三条列举了颁发许可的要求。第四条是颇具争议的包罗条款。对这个问题的争论反映了国家立法的不同，英国、法国和德国的出口管制法律中有包罗条款，而法国和意大利则没有。比如德国的法律规定，如果出口方认识到出口物项最终可能被用作军事项目，则即使出口的物项不在出口管制清单上，也需要出口许可。这一条款的特殊之处在于它强调出口者的主观认知。其他国家反对这一条款的理由是它们担心这会造成法律上的模糊。最后达成的妥协是成员国政府有责任通知出口方，出口物项的最后用途是不是生产大规模杀伤性武器。如果出口方知道出口物项的最终用途是生产大规模杀伤性武器，则出口方有责任向政府报告。德国认为这一条款不是特别有用，因为政府难以得知出口物项的去向，因此要求出口方汇报出口物项去向。第八条规定了许可标准/方针，这一条也反映了成员国如何最大限度地维护本国利益和主权的倾向。在理事会的第一稿中提出的"标准"（stand-ard）一词最后被"方针"（guidline）替换。"方针"一词使这些标准变成了解释内容更为宽泛的指导政策，对成员国的约束力更小。

关于许可选购问题最后达成的妥协是，成员国对欧盟之外国家或地区颁发的出口许可在欧盟内部都适用。这种许可应该由出口方居住国政府颁发。如果问题物项位于其他成员国，或者将要通过其他成员国出口，则此成员国可以拒绝承认出口方居住国政府颁发的许可，这样的拒绝是有约束力的。如果出口方侵犯了其他成员国的关键利益，则此成员国可以要求出口方居住国政府不颁发许可或者收回许可。如果出口方要求一个成员国政府承认另一个成员国政府颁发的出口许可，而前者有证据证明后者颁发许可时掌握信息不足，或者目前的情况与颁发许可时的情况不同，则前者有 10 天的时间可以延缓海关手续，并要求颁发许可的国家收回许可。如果后者拒绝，则前者应该被允许出口，除非其认为本国的最高外交政策或安全利益，或国际义务会由于出口而受到损害。在这种情况下，其有权停止出口，问题物项应该返还出口方。

为了使理事会规制与共同行动在运用中能够达到统一的效用，规制规定，理事会与成员国应该在颁发许可方面进行充分的合作。每一个成员国都应该向理事会通报规制在本国的执行情况。理事会应将这一信息在成员国之间共享并每两年向欧洲议会提交相关报告，由理事会领导的协调小组审议所有关于规制与共同行动执行中的相关事宜。这份规制的过渡期被定为三年。过渡期将要结束时由成员国决定是否延长。如果成员国达成一致意见，则欧盟委员会保留提出修订的权利。修订的基础是欧盟委员会对成员国出口管制政策进行协调。欧盟委员会一直为消除欧盟内部出口管制而努力，坚持认为只有达成一个更高标准的出口管制政策，才能适应取消既有内部管制政策的相关情况。

这份规制并没有消除成员国之间的分歧，许可选购的隐患仍存在。由于允许国家对运输贸易以及无形技术进行管制，各个成员国之间又达成了统一的标准，这就使原本出口管制标准较高的国家降低了标准，这实际上是对出口管制原则与核不扩散观念的削弱。在将运输贸易、无形技术和军事项目纳入管制范围的包罗条款问题上，各成员国也没有达成一致意见。惩罚的权力完全由成员国行使，文件中仅仅指明惩罚措施要有效、适宜且具有威慑效果，但是在具体实施方面没有任何规定。将出口管制分为规制和共同行动两个部分体现了某些国家的地域观念。它们仍延续着 19 世纪对国家主权观念的理解，不惜损害欧盟作为一个整体的利益。这份规制和共同行动出台后，外界认识到这只是出口管制政策协调的第一步，出口管制政策的形成仍是一个艰难的过程。欧洲共同体工业联盟指出，相对于在欧洲建立许可自由区的远大目标来说，这份规制和共同行动只是第一步，某些条款对欧洲的部分工业来说是不利因素。不仅商业组织对这份文件持保留态度，军控组织也表现出了不满。英国的一个名为"更安全的世界"的军控组织认为这份文件只确立了目标，并不代表欧盟成员国会采取共同政策。①

20 世纪 90 年代初建立的出口管制体系遵循的原则是，由成员国政府决定在出口两用物项时是否应用出口管制条款。欧盟的出口管制体系有助于成员国在欧盟单一市场背景下履行核不扩散义务。成员国出口两用物项时必须遵循的原则是，两用物项的出口不能影响成员国的安全利益或者它们对核不扩散的承诺。尽管单一市场的目的是实现商品和服务的自由流动，但当经济利益与安全利益冲突的时候，经济自由的原则应该让位于安全利益。相应地，两用物项在出口时要遵循以下原则，即重视对核不扩散国际协定的承诺、联合国安理会规定的制裁义务、国家外交和安全政策、进口两用物项国家的最终目的以及两用物项用途转向的潜在可能性。

二　对 20 世纪 90 年代初出口管制体系的改革

针对 20 世纪 90 年代初建立的出口管制体系，由于进行出口管制的主体是各成员国，各国对欧盟出口管制规则的解释和实践并不一致，欧盟在出口管制领域并不能发挥强有力的作用。因此，在 1994 年 3381/94 规制与 94/242/CFSP 共同行动出台以后，欧盟一直致力于加强自身在出口管制中的作用。在完善欧盟出口管制体系的过程中，欧洲法院的推动作用尤其明显。欧洲法院规定由共同商业政策负责制定出口管制的规则，这一规定写入了《欧共体条约》第 133 条。在沃纳（Werner）和雷佛（Leifer）两个案例中，欧洲法院提出了初步的规定。在沃纳一案中，欧洲法院规定如果按照出口管制的原则，某些商品的出口受到了阻止或限制，不能因为出口管制涉及外交和安全目标而将其视为超出了共同商业政策的权限。也就是说，共同商业政策有处理出口管制的权力，任何成

---

① Elizabeth Clegg, *The EU Regulation on Dual-use Goods: Priorities for the Transitional Period* (Saferworld, 1995), p. 9.

员国或出口方不能借口出口管制超出了共同商业政策的权限而规避管制。在雷佛一案中，欧洲法院认为，《欧共体条约》第 113 条（现为第 133 条）规定了向非欧共体成员国出口两用物项的原则，在这一点上，欧共体具有特权，成员国不能参与。贸易措施可能会存在非贸易目标，但这并不能改变这些措施的贸易性质。欧洲法院认为规制与共同行动分开的双重道路在法理上是有争议的，敦促理事会及成员国尽快解决这个问题。

1998 年，欧盟参照 1991 年卢森堡决议通过了行为法规，对既存的出口管制标准进行了部分改革以使其成为欧盟出口管制的重要参照。这些标准包括：第一，尊重欧盟成员国的国际承诺，特别是联合国安理会及欧盟做出的制裁决定、不扩散协定及其他国际义务；第二，慎重考虑出口物项最终接受国的人权状况，以确保物项不被用于国内镇压；第三，确认最终接受国的国内状况，以确保出口物项不被用来加剧紧张状态或武装冲突；第四，确认出口物项接受国对地区和平、安全和稳定的维护状况，如果接受国将物资用于入侵他国或侵犯他国主权，成员国则不能发放出口许可；第五，确认出口物项是否可能对欧盟成员国、欧盟的友邦的安全、领土造成影响；第六，接受国在国际社会中的行为，特别是对待恐怖主义的态度、接受国同盟国的关系，以及对国际法的尊重程度；第七，是否存在接受国将进口物项用于其他目的或进行重新出口的危险；第八，确认接受国的技术、经济能力，以确保出口物资既能满足安全和防务的合理要求，又能最低限度地避免人力和经济资源的武装化。[①]

这八个标准是成员国出口两用物项时需要考虑的因素。此外，行为法规还建立了成员国协商制度，要求当一个成员国拒绝向一个国家发放出口许可时，应通知其他成员国；而如果另一成员国准备向被拒绝的国家发放许可时，则必须同最初拒绝的成员国进行协商。[②] 尽管欧洲理事会做出了上述重要改革，但出口管制的权力仍然掌握在成员国手中，欧盟的出口管制体系仍然由欧洲理事会与成员国两方面平行运行。统一的最主要的困难是决策程序问题。如果按照《欧共体条约》第 113 条，那

① "Code of Conduct of Arms Export," https：//fas. org/asmp/campaigns/code/eucode. html, Last Accessed on July 7, 2018.

② "Code of Conduct of Arms Export," https：//fas. org/asmp/campaigns/code/eucode. html, Last Accessed on July 7, 2018.

么对某些敏感物项的出口决策程序就应该遵循有效多数表决制度，也就是说，单个成员国的否决对最后的表决结果起不到决定作用，成员国不具有绝对的否决权，而将这类敏感的安全问题置于有效多数表决制度下，成员国表现得比较犹豫。

1998 年以来，欧盟防务与安全政策的发展为欧洲理事会和成员国修订出口管制政策提供了契机。成员国在安全问题上的分歧开始减少，并且意识到欧盟应该有一个单一的出口管制战略。欧洲理事会也认识到，东扩后的欧盟需要强有力的出口管制政策。欧洲理事会认为，制定欧盟共同出口管制政策的必要性在于：单一市场建立之后，有必要在共同市场之外制定共同的、有效的并遵循国际制度的政策；为了维护成员国的安全利益，应该统一各成员国的出口管制政策以减少出口商的负担。在这一共识下，2000 年 6 月 22 日，欧洲理事会通过了 1334/2000 规制。①将之前的规制与共同行动合二为一。这份规制规定了出口管制的范围、主管部门、海关程序、管制物项的更新及管制措施等。附件中的管制产品清单得到了更新，涉及核技术、化学武器等。对于不在清单上的产品，如果被认为与军事武器的生产、试验有关，或接受国正处于武器禁运状态中，则也需取得授权。这份规制最重要的一点是对欧盟一般出口许可制度（Community General Export Authorization，CGEA）的引入。这一制度的引入是为了加快成员国层面的许可颁发进程，并将颁发许可的权限让渡给了理事会。相对于之前的出口管制政策，这是一个很大的转变，因为这意味着成员国放弃了部分出口管制的权限而将其让渡给了理事会。在这一规定下，获得出口许可的出口商在向友好国家（澳大利亚、加拿大、捷克、匈牙利、日本、新西兰、挪威、波兰、瑞士、美国）出口附件一中的物项时不需要申请出口许可。

但是除了出口许可制度之外，成员国仍非常抵制将颁发出口许可的权力交给理事会，并坚持成员国享有制定颁发出口许可的程序的权力。尽管理事会要求所有出口许可都置于共同对外贸易政策之下，但成员国

---

① "Council Regulation （EC） No 1334/2000 of June 2000 Setting up a Community Regime for the Control of Exports of Dual-use items and Technology," 30 June, 2000, https：//eur-lex. europa. eu/legal-content/EN/TXT/？ uri = CELEX：32000R1334, Last Accessed on July 7, 2018.

无条件地拒绝让理事会独享颁发出口许可的权力。颁发出口许可的权力大部分仍然掌握在成员国手中，但理事会作为权力分享者的地位也逐渐被接受。这份规制规定，成员国可以根据本国的安全需要添加清单上需要管制的物项，这给出口商造成了困难，因为某些物项可能在某些成员国需要获得出口许可，而在另外的成员国就不需要获得出口许可。这样，成员国与欧洲理事会之间的权力竞争，造成了欧盟出口管制体系复杂的局面。分歧的原因主要在于出口管制的二元性，也就是同时存在贸易与安全问题。成员国不愿意放弃出口管制权力的原因一方面是出于安全利益的考虑，另一方面也是为了维护国内工业团体的利益。

在 2003 年萨罗尼卡峰会上，欧洲理事会通过了包含一系列出口管制条款的行动计划。[①] 行动计划要求成员国加强国际制度（如《不扩散核武器条约》与核供应国集团等）建设，与国际原子能机构积极合作，在国际出口管制体系中发挥领导作用。为实现这些目标，欧盟应该建立单一的全球管制清单，表明欧盟的立场，支持成员国改进出口管制体系，发挥理事会的作用，改进包罗条款，促进相关国家间的信息共享。从中长期来看，欧盟应该敦促成员国之间建立信息沟通渠道，积极与出口商保持沟通，为成员国提供必要的技术援助等。理事会同时要求欧盟与1334/2000 规制执行情况审议小组保持合作。理事会为加速这些行动的实施提出了一系列建议，并为此建立了两用物项特遣工作小组，其主要任务是为政治与安全委员会提供政策建议。

2006 年 12 月 18 日，欧盟委员会要求欧洲理事会修订两用物项出口管制体系，欧洲理事会应该充分考虑成员国对 1334/2000 规制的完成情况，2005～2006 年，根据规制影响评估结果以及联合国安理会第 1540 号决议，对现有的两用物项出口管制体系进行修订。欧盟委员会积极参与欧洲理事会的讨论，并收集了出口商对出口管制的建议。这些建议包括建立新的出口管理总机构，以负责廉价货运、维修、计算机、通信和信息安全以及化学物品的出口。2007 年 9 月 18 日，在欧洲理事会签发的1183/2007 规制中，出口管制体系得到了进一步完善，建立了涉及两用

---

① "Presidency Conclusions," Thessaloniki, 19 – 20 June, 2003, http：//www. sussex. ac. uk/ Units/spru/hsp/documents/2003 – 0620% 20WMD% 20declaration. pdf, Last Accessed on July 7, 2018.

物项和技术出口管制的制度，并在附件中更新了两用物项和技术清单。2008 年 9 月 11 日，欧盟委员会提出按照相应的责任和义务修正、更新两用物项清单的建议。在欧洲理事会采纳这个建议之前，欧盟仍然参照 1183/2007 规制。在这份规制中，相比较而言，附件一中的两用物项和技术清单更重视管制而不是出口。附件四中详细列出了出口管制先于欧盟内部交易的物项。对供应商来说，认识到应该向国家权力部门报告什么样的信息要比两用物项在欧盟内部的流动更为重要。

2007 年规制的宗旨在于促进合法贸易，集中资源管制敏感物资的出口，反对欺骗。这个规制主要由以下几个部分构成。首先是主体部分。主体部分厘清了两用物项（包括软件和技术）、"出口"、"出口商"和"出口申报"的含义；确定了规制的范围，除了附件一中所列举的两用物项外，包罗条款还包括那些有可能用于生产大规模杀伤性武器的物项，以及最终被出口到正处于武器禁运状态中国家的常规武器；建立了负责出口事宜的欧盟出口总机构，敏感的两用物项除了出口到澳大利亚、加拿大、日本、新西兰、挪威、瑞士和美国七个国家之外，不可以向其他国家出口；出口到其他国家由成员国相关权力部门决定是否颁发国家的、全球的或个人出口许可；设定了成员国之间信息交换和咨询的规则，包括颁发出口许可的决定；为了检验规制实行过程中出现的问题，建立了由理事会主持的协调小组，每个成员国都有代表出席，协调小组可以就规制实行过程中出现的问题与出口商的代表进行商议。其次是附件部分，附件部分规定了出口管制物项清单、敏感的两用物项清单、出口授权的标准方式等。

规制的基本原则是，如果没有成员国相应机构颁发的许可，清单上所列的物项不得离开欧盟的海关辖区。清单上所列的出口管制物项分为十类，如 0 指核原料、工具和设备，9 指推动体系、空间工具和相关设备。每一类物项又被分为五个小项，分别是：A. 设备，B. 试验和核查设备，C. 原料，D. 软件，E. 技术。规制规定了四个出口授权机构，第一，欧盟出口总机构负责管制对七国（美国、加拿大、日本、澳大利亚、新西兰、瑞士和挪威）的大部分出口物项。第二，国家出口总机构，这些机构被公布在成员国官方刊物中。七个国家拥有这样的机构，它们分别是奥地利、法国、德国、意大利、瑞典、荷兰和英国。第三，授权特定出口商管制特定物资向特定国家的出口。第四，个人许可，主要针对一个出口商对终端用户的出口。

条款四和条款五允许成员国管制未列在清单上的其他两用物项。作为一个普遍的实践措施，规制建议出口商参考各国立法细节，核实是否存在能够应用在贸易领域的特定管制措施。成员国的条款可以在与规制条款保持一致的情况下，包含其他出口管制物项。如果遇到规定模糊的物项，或者物项的最终接受方不明确时，出口的物项需要获得出口许可。规制还要求，出口方应该与颁发出口许可的机构保持沟通，以确定、核实出口管制机构的需要，避免违反禁运政策，防止出口物项被用于生产大规模杀伤性武器。

共同外交与安全政策下的共同行动也得到了修订。通过限制与大规模杀伤性武器相关的技术援助，这份文件使协调两用物项出口管制迈出第一步。这份文件也预见了管制与传统武器相关的军事技术出口的可能性。

除了上述措施外，欧盟还在成员国规制完成情况的同行审议中主持了特遣项目，并在2005年提出了改革欧盟出口管制体系的可能性意见。欧盟还成立了监督规制履行情况的合作小组，合作小组的主要责任是报告成员国对规制的实行情况，促进成员国对规制的履行。在2003年索拉纳发表的"在一个更美好的世界中的安全欧洲"报告中，出口管制被作为防止大规模杀伤性武器扩散的重要工具提出来。[1] 2003年，欧洲理事会要求成员国完善《不扩散核武器条约》、核供应国集团等国际核不扩散制度，与国际原子能机构进行积极的合作，并在出口管制制度中发挥领导性作用。从长远来看，欧盟出口管制体系需要解决的议题是，建立简单明了的出口管制实施细则与通过授权以促进新成员国尽快适应欧盟既存的规则；建立成员国之间共享信息的交流通道；进一步加强与出口商的对话；为了使成员国之间的分歧最小化，为规制的实行建立指导原则；鼓励对规制实行情况进行审议；向需要的成员国提供技术援助。[2]

---

① Javier Solana, "A Secure Europe in a Better World," Thessaloniki, 20 June, 2003.

② "European Strategy against the Proliferation of Weapons of Mass Destruction," 10 December, 2003, p. 5, http://register. consilium. europa. eu/pdf/en/03/st15/st15708. en03. pdf, Last Accessed on July 7, 2018.

另外，萨罗尼卡行动计划相对于之前欧洲理事会与成员国分权的二元管制体系来说，是一个很大的进步，它赋予欧洲理事会处理新成员国的出口管制体系的权力，加强了欧洲理事会的作用。出口管制的重要地位得到了再次强调，出口管制已经不仅是一项共同贸易政策，同时也成为欧盟安全政策的一部分。

为了提高欧盟出口管制体系的有效性，敦促成员国履行规制涉及的义务，并根据形势的变化对规制的内容进行更新，欧盟规定召开对规制的审议会议。第一次审议会议于 2004 年 7 月结束。为了在扩大后的欧盟进行最佳的出口实践，这次审议会议审查了各国立法及规制的完成情况。2004 年 12 月 13 日，欧洲理事会发表声明，声明中包括促进审议会议进一步发展的建议，并强调有效的出口管制对欧盟的重要意义。① 这些建议在卢森堡和英国担任主席国期间被理事会工作小组置于优先地位处理。2005 年规制的完成情况反映在 2005 年 12 月 12 日的欧洲理事会决议中。这一进程在奥地利和芬兰作为主席国的 2006 年得到了进一步延续。对规制完成情况的讨论在两用物项特遣工作小组和协调小组中展开。

2006 年 12 月 18 日，欧盟委员会要求欧洲理事会重新制定理事会决议，建立欧盟两用物项核技术出口管制体系，这个体系应该考虑到审议会议的提议及后续的评估，以及联合国安理会第 1540 号决议。欧盟委员会还建议引入全球出口许可及权力下放程序。全球出口许可就是，欧洲理事会与成员国应该向有良好记录的出口商颁发更宽泛的出口许可，即如果出口商严格遵守规制并履行了内部遵守计划（Internal Compliance Programme，ICP）的义务，出口商就应该获得允许某些物项出口的全球许可，这样，出口商就不需要一次次申请许可，这将减轻出口商的负担以及降低成员国的管理成本。然而，问题在于如何定义良好记录，以及哪些物项可以被列入全球出口许可。② 权力下放的提出将加快出口管制

① "Council Statement of 13 December 2004 Further to the First Stage of the Peer Review of Member States' Export Control Systems for Dual Use Goods Conducted in the Framework of the EU Strategy against Proliferation of Weapons of Mass Destruction," Brussels, 13 December, 2004.

② "Communication from the Commission on the Review of the EC Regime of Controls of Exports of Dual-use Items and Technology," Brussels, 19 December, 2006.

清单完善及出口活动的决策过程。之前，出口管制事宜由成员国和理事会官员一起协商，实际上也仅是咨询而已。权力下放将使这种咨询具有法律效力，缩短决策时间。部分成员国，特别是德国与法国不愿意放弃管制权限。因此尽管这些成员国会派代表参加审议会议，但也只会做出技术性的而非战略性的判断。尽管如此，审议会议还是有积极作用的，通过审议会议，欧盟建立了成员国相互通告的电子数据库，成员国与欧盟相关机构间就包罗条款的讨论也取得了进展，但是在对无形技术转移的管制方面，在保持规制实行过程中的一致性方面仍存在不足。

这样，欧盟出口管制体系的框架大致清晰。其中包括 2000 年实施的关于管制与军事用途相关的技术援助的 401/2000CFSP 共同行动，2000 年 6 月 22 日欧洲理事会通过的 1334/2000 规制，以及 2007 年 9 月 18 日欧洲理事会签发的 1183/2007 规制。几经修改后形成的欧盟出口管制体系具有以下几个特点。首先，对无形技术的管制。大多数有形的出口物项可以在海关得到管制，对无形物资出口的管制也是非常重要的。欧盟将通过电话、传真或电子邮件传输的信息也列入了出口管制的名目之下。对无形物资出口转让的管制已经列入瓦森纳安排的清单中，欧盟面临的问题就是如何内化这一清单。如果将这类无形物资列入清单，也就意味着要干涉个人隐私权，而且在技术上也存在困难，因此，欧盟在这一问题上做出的选择是，信息出口方如果认识到出口的信息中包含敏感问题，就应该主动申请出口许可。尽管如此，在欧洲的政治背景下，欧盟很难以安全为由干涉隐私权，因此欧洲理事会与成员国所能做的就是期待出口商自觉遵守规制，保证规制能够正常执行。

其次，欧盟的包罗条款。这一条款规定，如果出口的目的国正处于联合国安理会或欧安组织的武器禁运名单中，成员国有权要求出口商对没有列在清单上的物项申请许可，这样就可以阻止这些国家生产大规模杀伤性武器，或者将两用物资用于军事目的。这一条款将颁发出口许可的权力交给了成员国政府，由成员国政府决定是否将某种物项列入需要出口许可的清单。但是出于经济利益的考虑，几乎没有国家愿意使用这一条款来增加出口商的负担。

再次，成员国有通知其他成员国本国出口商与出口物项的详细信息的义务。但这一条款在执行过程中也有难度。因为这类信息通常包括非常敏感的数据，如出口产品的型号、出口地等，这不仅会反映出口国的战略利益，而且会反映出口商的技术能力。因此，成员国不愿意公开这些信息。在 2000 年规制刚刚出台的时候，成员国遵守的内容非常有限。但随着互信程度的加深，以及对核扩散危险性认识水平的提升，成员国之间的互相通知也变得越来越多。由于信息的敏感性，欧盟委员会也对这一相互告知制度进行了改革，将这些信息的传递限制在小规模的出口管制圈内，也就是仅在布鲁塞尔与成员国首都之间秘密传递。

又次，内部遵守制度。尽管规制没有制定特定的促进内部遵守的条款，但为了减少政府行政资源的消耗，欧盟积极完善内部遵守计划。某些国家通过建立标准程序与核查清单促进出口商建立自我管制制度，这样，相关的出口物项就不必一一获得出口许可，仅将不确定的物项申请出口许可就可。部分成员国将 ICP 纳入了本国的出口管制体系，特别是一些贸易量特别大的国家。一些小国如丹麦等也对履行内部遵守计划义务的出口商给予优惠。欧盟工业联盟也鼓励成员国政府将内部遵守计划纳入出口管制体系。

最后，与出口商的对话。出口管制政策的成功离不开出口商的合作，因为在大量的出口贸易中，政府不可能做到一一核查，出口商的配合与遵守显得格外重要。这一与出口商对话的任务主要由成员国政府完成，但有时欧盟委员会也会参与。出口商对出口管制体系的主要不满如下。第一，出口许可审查的时间过长。对于视时间为生命的出口商来说，过长的审核时间会耽误商机。第二，包罗条款的透明性问题。何种物项需要出口许可是由成员国政府决定的，出口商很难预见到何种出口物项需要获得出口许可，出口商往往需要进行第二次核查以确保相关物项需要获得出口许可。因此，成员国政府与出口商进行及时的沟通是维系出口管制体系的重要条件。

三　欧盟与国际出口管制体系

出口管制体系既包括国家出口管制体系，也包括国际出口管制体系。国际出口管制体系主要由核供应国集团、澳大利亚集团、导弹技术管制制度以及瓦森纳安排组成。欧盟对国际出口管制体系的积极参与也是欧盟反核扩散政策重要的组成部分。

核供应国集团①是 1974 年为回应印度核试验而成立的。印度核试验证明，某些非用于生产武器的特殊核技术可能会转向促进核武器的发展。《不扩散核武器条约》的签字国认识到需要进一步限制核设备、核原料及核技术的出口。核供应国集团的成立使《不扩散核武器条约》非签字国及非桑戈委员会的成员特别是法国进入了核不扩散国家的行列，提高了核不扩散的普及性。核供应国集团的宗旨是通过加强核出口管制，防止敏感出口物项出口到未参加《不扩散核武器条约》的国家。核供应国集团的指导方针是通过 1975 ~ 1978 年的一系列会议形成的，其中比较重要的文件包括《核转让准则》和《触发清单》。《核转让准则》规定，《触发清单》中的物项必须提请国际原子能机构实施保障监督，严格管制敏感物项（涉及后处理、铀浓缩和重水生产）的出口。1979 ~ 1991年，核供应国集团没有召开任何会议，《触发清单》也没有更新。直到海湾战争爆发，核供应国集团才严格限制了两用物项的出口。1992 年，核供应国集团通过与核有关的两用设备、材料和相关技术的转让准则和清单，并提出核供应国应该以进口国接受全面保障监督为核出口的条件。准则和清单一旦由当事国书面通知国际原子能机构总干事，且其表示接受，即准则和清单对该国产生约束力。

澳大利亚集团②的主要目标是：通过采取出口许可措施，确保出口的某些化学品、生物用品以及用于制造化学品和生物用品的设施和装备不被用于生产生化武器。澳大利亚集团通过协调各参加国的出口许可措施来实现这一目标。澳大利亚集团是在澳大利亚的建议下于 1985 年 6 月成立的，成立的缘由是，1984 年初，联合国调查小组发现伊拉克违反1925 年《日内瓦禁止使用生物武器公约》，在两伊战争中使用化学武器，而且在伊拉克用于研制化学武器的前体与原料中，至少有一部分通过合法渠道获得。有鉴于此，部分国家针对可能被用于制造化学武器的化学品实施了出口管制。但是这些管制措施缺乏协调一致性，而且很快出现了规避这些管制的措施。因此，澳大利亚提出实施出口管制的国家召开会议协调出口措施并加强合作。澳大利亚集团的第一次会议在布鲁塞尔

---

① http://www.nuclearsuppliersgroup.org/.

② http://www.australiagroup.net/ch/index.html.

举行，15 个与会国一致同意提高现有出口管制措施的成效，并认为预防化学武器的扩散是一项有价值的探索工作。自此，参加国定期召开会议。截至 2019 年 8 月，澳大利亚集团的参与国已达 43 个，出口管制清单的范围也扩大了，可用于制造或处理生化武器的技术和设备都包含在清单中。

导弹技术管制制度①是由 35 国组成的非正式的、自愿的合作性组织，它的目的是防止导弹技术扩散。1987 年 4 月，为了防止无人驾驶的核运载体系传播，特别是防止最少有效载荷 500 千克、最短运程 300 千米的运载工具的传播，加拿大、法国、联邦德国、意大利、日本、英国和美国建立了导弹技术管制制度。1992 年 7 月，防止运载大规模杀伤性武器的无人飞机的扩散也纳入导弹技术管制制度。有效载荷及运程的限制也更加严格。为了使导弹技术管制制度的指导方针更加一致，1994 年 10 月，成员国制定了"不破坏"（no undercut）政策，也就是说，如果一个成员国拒绝向某个国家出口某些技术，那么所有成员国都要遵循这一点。2002 年通过的国际反对弹道导弹扩散行为法规（也被称为海牙行为法规）是对导弹技术管制制度的有效补充，这一法规呼吁在无人运载体系的扩散方面保持克制和谨慎。这个法规的签字国有 119 个，这样在更广泛的约束以及更普遍的成员范围下，海牙行为法规的签字国与导弹技术管制制度的成员一起促进对导弹技术进行管制。自导弹技术管制制度成立以来，其在促进阿根廷、埃及和伊拉克放弃"秃鹰Ⅱ"导弹项目方面，在促使巴西、南非、韩国和中国台湾搁置或放弃导弹或空间发射计划方面取得了成功。某些东欧国家如波兰和捷克为了加入导弹技术管制制度，部分销毁了弹道导弹。

瓦森纳安排②被称为出口管制领域的世界贸易组织，它针对所有常规武器及两用物项进行出口管制。瓦森纳安排是建立在自愿基础上的集团性出口管制制度，目的在于通过提高和完善传统武器、两用物品和技术在转移过程中的透明性和成员国的责任，促进地区与国际安全和稳定。瓦森纳安排出台的背景是，"巴统"解散后，包括"巴统"17 国在内的

---

①　http：//mtcr. info.

②　http：//www. wassenaar. org/.

28 个国家于 1995 年 9 月在荷兰瓦森纳召开高官会议，决定加快建立常规武器和两用物品及技术出口管制制度，弥补当时对大规模杀伤性武器及运载工具管制的不足。1996 年 7 月，"关于常规武器和两用物品及技术出口管制的瓦森纳安排"（The Wassenaar Arrangement on Export Controls for Conventional Arms and Dual-Use Good and Technologies）[1] 在奥地利维也纳成立。瓦森纳安排包含两份出口管制清单：一份是两用商品和技术清单，涵盖先进材料、材料处理、电子、计算机、电信、导航与航空电子仪器、推进系统等九大类；另一份是军用物品清单，包括各类武器弹药、作战平台及相关部件等二十二类。瓦森纳安排由成员国对管制清单上的物项实行出口管制，即由各国政府自行决定是否允许或拒绝某一物项的出口，并在自愿的基础上向其他成员国共享有关信息，协调出口管制政策。因此，瓦森纳安排的执行条件要相对宽松，由成员国自主决定出口物项清单。

上述集团、安排等构成了国际出口管制体系。近年来，国际出口管制体系日益完善，这主要表现为出口管制清单不断细化。比如澳大利亚集团以前的管制对象是国家，但从 2002 年开始，包括恐怖主义组织在内的非国家行为体也成为其管制对象。又如 2004 年，核供应国集团启动了"全方位管制"方案，试图禁止所有可能的出口。[2] 瓦纳森安排也将小武器和轻武器列入管制清单。但是从国际出口管制体系本身来讲，其只是一个管制制度而不是禁止制度，是参考性制度而不是强制性制度，是一套程序性制度、透明制度和协商制度而不是一套惩罚制度，[3] 只是通过一定的规则和程序对成员国进行软性约束而不是强制执行相关规定，成员国出口什么、禁止什么仍由成员国自己决定。

欧盟建立两用物项出口管制体系的目的是，在建立欧盟内部商品和服务市场的同时，保障核不扩散规范。因此，欧盟在内部建立出口管制规范的同时，也积极参与国际出口管制活动。欧盟所有的成员都是澳大

---

① 　http://www.wassenaar.org/2003Plenary/initial_elements2003.htm, Last Accessed on July 7, 2018.

② 　吴兴佐、徐飞彪：《国际出口管制体系的实质及前景》，《现代国际关系》2005 年第 9 期。

③ 　http://blog.116.com.cn/? uid-5008-action-viewspace-itemid-19814, Last Accessed on July 7, 2018.

利亚集团及核供应国集团的成员，除塞浦路斯外，其他成员都是瓦森纳安排的参与国，大部分欧盟成员是导弹技术管制制度的成员。欧盟委员会也是澳大利亚集团的成员，还是核供应国集团的观察员。特别是2003年6月，欧洲理事会在萨罗尼卡峰会上提出，欧盟应该成为国际出口管制体系中的领导性合作成员，① 特别是通过增加欧盟在体系决策方面的作用，通过支持成员国在出口管制体系中的参与，通过提高欧盟委员会在导弹技术管制制度和瓦森纳安排中的地位提高欧盟在国际出口管制体系中的地位。这表明了欧盟积极参与国际出口管制活动的决心。

四　欧盟出口管制政策面临的挑战

20世纪90年代初，欧盟成员国意识到核扩散的危险后，就开始了在出口管制政策方面协调的过程。欧盟成员国关注的已经不仅是经济利益，安全利益也被纳入成员国关心的范畴。经过十几年的发展，欧盟在出口管制政策方面取得了较大的进展，形成了具体、全面的出口管制清单，提出了详细的政策安排。尽管出口许可颁发的权力大部分仍掌握在成员国手中，但欧洲理事会已经开始通过一般出口许可制度分享这个权力。同时随着"权力下放"的执行，欧洲理事会越来越多地参与成员国制定出口管制政策的讨论。

尽管欧盟在出口管制方面取得了上述成效，但是在出口管制物项的选择上、在无形技术的转移上以及与出口商之间的关系方面仍存在难题。欧洲理事会尽管分享了部分颁发出口许可的权力，但大部分出口管制政策的制定权仍掌握在成员国手中，主导出口决定权的仍然是各成员国政府。理事会更多的是发挥协调作用。各成员国在对出口管制政策的解释和实行方面存在差异。由于经济利益的牵涉，相对于在核不扩散问题上的一致立场而言，欧盟在出口管制方面达成一致意见更加困难，妨碍欧盟达成一致意见的关键因素就是经济利益。在经济全球化的背景下，单一市场内部竞争越来越激烈，在法国等国出现了经济爱国主义的趋向，这表明成员国对本国国内工业竞争的关注。大多数两用物资出口的公司

---

① "Action Plan for the Implementation of the Basic Principles for an EU Strategy against Proliferation of Weapons of Mass Destruction," Brussels, 13 June, 2003.

是具有高科技能力及重要战略意义的企业，成员国政府对这类企业的竞争更为关注，因此，成员国要求在这类企业的出口管制方面掌握最后的决定权是可以理解的。这也是统一的欧盟出口管制政策发展缓慢的主要原因。

此外，进入 21 世纪以来，欧盟三次加强出口管制是因为面临一个极大的挑战。新入盟的成员国大部分在冷战时期处于苏联主导的社会主义阵营，它们不像老成员国一样拥有出口管制的传统及技术和行政能力。还有一些成员国不是国际制度的参与国。尽管它们接受 1334/2000 规制的条款，但它们如何实施这些条款仍值得怀疑。此外，一些新入盟的成员国与冷战时期处于苏联主导的社会主义阵营的成员如俄罗斯、乌克兰、摩尔多瓦交界，这些国家的出口管制标准低于欧盟，尽管欧盟委员会声称这些新成员国已经完全接受了规制的条款，而且其掌握的大规模杀伤性武器的技术水平并不高，但由于出口管制的权限仍主要掌握在成员国手中，因此，新成员国的出口管制政策对欧盟整个出口管制体系来说是一个严峻的挑战。

尽管存在上述挑战，但欧盟出口管制体系总体上还是呈现深化趋势的。原有的安全与经济二元模式已经逐渐向安全一元模式转变，成员国也逐步将国家掌握的出口管制的权力转向欧盟层面。尽管成员国仍拥有制定规则、实施出口管制的权力，但随着一系列核危机的爆发，防核扩散成为严重的安全关切，成员国的认知已经发生了很大改变。虽然统一的欧盟出口管制政策发展缓慢，但如果没有核不扩散规范的内化，欧盟要花费更长的时间来发展统一的出口管制体系。规范有一个逐渐完善的过程，随着核不扩散规范在欧洲的日益深入，欧盟在出口管制领域应该能有与其实力相称的作为。

小　结

冷战结束后，欧盟的安全环境发生了很大的变化，欧盟对安全的认知也随之发生变化。第一，欧盟的安全从冷战时期防范苏联威胁转向了反对核生化武器扩散等。冷战的结束也终结了美国和苏联在欧洲大陆近半个世纪的争夺，欧盟首次摆脱了来自苏联的威胁，分裂的德国重新实现了统一，欧盟首次享受到前所未有的和平。北约仍然充当着欧盟最重要的安全保障，在这种情况下，欧盟成员国遭受大规模入侵的可能性已经大为降低。欧洲的安全环境得到了极大的改善。然而，冷战的结束也使之前被掩盖的威胁浮出水面，欧盟面临的安全问题更多的是如何应对来自南联盟等地区的冲突、有组织犯罪、恐怖主义、核材料的走私及大规模杀伤性武器扩散带来的威胁。① 相对来讲，由于核武器巨大的破坏作用，来自核扩散的危险对欧盟的威胁更大。

第二，欧盟不断扩大使欧盟更易遭受核扩散的威胁。1991 年签署的《马斯特里赫特条约》为欧盟开始新一轮的扩大提供了法律基础，到目前为止，欧盟已经从最初的 6 个国家扩大到涵盖南欧和东欧等地区的 27 个国家联盟。很多苏联加盟共和国如今成为欧盟成员，欧盟的边界开始与俄罗斯、乌克兰接壤。一旦苏联遗留在乌克兰、哈萨克斯坦、白俄罗斯等国家的核武器管理不善，它们就很容易流入欧盟境内。各种核材料走私、核技术人员的流失也是对欧盟潜在的威胁。另外，欧盟还担心，中东国家同俄罗斯等国家的核合作与武器销售会产生新的扩散问题。1992 年欧洲理事会里斯本会议特意就俄罗斯和其他东欧地区的核安全问题发表声明，并启动法尔计划来改善这些国家的核安全状况。②

第三，冷战结束后，欧盟的世界责任感增强。随着欧盟的扩大和实力的增强，欧盟承担世界大国责任的意识增强，欧盟要求积极介入国际事务，核不扩散领域也是欧盟发挥重要作用的一个领域。欧盟一直表示支持《不扩散核武器条约》，积极完善反核扩散法律体系，维护反核扩散国际规范，并与美国、俄罗斯、中国等国家积极配合，通过双边、八国集团、联合国等平台增强影响力。2003 年西方八国在法国埃维昂发表《八国关于反对大规模杀伤性武器扩散的宣言》，③ 确认大规模杀伤性武器及运载工具的扩散对八国构成了威胁。2004 年 6 月，欧盟同美国联合

① http://www.sussex.ac.uk/Units/spru/hsp/documents/2003 – 0616% 20Action% 20plan.pdf, Last Accessed on July 7, 2018; Bjorn Hettne, "Security and Peace in Post-Cold War Europe," *Journal of Peace Research*, Vol. 28, No. 3, 1991, pp. 279 – 294.

② "European Council in Lisbon," 26 – 27 June, 1992, pp. 20 – 21, http://www.europarl. europa.eu/summits/lisbon/l.

③ "Non-proliferation of Weapons of Mass Destruction: A G8 Declaration," *Evian*, 3 June, 2003.

发表关于反核扩散的声明，呼吁所有国家履行联合国安理会第 1540 号决议。① 2004 年 12 月 9 日，欧盟同中国发表《中华人民共和国与欧洲联盟关于防扩散和军备控制问题的联合声明》。② 声明确认，大规模杀伤性武器及运载工具的扩散对国际和平与安全构成严重威胁。2005 年 6 月 20 日，欧盟再度与美国发表《增加反扩散领域和打击恐怖主义的合作宣言》③。

第四，核恐怖主义成为欧盟密切关注的主要问题。2001 年美国遭受 "9·11" 恐怖主义袭击之后，反对恐怖主义成为世界性的安全问题。2004 年 3 月和 2005 年 7 月，欧洲也相继发生马德里恐怖主义袭击和伦敦连环爆炸案。马德里恐怖主义袭击后，欧洲理事会发表决议，在表示谴责恐怖主义并强调加强反恐方面的情报共享和政策协调以外，特意提出反对核恐怖主义。④ 对恐怖主义与核武器结合的担忧困扰着欧盟领导人。

欧盟安全环境的转变促成了欧盟安全认知的转变，欧盟逐渐将核生化武器的扩散建构为对欧盟的主要威胁。欧盟开始形成自己的反对大规模杀伤性武器的战略。2003 年，欧盟出台了《欧盟安全战略》和《欧盟反对大规模杀伤性武器扩散战略》。欧盟的目标是防止、威慑、停止并在世界范围内消除核扩散带来的危险。在防止核扩散的手段方面，欧盟强调通过多边合作来加强现存的国际制度，尤其是加强对《不扩散核武器条约》的服从、核查和遵守。利用经济和军事胁迫手段消除核扩散威胁。在政策工具方面，欧盟提出整合所有的政策工具，包括多边条约和核查制度、成员国和国家间的出口管制合作、政治和经济杠杆、拦截非法行为、强制外交措施等。在措施的实施过程方面，欧盟的第一层反核扩散防线是政治外交预防性措施（包括多边条约体系和出口管制措施）以及

---

① "US-EU Declaration on the Non-proliferation of Weapons of Mass Destruction," *Shannon*, Ireland, 26 June, 2004, http://www.whitehouse.gov/news/releases/2004/06/2004062.

② 《中华人民共和国与欧洲联盟关于防扩散和军备控制问题的联合声明》，中华人民共和国驻爱沙尼亚共和国大使馆网站，http://www.chinaembassy.ee/chn/dtxw/tl。

③ "U. S. -EU Declaration on Enhancing Cooperation in the Field of Non-proliferation and the Fight against Terrorism," 20 June, 2005, http://www.state.gov/p/eur/rls/or/.

④ "European Council to Focus on Fight against Terrorism," C/04/81, 7429/04 (Presse 81), Brussels, 15 March, 2004, http://europa.eu/rapid/press-release_PRES – 04 – 81_en.htm, Last Accessed on Dec. 22, 2018.

有效的国际组织,当这些措施失败后,欧盟将根据《联合国宪章》和相关国际法采取包括制裁、选择性或全球性货物拦截以及武力在内的强制性措施。

欧盟反核扩散战略的出台为欧盟的反核扩散政策制定了战略方针,欧盟第一次明确地将核扩散视为首要威胁,这也标志着欧盟反核扩散规范的确立。出口管制是反核扩散的重要手段,是核不扩散制度的重要支柱,出口管制体系的建立是对反核扩散规范的体现。欧盟主动建立出口管制体系是对自我行为的约束,是从供应方面切断或者收紧敏感物资的出口,是欧盟内化反核扩散规范的重要表现。尽管欧盟目前的反核扩散政策仍受到成员国的掣肘,但在对核不扩散规范认同方面,成员国已经达成共识。规范的建立不是一蹴而就的,规范是在磨合的过程中成长的,随着反核扩散规范的深化,欧盟的反核扩散政策应该会上升到一个新的高度。

第四章　欧盟反核扩散政策与
朝核问题

欧盟在建立反核扩散政策的过程中，逐步在国际上扮演维护反核扩散国际规范的角色。无论是在国际核不扩散制度的框架下，还是在地区核扩散问题中，都可以听到欧盟的声音。在维护反核扩散国际规范过程中，欧盟的反核扩散政策不仅得到了检验，也得到了进一步的完善和发展。同时期，朝核问题开始浮出水面。朝核问题是冷战后比较突出的违反核不扩散国际规范的案例，尤其是朝鲜在 2003 年退出了《不扩散核武器条约》，成为《不扩散核武器条约》生效 40 多年来第一个退出的国家，这对国际核不扩散制度是一个重大的冲击。朝核问题的出现对欧盟反核扩散政策既是一个考验，也为欧盟反核扩散政策的发展提供了良好的契机。朝鲜对欧盟安全的意义决定了欧盟介入朝核危机的力度。

第一节　朝核问题对欧盟安全的意义

欧盟为何介入一个地理位置遥远的国家的核问题？欧盟如何促使朝鲜放弃核计划？欧盟对朝核问题的政策有什么特点？对这些问题的回答可以比较明晰地了解欧盟对朝核问题的政策，以及欧盟的反核扩散政策如何在地区、国家层面发挥作用，从而可以更加全面地了解欧盟的反核扩散政策。

一　朝核问题的由来

美国与朝鲜的关系从 1988 年开始改善。尽管朝鲜于 1985 年签署了《不扩散核武器条约》，但朝鲜并不是安全保障协定的签字国。因此美国积极敦促朝鲜签署安全保障协定，接受国际原子能机构的核查。国际原子能机构对朝鲜核设施进行了几轮核查后，认为朝鲜报告的数据与事实严重不符，要求于 1993 年 2 月对朝鲜宁边两个储存钚的设施进行核查。

一个月之后，朝鲜对国际原子能机构的要求做出回应，宣布退出《不扩散核武器条约》。朝鲜的声明引起轩然大波，因为自《不扩散核武器条约》签署以来，朝鲜是第一个宣布退出的国家，这严重冲击了国际核不扩散制度。在这个关键时期，美国前总统卡特于 1994 年 6 月访问平壤，将朝鲜拉回谈判桌。在谈判中，金日成以开启新的朝美对话为条件，允许冻结朝鲜核设施。经过三轮谈判，美朝于 1994 年 10 月签署了"框架协议"。① 协议规定：建立由美国领导的国际组织，为朝鲜建造两座 1000 兆瓦特轻水反应堆以取代朝鲜的石墨反应堆；在轻水反应堆建设期间，美国每年向朝鲜提供 50 万吨重油；朝鲜同意冻结并最终拆除其石墨反应堆以及其他相关核设施；美国和朝鲜同意在各自的首都为对方设立联络办公室，并最终把双边关系升级为大使级外交关系；美国向朝鲜做出正式保证，不对朝鲜使用核武器；朝鲜承诺采取措施实现朝鲜半岛的无核化；朝鲜表示将不退出《不扩散核武器条约》。1995 年 3 月 9 日，朝鲜半岛能源发展组织成立以履行框架协议。朝核危机暂时得到了缓和。

然而，2001 年小布什上台后对朝鲜进行了一系列的"口诛笔伐"，并在 2002 年 1 月 29 日发布的国情咨文中将朝鲜称为"邪恶轴心"。② 小布什对朝鲜的一系列敌对措施激起了朝鲜的强烈反应。2002 年 10 月，朝鲜承认浓缩铀计划。从 2002 年 12 月起，朝鲜就暗示将退出《不扩散核武器条约》，并于 2003 年 1 月正式退出。朝鲜的退出是对国际核不扩散制度、反核扩散国际规范的严重打击，因为这是《不扩散核武器条约》生效 40 多年来第一个退出的国家。为了说服朝鲜放弃核计划，从 2003 年 8 月到 2005 年 11 月，中国、美国、韩国、俄罗斯、日本与朝鲜进行了五轮六方会谈，但这并未能阻挡朝鲜发展核武器的步伐，2006 年 10 月 9 日，朝鲜进行了核试爆。

朝鲜核试爆后，国际社会努力的方向就是如何使朝鲜重新回到无核化的道路上来。在六方会谈的框架下，2007 年 2 月 13 日出台了"落实

---

① "Agreed Framework between the United States of America and the Democratic People's Republic of Korea," https：//2001 - 2009. state. gov/t/ac/rls/or/2004/31009. htm, Last Accessed on July 7, 2018.

② "President Delivers State of the Union Address," https：//georgewbush-whitehouse. archives. gov/news/releases/2002/01/20020129 - 11. html, Last Accessed on July 7, 2018.

共同声明起步行动"文件，六方承诺根据"行动对行动"的原则，分阶段落实共同声明①，早日实现朝鲜半岛的无核化。② 但 2009 年 4 月 23 日朝鲜宣布退出六方会谈，随后在核道路上越走越远，2009～2017 年进行了五次核试验。

二　朝核问题对欧盟安全的意义

欧共体国家与朝鲜的关系始于 20 世纪 70 年代。由于地理距离遥远，朝鲜对欧盟不是利益攸关国家，朝鲜在欧盟的安全层次中处于边缘位置。欧盟与朝鲜的关系主要是经济关系，而且即使是经贸方面，朝鲜与欧盟的贸易量也偏小，在欧盟总贸易量中只占很小的比例。朝核问题暴露后，朝鲜才对欧盟有了安全上的意义。

朝鲜对欧盟的安全意义主要体现在对反核扩散国际规范的维护上。1992 年，国际社会将核武器的扩散列为对世界和平与安全的主要威胁，国际社会由此形成了反对核扩散的氛围，反核扩散国际规范得以确立。欧盟虽然不是国际核不扩散制度的创建者，但是反核扩散国际规范的有力维护者。在 1995 年《不扩散核武器条约》审议会议上，欧盟积极促成了《不扩散核武器条约》的无限期延长。与此同时，欧盟自身的反核扩散政策也在建设之中。从 20 世纪 90 年代开始，欧盟内部出现了将核扩散视为对欧盟安全的主要威胁的意向。以 2003 年《欧盟反对大规模杀伤性武器扩散战略》为标志，欧盟的核不扩散规范得以确立。从 1992 年开始出现的朝核问题不仅是对反核扩散国际规范，也是对欧盟反核扩散政策的重大挑战。因此，欧盟介入朝核问题不仅是对反核扩散国际规范的维护，也是对自身反核扩散规范的维护。

冷战之后，欧盟就将自身发展的目标定为成为国际社会的主要行为体，发挥与自身经济实力相对应的影响力。比如索拉纳就曾经表示，欧

---

① 2005 年 9 月 19 日第四轮六方会谈第二阶段会议达成的最后文件提出"承诺对承诺，行动对行动"的原则，朝鲜承诺放弃一切核武器及现有核计划，美国确认无意以核武器或常规武器攻击或入侵朝鲜，五国向朝鲜提供能源援助等。详见《第四轮六方会谈共同声明》，中华人民共和国外交部网站，https：//www.fmprc.gov.cn/ce/ceun/chn/zt/chwt/t212681.htm，最后访问时间：2018 年 7 月 15 日。

② 《落实共同声明起步行动》，中华人民共和国外交部网站，http：//www.fmprc.gov.cn/web/ziliao_674904/1179_674909/t297462.shtml，最后访问时间：2018 年 7 月 15 日。

盟将在一个全球化的世界中扮演更重要的政治角色。当时，欧盟的经济总量居世界第一位，欧盟的人口是日本的四倍，是美国的两倍，欧盟有义务在世界事务中发挥更重要的作用。作为国际社会重要的行为体，欧盟肩负着维护国际安全、维护国际反核扩散规范的责任。朝鲜发展核计划的行为挑战了国际反核扩散规范，是对国际社会安全的威胁，也对欧盟维护世界安全的责任提出了挑战。

朝核问题对于欧盟安全的意义还在于，朝核危机的解决可以作为欧盟共同外交与安全政策的试金石。1991 年签署的《马斯特里赫特条约》提出了欧盟的三大支柱，分别是欧洲共同体、共同外交与安全政策及司法与内务合作。其中，共同外交与安全政策的提出提升了外交与安全合作在欧盟成员国政策协调中的作用，也表明了成员在安全政策方面合作的决心。但是，由于安全政策关系到成员国的根本利益，欧盟在安全领域的合作困难重重，因此，从成员国安全关切较小的问题出发进行政策整合是进行安全政策合作比较可行的方法。在这个意义上，朝鲜可以成为欧盟共同外交与安全政策一个很好的试点。朝鲜与欧盟相距甚远，欧盟在朝鲜也无殖民主义遗产，欧盟成员国在朝鲜没有特殊的利益，这更有利于达成共同安全政策。也就是说，朝核问题可以成为欧盟在迈向全球事务行为体的过程中塑造共同外交与安全政策的实验案例。从这一点上讲，其具有特殊的重要性。欧盟成员国在朝核问题上的成功合作，能够推动欧盟在共同外交与安全政策上的合作。

正是出于上述朝核问题对欧盟安全的意义，欧盟介入了朝核问题。

第二节　欧盟说服朝鲜弃核的努力

欧盟参与朝核危机解决的主要方式是经济援助，大致从两个层面展开，即国际组织的多边层次以及欧盟的单边层次。从国际组织层面来看，欧盟主要是通过参与朝鲜半岛能源发展组织，向朝鲜的轻水反应堆建设提供资金支持，以轻水反应堆取代朝鲜的石墨反应堆，从而消除朝鲜发展核武器的隐患。欧盟自身也通过与朝鲜进行政治对话、提供人道主义援助等方式，力图从政治、经济、社会等多个层面，消除朝鲜发展核计划的根源。在欧盟对朝鲜的各类文件中，比较重要的话语是"寻求全面解决朝核问题的途径",① "从根本上解决朝核问题",在这一政策的指导下,欧盟并不是单单介入了朝核问题,而是与朝鲜展开了全方位的交往。欧盟相信,只有从政治、经济、社会层面改善朝鲜的状况,才可能根本解决朝核问题。作为对金大中接触政策的回应,2000 年 10 月 9 日和 11 月 20 日的欧洲理事会决议决定对朝鲜半岛采取更加协调一致的立场。这个决定将欧盟对朝鲜的援助与朝鲜在半岛和解、核不扩散、尊重人权和经济改革方面的表现联系起来。

一　欧盟在 KEDO 下对朝核问题的参与

按照 1994 年朝鲜与美国达成的框架协议,美国承诺建立朝鲜半岛能源发展组织监督朝鲜两个 1000 兆瓦特轻水反应堆的建设,以取代朝鲜的石墨反应堆。框架协议表面上看是美朝两个国家达成的,但实际上是一个多边协议,其中涉及韩国和日本的利益。按照框架协议,美国每年需要向朝鲜提供 50 万吨重油;作为交换条件,朝鲜收回退出《不扩散核武器条约》的决定,冻结石墨反应堆,遵守对《不扩散核武器条约》的承诺。美国选择向朝鲜提供重油是因为美国认为重油对朝鲜的军事工业不会有什么帮助,而且重油的发热量与朝鲜核反应堆燃料的发热量相当。在第一个轻水反应堆的关键部分完成之前,框架协议并没有要求朝鲜完全履行对国际原子能机构的承诺。②

按照框架协议,为了帮助朝鲜建立轻水反应堆,1995 年 3 月 9 日,朝鲜半岛能源发展组织成立,由国际原子能机构负责监督。日本、韩国、美国是 KEDO 的创始成员,也是执行委员会成员。KEDO 的决策程序采取一致同意原则,即在采取任何行动之前,都要经过执行委员会成员的同意。KEDO 的章程允许其他国家加入这个组织,此后,新西兰、澳大

---

① "Council Common Position of 6 December 2001 on Participation by the European Union in the Korean Peninsular Energy Development Organisation (KEDO)," 2001/869/CFSP, Official Journal of the European Communities, 8 December, 2001, https://eur-lex. europa. eu/legal-content/EN/TXT/? qid = 1530969711688&uri = CELEX: 32001E0869, Last Accessed on July 7, 2018.

② Ruediger Frank, "EU-North Korea Relations: No Effort without Reason," International Journal of Korean Unification Studies, Korea Institution of National Unification, 11 February, 2002, pp. 87 – 119.

利亚、加拿大、波兰、捷克、乌兹别克斯坦陆续成为 KEDO 的成员。①

　　欧盟对朝核问题最直接的参与就是加入 KEDO，作为 KEDO 的执行委员会成员，欧盟借助 KEDO 这个平台向朝鲜提供援助，以帮助朝鲜完成能源设备的替换工作。欧盟加入 KEDO 的意义，就像欧盟委员会副主席里昂·布列坦（Leon Brittan）所讲的，"欧洲通过加入 KEDO 传递了一个强烈的信号，即欧洲要加强与亚洲的政治和安全联系。积极参与 KEDO 表明了欧盟对东亚的政治承诺，表明了欧盟以财政支持积极促进反核扩散国际规范的努力"。② 欧盟认为 KEDO 项目将促使朝鲜重新遵守《不扩散核武器条约》的条款。KEDO 将朝鲜原本由俄罗斯提供支持的核反应堆，替换为更不易转化为进行核武器生产的轻水反应堆，有利于维持国际核不扩散制度，促进朝鲜半岛的和解及东亚的和平与安全，并改变核安全条件。基于上述考虑，1995 年 12 月 16 日，欧盟理事会原则上批准了欧盟参与 KEDO，并在 1996 年 2 月 26 日批准拨款 500 万欧元作为欧盟对朝鲜半岛共同行动的一部分③，这是 KEDO 收到的第一笔财政援助。1996 年 4 月，欧盟委员会敦促欧洲理事会批准欧盟加入 KEDO，并要求欧洲理事会在今后的 5 年中每年向 KEDO 提供 1500 万欧元的援助。欧盟委员会认为，KEDO 将阻止朝鲜半岛进行核扩散，如果欧盟参与 KEDO 的各项工作，并提供实质性的常规财政援助，就将有助于朝鲜半岛核不扩散。这种方式展现出欧盟在亚洲的利益超越了贸易和投资层面，欧盟已经准备好为亚洲的和平与稳定做出贡献。④ 1997 年 9 月 19 日，欧洲原子能共同体代表欧盟正式加入 KEDO，并成为执行委员会成员。欧盟参与 KEDO 是建立在 1996 年 3 月在共同外交与安全框架下达成的共同行动，以及 1997 年 7 月达成的共同立场的基础之上。这是在 20 世纪 90

---

① 　http：//www. kedo. org/pdfs/KEDO_AR_2002. pdf, Last Accessed on July 7, 2018.

② 　"European Union to Join North Korea Nuclear Security Body," IP/97/428, Brussels, May 22, 1997, http：//europa. eu/rapid/pressReleasesAction. do? reference = IP/97/428&format = HTML&aged = 0&language = EN&guiLanguage = en, Last Accessed on July 7, 2018.

③ 　"Commission Agreement on Terms and Conditions of the Accession of the European Atomic Energy Community to the Korean Peninsula Energy Development Organization," 98/185/Euratom, Official Journal of the European Communities, 10 March, 1998, https：//eu. vlex. com/vid/terms-atomic-energy-korean-peninsula-37404495, Last Accessed on July 7, 2018.

④ 　"Commission Proposes European Support for Non-proliferation in Korea," IP/96/343, http：//europa. eu/rapid/press-release_IP - 96 - 343_en. htm, Last Accessed on July 7, 2018.

年代后半期欧盟维护国际核不扩散制度的活动中，为数不多的一次共同行动，这显示出欧盟成员国在参与朝鲜半岛能源发展组织的问题上，表现出了不同寻常的一致性，也显示了各国参与解决朝核问题的决心。共同立场规定，如果 KEDO 的要求超出了欧洲原子能共同体的权限，那么将由欧盟作为 KEDO 执行委员会成员，欧盟在 KEDO 中的立场由主席国申明。欧洲议会也对参与朝鲜半岛事务表现出了积极的建设性兴趣。欧洲议会代表访问了朝鲜，并在 1999 年 3 月主动批准了欧洲原子能共同体与 KEDO 的协议，指出欧盟应该在减少核武器扩散的危险、促进核安全、鼓励朝鲜与其周边国家发展良好关系方面扮演积极的角色，而加入 KE-DO 有利于这一目标实现。[①]

欧洲原子能共同体在最初与 KEDO 签署的协议中表明，协议将于 2000 年 12 月 31 日终止。"鉴于欧盟希望继续为保障朝鲜半岛的核不扩散制度做出贡献，并继续支持国际原子能机构的安全体系和核安全体系"，[②] 2001 年 12 月，欧盟主动将其在朝鲜半岛能源发展组织中的身份延长了 5 年。按照欧盟官员的说法，欧盟的加入使 KEDO 对朝鲜来说变得更加可信，也使其对 KEDO 的支持具有国际色彩。欧盟委员会外交事务专员彭定康认为，KEDO 是防止核扩散的关键性的国际项目，欧盟继续参与 KEDO 的活动意味着对朝鲜半岛安全与稳定的强烈的、持久的支持。[③] 作为执行委员会成员，欧洲原子能共同体的代表参加了执行委员会的所有会议，并积极参与了 KEDO 的管理工作。来自执行委员会和成员的代表参与了与朝鲜的谈判，并与日本、美国和韩国在向朝鲜提供轻水反应堆方面展开了良好的合作。另外，欧盟也承担了向 KEDO 进行资金援助的义务。最初的协议规定，欧盟每年向 KEDO 捐助 1500 万欧元。

---

① Cited from Allan Maxwell, "The European Union and the Korean Peninsula Energy Development Organisation (KEDO), LNCV-Korean Peninsula: Enhancing Stability and International Dialogue," Roma, 1 – 2 June, 2000.

② "Agreement between the European Atomic Energy Community and the Korean Peninsula Energy Development Organization," http://www.kedo.org/pdfs/EURenewal.pdf, Last Accessed on July 7, 2018.

③ Cited from "Allan Maxwell, The European Union and the Korean Peninsula Energy Development Organisation (KEDO), LNCV-Korean Peninsula: Enhancing Stability and International Dialogue," Roma, 1 – 2 June, 2000.

从 2001 年开始，这一金额增至每年 2000 万欧元。① 截至 2007 年 5 月，欧盟已经向 KEDO 提供了 11.8 亿欧元的援助。②

2003 年 8 月，旨在解决朝核问题的六方会谈开始，KEDO 执行委员会也召开会议，以评估六方会谈对正在进行中的轻水反应堆建设的意义。执行委员会评估了关键的技术性问题，包括建设的进度、劳动力规模等。在这期间，KEDO 通过轻水反应堆建设工作层面的接触，与朝鲜保持着联系，并继续向朝鲜派遣专家组。

成立 KEDO 的最直接目的是帮助朝鲜建立轻水反应堆以取代朝鲜的石墨反应堆，但更深层的目的在于，通过替换朝鲜的能源设备，消除朝鲜发展核计划的隐患，防止朝鲜走向核武器化，维护反核扩散国际规范。欧盟对 KEDO 的参与，也是欧盟维护反核扩散国际规范的一种表达。另外从朝鲜方面来看，KEDO 对于朝鲜最直观的意义就是帮助朝鲜建立轻水反应堆，但从长远的角度、从意识观念等无形的角度来看，KEDO 更重要的作用或许是促进了朝鲜态度和行为方式的改变。框架协议的执行要求朝鲜在一个较长的时间段遵守国际义务，具体来说，第一，朝鲜需要与欧、美、韩、日等保持定期的有意义的对话，这种中期对话不能受短期的外交关系中的不确定因素的影响；第二，促成了南北双方最优化的合作，朝鲜与韩国有了固定的对话与合作框架；第三，增进了朝鲜在安全和法律义务等重要领域中对规范性进程和行为的认知；第四，促成了朝鲜与外界的对话。③ 对朝鲜行为方式的改变意义或许更为重大，这是使朝鲜融入国际社会、促进朝鲜遵守国际规范的重要步骤。

二　欧盟与朝鲜的政治对话

从 1998 年开始，欧盟与朝鲜在高级官员层面开展了政治对话。双方的高级官员定时举行会晤，这样的会晤至少一年一次，一直延续到 2004 年，共进行了十四次政治对话。1998 年 12 月在布鲁塞尔举行的双方第一

---

① "KEDO," http://www.kedo.org/au_history.asp, Last Accessed on July 7, 2018.

② "The EU's Relations with the Democratic People's Republic of Korea-DPRK (North Korea)," http://ec.europa.eu/external_relations/north_korea/intro/index.htm, Last Accessed on July 7, 2018.

③ Jean-Pierre Leng, "The European Perspective of KEDO, LNCV-Korean Peninsula: Enhancing Stability and International Dialogue," Roma, 1–2 June, 2000.

轮政治对话中，双方探讨了一系列问题，包括朝鲜半岛安全形势、经济改革计划、人道主义问题以及食品援助分配的透明化问题。这次会谈的重要性体现在，它将之前局限于食品援助方面的双边关系扩大到政治范畴。尽管这次会谈没有任何实质性的结果，但仍被视为重要的进步，因为对话建立了定期的沟通渠道，而之前欧朝之间的交往只是零星的。在双方的会谈中，朝核问题一直是讨论的主要话题，欧盟的关注点也随着朝核问题的发展而转移。在 2003 年 12 月 9～12 日的欧朝政治对话中，欧盟劝说朝鲜放弃核计划，并表示，如果朝核问题妥善解决，欧盟将增加与朝鲜的经济交流。[①] 通过这样的会晤，欧盟可以直接听取朝鲜对当前局势的看法，这对双方交换观点、增进了解都大为有益。除了高级官员之间的会晤外，双方还借参加国际会议的机会另外举行特别会议，也通过朝鲜官员对欧洲的访问保持着联系。欧盟对朝鲜最高规模的访问是 2001 年 5 月向朝鲜派出由瑞典首相佩尔森带领的欧盟访问团。这不仅对欧盟来说是第一次，同样也是朝鲜接待的来自欧洲的最高级别的政治访问团。佩尔森表示，这次访问的目的是表达欧盟对韩国总统提议的"阳光政策"的支持。瑞典外交部长安娜·林德（Anna Lindh）将欧盟的参与与美国小布什政府对朝鲜的僵硬政策联系起来。由于小布什政府对朝鲜政策僵硬，欧盟必须参与进来帮助缓解朝韩之间的紧张氛围。这次史无前例的访问经过了精心的准备。3 月初，瑞典外交国务秘书 Hans Dahlgren 访问了平壤，两周后，朝鲜外务省副相访问了斯德哥尔摩。这表明欧盟与朝鲜的关系上升到了一个新的高度

在这次访问之前，欧盟提出了访问朝鲜的四个条件：第一，这次访问必须包括与金正日的会谈；第二，朝鲜必须承诺履行 2000 年 6 月南北共同宣言；第三，朝鲜承诺开始第二次南北会谈；第四，欧朝会谈的内容应该包括人权问题、建立互信的措施，以及朝鲜的导弹问题。朝鲜同意了这四个条件之后，欧盟代表团在瑞典首相佩尔森、欧盟委员会外交事务专员彭定康和共同外交与安全事务高级代表索拉纳的带领下，开始了对朝鲜的访问。在与朝鲜最高领导人金正日的会晤中，欧盟得到了金

---

① "EU Troika Visit to Pyongyang & Seoul, European Union Delegation of the European Commission Seoul," 9 – 12 December, 2003, https://nautilus.org/publications/books/dprkbb/europeanunion/dprk-briefing-book-eu-troika-visit-to-pyongyang-seoul/, Last Accessed on July 7, 2018.

正日的承诺，即尊重 2000 年 6 月签署的南北共同宣言；在这份共同宣言中，朝鲜承诺在 2003 年之前暂停导弹试验。此外，朝鲜也承诺遵守框架协议，保证对首尔进行回访。在经济和社会发展方面，金正日表示希望引进新的经济政策，并强调经济学教育、研究和发展的重要性。

在访问获得成功后，各方都对欧盟参与朝鲜问题表示欢迎。美国国务院发言人将其称作美国鼓励世界上的国家与朝鲜进行接触的进程的一部分。韩国总统金大中也对访问表现出极大的热情，并将其称为欧洲历史上值得骄傲的一页，并表示，由于欧盟代表团的支持和鼓励，朝鲜半岛和平、和解与合作的进程成为不可逆转的必然。①

欧盟委员会主席认为，对朝鲜的访问以及与金正日 5 个小时的会谈从四个方面表明访问是成功的：第一，朝鲜表示在 2003 年停止导弹试验；第二，朝鲜表示愿意进行第二次朝韩高峰会谈；第三，朝鲜承诺继续与韩国的和解进程；第四，朝鲜承诺开始在人权问题上与欧盟对话。欧盟与韩国对这次访问充满信心的另外一个原因是，朝鲜政府出人意料地放宽了对外国记者的限制。跟随欧盟 40 人访问团的记者达到 75 名，这是有史以来进入朝鲜的外国记者数量最多的一次。②

欧盟这次对平壤的访问成功地推动了欧盟与朝鲜建交。早在 2000 年 9 月朝韩第一次首脑会晤后，朝鲜外务相白南舜就提出了与欧盟成员国外交关系正常化的建议。2000 年 10 月 9 日和 11 月 20 日，欧洲理事会在讨论韩国“阳光政策”的过程中，决定对朝鲜半岛采取更加协调一致的政策。③ 一年后，欧洲理事会在发挥欧盟在促进朝鲜半岛和平、安全和自由的作用方面达成共识。2001 年欧盟访问团对朝鲜的访问结束后，欧盟委员会决定欧盟与朝鲜建立外交关系，这表明了欧盟希望介入朝鲜半岛问题的决心。欧盟希望这一举动能够促进欧盟支持朝鲜半岛和解的

①　"EU Mission to Koreas Is Seen as Rebuke to Bush," *International Herald Tribune*, 28 March, 2001.

②　"EU Troika Visit to Pyongyang & Seoul, European Union Delegation of the European Commission Seoul," 9 – 12 December, 2003, https://nautilus. org/publications/books/dprkbb/europe-anunion/dprk-briefing-book-eu-troika-visit-to-pyongyang-seoul/, Last Accessed on July 7, 2018.

③　최의철. 유럽연합 （EU） 의 대북 인권정책과 북한의 대응, 통일연구원, 연구총서 2005 – 02, 출처 91, 84.

进程，特别是支持朝鲜的经济改革，缓解朝鲜食品与卫生方面的紧张状态。与此同时，欧盟也收敛了之前过于乐观的话语，表示刚刚踏上持久的、曲折的、艰难的路程。2001 年 5 月，欧盟与朝鲜建立了外交关系。这可以被视为欧盟对朝鲜继续与韩国进行高层会谈的政治奖赏。到目前为止，除法国以外的欧盟成员国都与朝鲜建立了外交关系。

朝鲜同意将人权问题纳入欧盟与朝鲜的对话议程对欧盟来说是一个很大的胜利。关注人权等价值观是欧盟外交的一个重要特点，在对待朝鲜问题上也不例外。欧盟为自己设定了一个雄心勃勃的目标，即将它对朝鲜可持续发展和社会发展的援助与朝鲜领导人对民主与人权的尊重联系起来。在这次访问中，彭定康直接向金正日提出了人权问题。朝鲜随后同意在与欧盟的政治对话中加入人权议题。在此之后，欧盟和朝鲜的人权问题专家都加入了双边会谈中。2001 年 6 月 13 日，朝鲜的官员还在瑞典和英国参加了人权法的培训课程。在与朝鲜对人权问题的讨论中，欧盟主要关注以下几点：第一，鼓励朝鲜进一步与联合国人权部门及相关国家合作；第二，讨论朝鲜签订两个联合国人权公约——《联合国反酷刑公约》和《消除一切形式种族歧视国际公约》——的可能性；第三，确定进一步培训朝鲜人权官员的可能性，如培训监狱执法者的可能性；第四，要求朝鲜允许欧盟或其他机构的观察员深入朝鲜的法庭和刑事机构，以验证这些机构报告的可信性。朝鲜官员则解释了个人权利在朝鲜体制下与在欧盟体制下的不同概念，并认为某些非政府组织和政府是受政治利益驱动的。欧盟与朝鲜的人权对话尽管有一个好的开始，但仅进行了一轮就破裂了——朝鲜拒绝将这个问题重新列入谈判议程，欧盟坚持认为这是一个正常的问题。

2003 年 3 月，欧盟向联合国人权理事会第 59 次会议提交改善朝鲜人权状况的议案。朝鲜谴责欧盟的议案是预谋的政治花招（premeditated political maneuvering）。但欧盟并不认为提出议案是对朝鲜提出批评，而是将其视为推动朝鲜人权改善的路线图。2004 年 3 月，由于之前提交的议案没有达到改善朝鲜人权状况的目的，欧盟提出新的议案，强烈要求朝鲜在人权问题上全面合作。这个议案在联合国人权理事会第 60 次会议上被采纳。朝鲜认为这个决定是对朝鲜内政的干涉，因此坚决反对。朝鲜坚持，除非欧盟不再向联合国提出朝鲜人权议案，否则朝鲜在人权问题上不会做出什么努力。而欧盟拒绝朝鲜在人权问题上提出的预设条件，双方的人权对话在 2003 年中止。

三　欧盟对朝鲜的人道主义援助

在欧盟为缓解朝核危机所做的努力中，对朝鲜的人道主义援助占据了相当大的比例，欧盟是最大的也是持续时间最长的致力于缓解朝鲜人道主义危机的捐助者，不仅如此，欧盟还致力于消除朝鲜人道主义危机的根源。1995 年、1996 年，严重的洪水灾害袭击朝鲜，恶化了朝鲜本已严重的粮食短缺形势。据联合国粮农组织在 1996 年 12 月的推测，朝鲜需要进口 236 万吨粮食。① 洪水灾害引起了世界的广泛关注，欧盟是国际社会第一个向朝鲜提供援助的国家集团，这次援助也是欧盟第一次介入朝鲜的人道主义问题。欧盟委员会决定向朝鲜提供价值 4630 万欧元的粮食援助。欧盟计划通过联合国粮农组织向朝鲜分发价值 4630 万欧元的15.5 万吨粮食。此外，欧盟人道主义援助办公室也计划向朝鲜捐助 1000万欧元以支持朝鲜的公共卫生事业。1997 年 2 月，欧盟委员会已经向朝鲜提供了大约 1000 万欧元的援助，其中包括通过联合国粮农组织向朝鲜提供的价值 750 万欧元的粮食。② 8 月 20 日，欧盟委员会批准了向朝鲜提供 617 万欧元的人道主义援助。这次援助由欧盟人道主义援助办公室具体操作，它将促进非政府组织支持联合国儿童基金会正在进行的营养计划，并提供药品援助。这个决定是一揽子框架的一部分，这个一揽子框架还包括价值 4630 万欧元的食品援助。③ 1998 年 1 月 19 日，欧盟委员会决定向遭受人道主义危机的朝鲜民众提供价值 1000 万欧元的人道主义援助。由欧盟人道主义援助办公室执行，督促联合国及非政府组织的

---

① "Food and Agriculture Organization of the United Nations, PR 96/61-North Korea Still Needs Massive Food Assistance," http://www.fao.org/WAICENT/OIS/PRESS_NE/PRESSENG/pren9661.HTM, Last Accessed on July 7, 2018.

② "Famine Crisis in North Korea: The Commission Launches an ECU 46 Million Food Aid Package and Prepares Public Health Support," IP/97/440, Brussels, 23 May, 1997, http://europa.eu/rapid/press-release_IP-97-440_en.htm, Last Accessed on July 7, 2018.

③ "North Korea: European Commission Clears Humanitarian Aid Worth ECU 6.175 Million," IP/97/759, Brussels, 20 August, 1997, http://europa.eu/rapid/press-release_IP-97-759_en.htm, Last Accessed on July 7, 2018.

专门机构提供紧急健康救援，并向儿童提供过冬衣物。①

从此以后，欧盟每年都会向朝鲜提供人道主义援助。欧盟的援助主要是由欧盟委员会通过非政府组织进行的，援助的项目包括食品援助、对农业重建项目的支持，以及非食品的人道主义援助。从1997年开始，欧盟委员会通过食品援助与食品安全计划向朝鲜提供援助。援助的内容在几年的时间中也发生了变化，从最初单纯的食品援助逐渐向结构性食品援助转化。结构性食品援助主要包括农业恢复和农业生产援助。也就是说，欧盟越来越重视通过向朝鲜提供农业技术援助，推进农业改革，让朝鲜依靠自己的力量改善农业生产状况以解决粮食问题。比如，2000年，欧盟对朝鲜的援助全部是技术性的，包括肥料的援助、农场中的合作试点项目以及农业技术的援助。援助的主要途径有直接的双边援助、通过联合国粮农组织和欧洲的非政府组织（如意大利的合作与发展组织Cesvi、Concern等）实施的援助等。

人道主义参与的主要目的是改善受助者的饮水安全、卫生设施以及个人卫生状况，向医疗机构提供药品。受助者主要是儿童、急需药品的成人以及医疗机构。这些援助也是通过欧洲的非政府组织进行的。近年来，这些非政府组织在朝鲜的工作环境得到了极大的改善，朝鲜更多地区开始逐渐向这些非政府组织开放，双方在沟通、交流方面也取得了一定的进展。欧盟对人道物资的分配进行了改革，以保证人道物资可以送到急需的人手中。如2000年，欧盟人道主义援助办公室决定把对朝鲜的人道主义援助建立在特别决定基础上，这要求朝鲜对每一项欧盟援助计划都签署担保书，以保证最低限度的人道标准。非政府组织在朝鲜的工作状况在2000年得到了某些改善，更多的朝鲜地区向非政府组织开放，非政府组织成员甚至可以深入受助者的家中。非政府组织接触信息的渠道也得到改善，与政府的关系也更趋紧密。2001年3月，两个新的非政府组织——Handicap International及French Triangle进入朝鲜实施欧盟的援助项目。2001年2月，欧盟委员会向朝鲜派出专家组评估朝鲜的技术

---

① "North Korea: European Commission Clears Additional Humanitarian Aid Worth ECU 10 Million," IP/98/53, Brussels, 19 January, 1998, http://europa. eu/rapid/press-release_IP-98-53_en. htm, Last Accessed on July 7, 2018.

需求，确定试点项目的领域。①

由于 2002 年 8 月的核僵局以及随后 2006 年 10 月的核爆炸，许多国际组织不愿意向朝鲜的发展计划提供资金支持。遵循联合国安理会第 1718 号决议，欧盟在对待朝鲜问题上也采取了限制性措施。同时 2005 年 8 月，朝鲜要求国际社会从 2005 年 12 月 31 日起停止向朝鲜的人道主义援助，非政府组织驻朝鲜的工作人员应在 2005 年底离开朝鲜。② 这一切都为欧盟的援助设置了障碍，但欧盟并未放弃对朝鲜的人道主义援助，欧盟的援助形式开始发生变化。2006 年 4 月，欧盟计划支持（European Union Programme Support，EUPS）框架出台，对朝鲜的人道主义援助在 EUPS 框架下重新启动。由于 EUPS 成员仅包括欧盟领土上的非政府组织，这就使欧盟人道主义援助办公室能够利用非政府组织继续完成已经开始但被终止的项目。2006 年 6、7 月，欧盟人道主义援助办公室朝鲜调查小组建议重新开始在朝鲜的人道主义项目。当时朝鲜的人道主义状况并不符合欧盟人道主义援助办公室对朝鲜进行援助的最低条件，然而考虑到对朝鲜的人道主义援助符合欧盟人道主义援助办公室最初制定的战略，而且在这种条件下也没有更多备选政策，因此作为权宜之计，欧盟人道主义援助办公室决定开启 18 个月的特殊时期。这一时期，欧盟仅仅向朝鲜提供饮用水、健康和卫生三个方面的人道主义援助。这一决定意在改善朝鲜 30 万人口的饮水和健康条件，并提供 800 万欧元以保证基本的药品需求。在 2006 年，欧盟人道主义援助办公室是唯一一个持续向朝鲜卫生、健康、饮用水部门提供援助的组织，③ 这使其援助显得格外重要。

2007 年，欧盟委员会决定在对朝鲜的人道主义援助问题上实施退出

①　"EU Policy on the Democratic People's Republic of Korea（DPRK）—Supporting International Efforts to Reduce Tensions on the Korean Peninsula," MEMO/01/159, Brussels, 30 April, 2001，http：//europa. eu/rapid/press-release_MEMO－01－159_en. htm.

②　안용균. 北 "국제 식량지원 난받겠다" 세계식양계획 사무소 감시요원 철수요구 외부 노출 따른 체제 약화 우려한 듯，조선일보 2005.09.09，A1 면.

③　"Commission of the European Communities, Annual Report of Humanitarian Aid 2006," SEC（2007）1227, Brussels, 28 September, 2007, https：//ec. europa. eu/europeaid/sites/devco/files/annual-report-2007-ec-development-policy-implementation-external-assistance-in-2006_en_3. pdf.

策略（exit strategy）。欧盟人道主义援助办公室声明，要在欧盟委员会实施退出策略后改善救济、复兴与发展联系战略（Linking Relief, Rehabilitation and Development，LRRD），并考虑逐渐采用新的长远的政策工具。欧盟人道主义援助办公室仅可以在 LRRD 主题项目下支持食品安全活动。因此，这个时期，欧盟成员国的资金支持变得更加重要。即便处于特殊时期，欧盟也在 2007 年向朝鲜提供了 800 万欧元的健康、饮用水和卫生援助。朝鲜发生洪灾后，欧盟人道主义援助办公室向朝鲜提供了 200 万欧元的援助，缓解了约 50 万人的食品紧缺状况。11 月底，一个致力于改善水源和卫生活动的工作小组在非政府组织和朝鲜相应的地方机构的协作下开展工作。从这时起，除欧盟之外的很多其他国家的调查小组也陆续进入朝鲜。1997～2007 年，欧盟为朝鲜提供了 1.24 亿欧元的人道主义援助。这些人道主义援助覆盖了对遭受洪灾人口的紧急援助、解决粮食和营养问题、改善水源和卫生、保健条件等项目。根据欧盟的统计，欧盟是朝鲜继韩国之后的第二大人道主义援助者。[①] 2002～2007 年欧盟人道主义援助办公室对朝鲜的人道主义援助金额见表 4－1。

表 4－1　2002～2007 年欧盟人道主义援助办公室对朝鲜的人道主义援助金额

单位：欧元

项目	2002 年	2003 年	2004 年	2005 年	2006 年	2007 年
金额	21025000	17000000	16750000	13715000	8000000	2000000

资料来源："DG for Humanitarian Aid-ECHO Financial Report 2007," European Commission。

　　欧盟决定对朝鲜进行人道主义援助主要出于人道主义考虑，欧盟认为朝鲜的经济困境是由苏联模式及计划经济体制的解体而造成的结构性危机，这种状况由于 1995 年的自然灾害而更趋严重。

　　而核危机带来的政治上的紧张更加剧了朝鲜的孤立状态。朝鲜政府认识到了经济改革的必要性并在 2002 年中期进行了小规模的改革尝试，人道主义状况较 1995～1999 年有了显著改善，但由于结构性缺陷，人道主义状况仍比较脆弱。虽然朝鲜发育不良儿童的比例有了很大下降，但

---

① "Commission of the European Communities, Annual Report of Humanitarian Aid 2007," SEC（2008）2236, Brussels, 9 July, 2008, https://ec.europa.eu/europeaid/sites/devco/files/annual-report-2006-ec-development-policy-external-assistance_en_11.pdf.

仍居亚洲首位。欧盟对朝鲜人道主义援助的总目标是改善脆弱人群特别是儿童的健康状况。具体来说就是改善医疗保健条件，降低死亡率，为朝鲜提高自身医疗能力进行技术援助。①

　　欧盟对朝鲜的人道主义援助具有鲜明的特点。第一，欧盟对朝鲜的援助有非常详尽的计划，如 2004 年通过了四个对朝鲜援助的文件，这四份文件的援助对象非常明确，从 ECHO/PRK/BUD/2004/01000 号文件到 ECHO/PRK/BUD/2004/04000 号文件援助的对象分别是朝鲜的脆弱人群，特别是儿童；2004 年 4 月 22 日火车爆炸事件中的受害者；龙川火车爆炸事件中的受害者；水利和卫生部门；2004 年对朝鲜提供援助的第一份文件中，具体分析了朝鲜的人道主义状况，并从"健康"和"儿童"两个部分指出了朝鲜人道主义援助中存在的困难，在"健康"这一部分，又具体分为流行病状况、药品短缺、血液供应、残疾人和老年人等部分。同样在这份文件中，欧盟对朝鲜的援助具体分为三项，分别是改善朝鲜卫生保健状况；降低儿童的发病率和死亡率；加强在卫生领域的技术援助，评估朝鲜的需求和项目建议，协调指挥项目。每一项划拨多少钱都有具体的规划。另外还预留一部分资金以备不时之需。② 第二，强调对朝鲜的技术援助。欧盟不是仅仅提供资金以帮助朝鲜解决眼前的困难，而是通过培训等方式提高朝鲜在医疗卫生方面的能力，着眼于使朝鲜能够在未来建立健全的医疗卫生体系，从而能够不依靠外来援助改善本国的人道主义状况。第三，欧盟的人道主义援助主要通过非政府组织进行。这可以淡化援助的政治色彩，与朝鲜政府在这一问题上进行更好的合作。欧盟的人道主义援助主要由欧盟委员会做出决定，通过欧盟支持的非政府组织进行。这些非政府组织基本上位于欧洲，主要有 Cesvi（合作与发展组织）、关注（Concern）、儿童援助计划（Children's Aid Direct）、行动中心（Action Contre La Faim）、德国农业行动计划（German Agro-action）等。

---

① "European Commission Humanitarian Aid Office, Humanitarian Aid Decision 23 02 01," ECHO/PRK/BUD/2004/01000, http://ec. europa. eu/echo/files/funding/decisions/2004/dec_philippines_01000. pdf.

② "European Commission Humanitarian Aid Office, Humanitarian Aid Decision 23 02 01," ECHO/PRK/BUD/2004/01000, http://ec. europa. eu/echo/files/funding/decisions/2004/dec_philippines_01000. pdf.

四　鼓励朝鲜经济改革和现代化

欧盟认为，保证东北亚和平与繁荣的一个关键性要素是朝鲜的和平与稳定。2001 年、2002 年，欧盟委员会开始草拟欧盟在朝鲜开展经济发展项目的战略，这一战略最后形成了国家战略文件。这份文件认为，欧盟能够在下列领域发挥有效的作用：第一，对朝鲜官员进行市场相关培训，加强对朝鲜经济发展的制度支持和能力建设；第二，提高能源部门的有效性，如对可持续发展能源的管理与利用；第三，改善农村状况；第四，改善朝鲜的交通运输条件，使交通部门获得有序的发展。① 欧盟先制订培育朝鲜市场经济的试点计划以及在能源领域进行培训。在经济领域，欧盟主要致力于扩大朝鲜的贸易、对外投资规模以及确定下一年的发展援助计划。

欧盟的培训计划主要针对朝鲜关键部门的官员，如外交部门、财政部门、贸易部门的官员。2002 年 3 月，朝鲜派出代表团访问欧盟成员国意大利、瑞典和英国，之后朝鲜确立了经济领域的关注点，包括国际贸易的原则、多边/双边协定、经济和社会结构、国际财政机构、自由市场经济原则、国际债务管理、借贷、国际法、促进对外直接投资。欧盟更强调朝鲜能源部门的发展，因为能源部门的管理混乱导致了严重的能源浪费和流失。欧盟委员会估计，即使没有大规模投资，朝鲜利用能源的效率也能提高 25% ~35% 。

欧盟对朝鲜的发展援助于 2002 年开始，初期投入了 200 万欧元。但到 2002 年 11 月，由于核危机的爆发，欧盟各成员国领导人敦促欧盟委员会重新考虑对朝鲜的经济发展援助计划。因此，朝鲜没有获得欧盟资金直接支持的经济项目。欧盟—朝鲜国家战略文件和成员国指示计划规定了技术援助的框架和目标。如果实行，则不仅欧盟可以向朝鲜提供急需的外国直接投资，而且将是从经济上对朝鲜实行接触政策的最重要的工具。

欧盟对朝鲜于 2002 年 7 月开始的经济改革保持兴趣。欧盟委员会于

---

① "The EC-Democratic People's Republic of Korea（DPRK）Country Strategy Paper 2001 – 2004," http：//eeas. europa. eu/archives/docs/korea_north/docs/01_04_en. pdf.

2004 年 9 月在平壤建立了经济改革和改善经济关系的工作小组，小组成员既包括经济学家、商业代表，也包括外交官及培训机构的代表。商业代表主要关注如何帮助朝鲜吸引外国投资，外交官及培训机构的代表关注的则是如何向进行经济改革的朝鲜提供发展援助。来自朝鲜 14 个部门的超过 70 名官员参与了欧盟主导的经济改革培训。朝鲜将 2002 年 7 月开始的经济改革定性为增加工资、提高商品价格和企业自主权的行动，而小组中的欧盟参与者——来自前社会主义国家的中东欧国家的代表则将其视为朝鲜学习经济转型经验的过程。

第三节　欧盟压服朝鲜弃核的努力

从第一次朝核危机爆发到 2017 年，朝鲜在核武器化的道路上越走越远，先后六次进行核试验。欧盟严格执行联合国对朝鲜的制裁，执行了联合国安理会第 1718（2006）号、第 1874（2009）号、第 2087（2013）号、第 2094（2013）号、第 2270（2016）号、第 2321（2016）号、第 2356（2017）号、第 2371（2017）号和第 2375（1775）号决议。欧盟多次发表声明敦促朝鲜放弃发展核武器。例如，在 2002 年美国特使向外界宣布朝鲜承认秘密发展核武器的计划后，欧盟主席国代表欧盟成员国要求朝鲜立刻澄清事实。欧盟认为朝鲜的行为是对《不扩散核武器条约》、国际原子能机构的安全保障协定、朝鲜半岛无核化的南北共同宣言以及框架协议的严重破坏，也动摇了 KEDO 项目。欧盟敦促朝鲜立即以可验证的方式放弃核计划，重新兑现对《不扩散核武器条约》的承诺。[①]欧盟部长理事会也在 2002 年 11 月 19 日表示了对朝鲜核计划的关注，认为此举将削弱朝鲜半岛既有的互信氛围，影响半岛和平与稳定，危及半岛和平进程。部长理事会要求欧盟委员会及成员国审查包括技术援助和贸易措施在内的对朝鲜政策，敦促朝鲜成为国际社会中负责任的一员，无条件地遵守《不扩散核武器条约》、国际裁军与军控条约及对国际社会的承诺，配合国际反恐行动，鼓励朝鲜继续兑现对朝鲜半岛和平进程

---

① "Declaration by the Presidency on Behalf of the European Union Regarding North Korea Nuclear Programme," P/02/158, 13302/02（Presse 328），Brussels, 18 October, 2002，http：//europa. eu/rapid/press-release_PESC － 02 － 158_en. htm.

的承诺，并表示，如果朝鲜不能成功地解决核问题，就将危及未来欧盟
与朝鲜的关系。① 2003 年朝鲜宣布退出《不扩散核武器条约》后，欧盟
发表声明，认为朝鲜的行为在国际社会开了令人遗憾的先例，削弱了国
际社会为提高《不扩散核武器条约》的普遍性所做出的努力，削弱了国
际核不扩散制度的基石。欧盟成员国对朝鲜的行为表示严重关切，希望
朝鲜收回声明，以可验证的、不可逆转的方式兑现国际核不扩散承诺。②
2006 年 10 月 9 日朝鲜进行核试验的当天，索拉纳强烈谴责朝鲜的核试
验，认为核试验是极端不负责任的行为，严重削弱了地区安全和稳定，
威胁到了世界的安全，也违背了朝鲜人民的根本利益。③ 10 月 10 日，索
拉纳又发表声明，对中、日、韩三国就朝鲜问题的协商表示欢迎，表示
欧盟将与国际社会一起就解决朝核问题进行全面的合作。④

　　对于朝鲜的导弹试验，欧盟也保持了密切关注。朝鲜于 1998 年 8 月
31 日发射大浦洞 I 号导弹，导弹越过日本落入太平洋，引起了美日的恐
慌。对于朝鲜的试射，欧盟发表声明，对于朝鲜长期以来向国际社会要
求并接受人道主义援助，但将有限的资源用于发展进攻性武器深表关切，
要求朝鲜停止进行进一步实验，放弃发展导弹。⑤ 在各方压力下，1999
年 9 月 13 日，朝鲜保证冻结远程导弹试射计划，并在 2002 年 9 月与日
本的高峰会谈上承诺，延长关于导弹试射的备忘录至 2003 年，即保证在
2003 年之前不再试射导弹。但 8 年后，朝鲜于 2006 年 7 月 5 日再次试射

① "General Affairs and External Relations-External Relations, 2464th Council Meeting," 14184/
02 Presse 351, Brusssls, 19 November, 2002, http：//europa. eu/rapid/press-release_PRES －
02 － 351_en. htm.

② "Declaration by the Presidency on Behalf of the European Union on the Official Announcement
by the Democratic People's Republic of Korea Concerning Its Intention to Withdraw from the
NPT," P/03/05, 5250/03 (Presse 6), Brussels, 13 January, 2003, http：//europa. eu/
rapid/press-release_PESC － 03 － 5_en. htm.

③ Javier Solana, "EU High Representative for the CFSP Condemns Nuclear Test by North Kore-
a," S280/06, Brussels, 9 October, 2006, http：//www. consilium. europa. eu/ueDocs/cms_
Data/docs/pressData/en/declarations/91241. pdf.

④ Javier Solana, "EU High Representative for the CFSP, Welcomes Closer Links between Japan
and China and the Republic of Korea and Expresses Support in the Wake of the DPRK Nuclear
Test," S282/06, Brussels, 10 October, 2006.

⑤ "Declaration by the Presidency on Behalf of the European Union on Missile Test Undertaken by
the DPRK," E/98/96, 10860/98, Brussels, 3 September, 1998, http：//europa. eu/rap-
id/press-release_PESC － 98 － 96_en. htm.

多枚导弹。索拉纳发表声明对朝鲜违背承诺的行为表示强烈谴责，指责朝鲜的行为加剧了东北亚本已复杂的局势，与国际社会做出的核不扩散努力背道而驰，要求朝鲜不再做出类似挑衅，重返六方会谈。[①] 不仅欧盟共同外交与安全政策高级代表索拉纳对朝鲜导弹试射发表了声明，而且欧洲理事会早在 2006 年 6 月朝鲜表现出导弹试射的迹象时，就要求朝鲜在这一问题上保持克制。[②] 朝鲜导弹试射后，欧盟主席国马上代表欧盟谴责朝鲜的这一行为。由于这次试射的导弹包括远程导弹，欧盟担心这些导弹会被用于运载大规模杀伤性武器，从而进一步加剧朝鲜半岛的紧张局势，削弱互信基础，影响国际核不扩散进程。欧盟要求朝鲜无条件重返六方会谈。[③]

　　欧盟在发表政策声明谴责朝鲜的行为的同时，还对朝鲜进行了相应的制裁。一方面，欧盟参与了朝鲜半岛能源发展组织对朝鲜的制裁。2002 年 10 月，朝鲜承认进行秘密铀浓缩后，KEDO 执行委员会随即决定从当年 12 月起，暂停对朝鲜的重油供应。2003 年 11 月 21 日，KEDO 宣布，由于朝鲜没有满足继续建设轻水反应堆的必要条件，KEDO 从 12 月 1 日起暂停轻水反应堆建设工作一年，并在这一年评估轻水反应堆建设情况及决定未来的发展方向。2004 年 11 月 26 日，KEDO 执行委员会再次决定将轻水反应堆的建设工作暂停一年。2006 年 1 月 8 日，KEDO 将在朝鲜的工作人员全部撤出。2006 年 5 月 1 日，KEDO 决定中止轻水反应堆项目，并在 2007 年上半年关闭秘书处。欧盟对 KEDO 的援助是与朝鲜遵守框架协议下的核不扩散义务紧密相连的，欧盟表示，如果朝鲜不

① Javier Solana, "EU High Representative for the CFSP, Condemns Resumption by the Democratic People's Republic of Korea of the Testing of Long-range Missiles," S179/06, Brussels, 5 July, 2006, https://www. hrnk. org/uploads/pdfs/EU%20Docs%20（Not%20Human%20Rights）/ EU_7. pdf.

② "Declaration by the Presidency on Behalf of the European Union on the Possible Test Launch of a Missile by the Democratic People's Republic of Korea（DPRK），" P/06/89, 10793/1/06 REV 1（Presse 190）, Brussels, 23 June, 2006, http://europa. eu/rapid/press-release_ PESC – 06 – 89_en. htm.

③ "Declaration by the Presidency on Behalf of the European Union on Missile Tests by the Democratic People's Republic of Korea（DPRK），" P/06/97, 11311/06（Presse 207）, Brussels, 5 July, 2006, http://europa. eu/rapid/press-release_PESC – 06 – 97_en. htm.

遵守承诺，欧盟就中止对 KEDO 的援助。① KEDO 对朝鲜援建计划的终止，是对朝鲜坚持核计划的惩戒。

另一方面，欧盟还采取额外的自主措施补充加强联合国的制裁。2006 年 11 月 22 日，欧盟各国以共同立场的形式做出了对朝鲜的制裁决定。这一制裁决定包括如下几项内容。第一，对武器及相关材料的禁运。这次禁运不仅禁止成员国向朝鲜出口武器及相关材料，而且从成员国领土经过或出发，或者悬挂成员国国旗的船只或飞机都在禁运的范围。联合国规定的禁止向朝鲜出口的某些物资和技术也在欧盟禁运范围之内。禁止向朝鲜的个人或实体提供技术培训、建议、援助或经纪服务，禁止向其提供金融援助。第二，禁止直接或间接地向朝鲜提供奢侈品。第三，准入限制，即不允许与朝鲜核计划、导弹或其他大规模杀伤性武器计划相关的个人及其家庭成员进入或经过成员国。第四，冻结与朝鲜核计划相关的资金及经济来源。第五，在防止核武器、化学武器或生物武器、弹道导弹及运载技术，以及相关的材料和技术的走私方面保持合作。②

2007 年 3 月 27 日，欧洲理事会对 2006/795/CFSP 共同立场进行了修改，通过了 329/2007 规制。除了重申限制对朝鲜某些物品、技术和服务的出口，冻结相关资金和经济资源外，这份规制最引人注意的是厘清了诸如"资金""技术援助""资金冻结""经济资源冻结"等概念，比如"技术援助"就是指与修复、发展、生产、装配、测试、维护或其他任何技术服务相关的技术支持，技术援助的形式不仅包括指导、建议、培训、知识、技术或咨询服务的传播，还包括口头形式的援助等。这一类形式的技术援助都在被禁止的行列。这份规制对"资金"这一概念也做出了七种规定。③ 2008 年 1 月 28 日和 2 月 9 日，欧盟更新了附件中的

---

①　"Council Common Position of 6 December 2001 on Participation by the European Union in the Korean Peninsular Energy Development Organization（KEDO）（2001/869/CFSP），" L 325/1，Official Journal of the European Communities，8 December，2001.

②　"Council Common Position 2006/795/CFSP of 20 November 2006 Concerning Restrictive Measures against the Democratic People's Republic of Korea，" Official Journal of the European Union，22 November，2006.

③　"Council Regulation（EC）No. 329/2007 of 27 March 2007 Concerning Restrictive Measures against the Democratic People's Republic of Korea，" Official Journal of the European Union，29 March，2007.

制裁清单，以及负责制裁的实体。特别是 1 月 28 日的 117/2008 规制，列出了长达 65 页的禁止对朝鲜出口的技术和物资，欧盟对朝鲜的制裁清单最终完成。① 此后，根据联合国制裁清单的变化，欧盟不断调整制裁清单，先后出台了 329/2007、2013/183/CFSP、2016/849/CFSP、（EU）2017/1509、（EU）2018/285 等规制和决议，扩大了欧盟制裁的范围，进一步加强了既有的制裁。②

小　结

冷战结束后特别是 "9·11" 事件后，欧盟安全认知发生变化，核武器扩散成为欧盟认定的首要安全威胁。欧盟安全战略指出，在面对新的国际威胁如恐怖主义、大规模杀伤性武器扩散时，欧盟将采取政治、经济和军事层面的一切可能的手段。③ 这不仅改变了欧盟的安全优先政策，而且极大地扩大了安全领域。欧盟将朝鲜发展核武器视为对全球安全的重大威胁之一。因此，欧盟认为不能置身事外。

早在 1999 年 7 月 19 日，欧洲理事会就形成了对朝鲜半岛的一致战略，欧盟表示在改善与朝鲜关系方面将考虑以下几个条件：第一，朝鲜是否在南北缓和进程中采取了实质行动，是否兑现了南北对话中的约定；第二，是否对核与导弹采取了负责任的行动；第三，是否有效地改善了人权状况，遵守联合国关于人道主义问题的各项协议；第四，是否允许平民获得外来援助并保证国际非政府组织在朝鲜的活动；第五，是否允许欧洲记者调查经济等问题。欧盟指出，朝鲜态度的变化将是欧盟参与

---

① "Commission Regulation（EC）No. 117/2008 of 28 January 2008 Amending Council Regulation（EC）No. 329/2007 Concerning Restrictive Measures against the Democratic People's Republic of Korea," Official Journal of the European Union, 9 February, 2008.

② "Council Regulation（EU）2018/285 of 26 February 2018 Amending Council Regulation（EU）2017/1509 Concerning Restrictive Measures against the Democratic Republic of Korea," 27 February, 2018, https：//eur-lex. europa. eu/legal-content/EN/TXT/PDF/? uri = CELEX：32018R0285, Last Accessed on Dec. 20, 2018.

③ "A Secure Europe in a Better World：European Security Strategy," Council of the European Union, 12 December, 2003.

朝鲜半岛问题的关键性因素。这要求朝鲜采取更负责任的行为。① 2000年欧盟发表了《欧盟委员会—朝鲜：国家战略文件（2001－2004）》，这份文件对欧盟发展合作目标的描述为，促进可持续的经济和社会发展，将朝鲜的经济纳入世界经济体系，通过政治、经济、社会和环境维度的发展消除朝鲜的贫困。②

1993年朝鲜核危机的出现是对欧盟反核扩散政策的挑战。尽管朝鲜并不是对欧盟安全利益攸关的国家，但欧盟还是介入了朝核问题。欧盟的介入主要有两个途径，其一是通过多边国际机构，具体来说就是通过朝鲜半岛能源发展组织介入朝核问题。通过向 KEDO 提供资金、为朝鲜建立轻水反应堆，消除朝鲜发展核计划的隐患。其二是欧盟通过向朝鲜提供援助的方式，缓解朝鲜的政治孤立、经济发展缓慢、社会贫困等问题，以期消除朝鲜发展核计划的根源。在处理朝核问题的手段上，主要有两种：其一是通过援助等手段说服朝鲜弃核；其二是谴责朝鲜的核计划，并对朝鲜的核试爆进行制裁。

欧盟解决朝核问题的政策具有鲜明的特点。

第一，最鲜明的特点就是谋求朝核问题彻底的、根本的解决，这也是欧盟反核扩散政策一贯的特点。欧盟认为，发展核武器的原因是多重的，既有政治、安全因素，也有经济、社会因素，只有从根本上消除发展核武器的根源，才能更好地维护核不扩散规范。在朝核问题上，欧盟通过与朝鲜的政治对话，与朝鲜建立外交关系，消除朝鲜政治上的孤立感；通过对朝鲜的人道主义援助，消除朝鲜贫困的根源；通过支持朝鲜的经济改革，发展朝鲜的经济，改变朝鲜落后的面貌。也许从短期来看，欧盟的这些措施对于解决朝核问题似乎没有显著的成效，但从长远来看，这是从根本上增强朝鲜安全感的方式。

第二，欧盟的政策带有比较明显的"奖赏"色彩，以经济、外交上的援助"奖赏"朝鲜在政治上的进步。比如，2001年欧盟与朝鲜建交的一个原因就是奖励朝鲜在与韩国的首脑会谈中的进步。为了奖励朝鲜在

① Jae-Seung Lee, "The Two Faces of EU-North Korea Relations," *The Korean Journal of Defense Analysis*, Vol. XVII, No. 1, Spring, 2005.

② "The EC-Democratic People's Republic of Korea (DPRK)," *Country Strategy Paper 2001－2004*, http://eeas. europa. eu/archives/docs/korea_north/docs/01_04_en. pdf.

经济上的调整，欧盟增加了进口朝鲜纺织品的份额，同时将朝鲜列入欧盟发展援助项目计划。欧盟为朝鲜培训经济领域官员的项目换取了朝鲜同意与欧盟进行人权对话。但如果朝鲜在欧盟关心的议题上没有取得进步，欧盟就会相应地减少"奖赏"。欧盟一直表示，欧盟与朝鲜未来关系的发展与朝鲜在欧盟关心的议题上的表现密切相关。安全战略与反恐宣言也声明，除非大规模杀伤性武器的问题得到解决，否则欧盟将不会允许与朝鲜进一步发展关系以及为朝鲜提供进一步的直接经济援助。除非核问题以可行的办法解决，否则欧盟将不会与朝鲜进行经济合作。朝鲜坚持发展核武器的结果就是欧盟对朝鲜援助的减少：进入21世纪，欧盟对朝鲜的援助急剧减少，2007年仅有20万欧元。

第三，从欧盟对待朝核问题的政策可以看出，欧盟反核扩散政策的行为方式带有典型的预防外交的特点，欧盟追求的并不仅是免于受朝鲜核武器的打击，同时也追求朝鲜国内社会的稳定，以及朝鲜人民的安全。在处理朝核问题的手段上，欧盟并不单纯强硬地要求朝鲜放弃核计划，而是通过援助、政治对话等手段，力图从根源上消除朝鲜发展核武器的深层原因。欧盟对朝核问题的处理方式体现了综合安全的观念。朝核问题延续了十几年，中间几起几落，但欧盟始终没有完全放弃通过接触改变朝鲜的努力。虽然欧盟在核问题上并没有切实发挥主导作用，但从长远来看，欧盟对待朝鲜的方式将在解决朝核问题的政策选择中越来越占据主导地位。

欧盟对待朝核问题的基本政策是，促进国际社会解决朝核问题，支持缓和朝鲜半岛紧张局势的国际努力。欧盟委员会强烈支持朝鲜半岛的和平进程及促进半岛和平和稳定的国际努力。欧盟对自身在朝核问题中作用的定位是，在缓和半岛紧张局势的国际努力中扮演支持性角色。可以说，欧盟的定位是比较准确的。由于朝鲜与欧盟相距遥远，朝鲜对欧盟来说不是一个利益攸关的国家，也由于欧盟缺乏扮演世界警察的军事能力，欧盟不可能在朝核问题上扮演领导者的角色。但作为国际社会中的重要行为体，欧盟不可能完全置身事外。基于《欧盟安全战略》及《欧盟反对大规模杀伤性武器扩散战略》，欧盟意识到其在全球危机和解决核扩散问题中的责任，因此，即使其他国家主导了朝核问题的谈判，欧盟也应该参与到朝核问题的解决中。在解决朝核问题的过程中，欧盟可以找到自己的参与方式。作为国际政治中的主要行为体和重要的经济力量，欧盟有可能通过与朝鲜的接触在促进美朝双边会谈方面发挥领导性作用。在这一过程中，欧盟的政策也需要六方会谈的主要参与者，特别是美国和中国的支持。欧盟在朝鲜没有任何历史负担，欧洲国家既没有在朝鲜战争中发挥突出的作用，在这一地区也没有核心战略利益和既得权利，这些都是欧盟发挥积极作用的有利条件。尤其是在危急时刻，欧盟的作用显得尤其重要。但是，欧盟没有深度介入朝核问题的意愿，所以欧盟不可能积极地直接介入敏感的政治问题，欧盟更希望通过间接援助促进朝鲜半岛和平建设。因此，可以认为，欧盟对朝核问题解决发挥的是补充性作用，这也与其支持性角色的定位相符。

第五章 欧盟反核扩散政策与
伊朗核问题

2002 年伊朗核计划暴露以来，伊朗成为国际社会继朝鲜之后关注的另一个不遵守反核扩散规范的国家，对伊朗核问题的妥善处理是维护核不扩散国际规范的重要举措。相对于朝鲜来说，伊朗对于欧盟安全的意义更为重要。在安全的驱动下，欧盟积极参与了伊朗核问题的解决，并在限制伊朗铀浓缩计划中发挥了领导作用。[①] 欧盟对伊朗核问题的参与一方面是安全驱动的结果，另一方面是欧盟反核扩散规范不断深化的结果。反过来，在参与伊朗核问题解决的过程中，欧盟的反核扩散政策也得到发展，反核扩散规范得到深化。

第一节 伊朗核问题对欧盟安全的意义

相对于朝鲜来说，伊朗在地理位置上距离欧盟国家更近。土耳其近年来一直为加入欧盟而努力，欧盟也在 2005 年 10 月启动了与土耳其的入盟谈判。如果土耳其成功加入欧盟，与土耳其接壤的伊朗就将成为欧盟的近邻。伊朗一旦拥有核武器，就将对欧盟构成威胁。而且，伊朗是一个拥有丰富能源储备的地区大国，并在伊斯兰国家具有一定影响力。综合上述因素，伊朗核问题的和平解决对欧盟的安全意义更为重大，因而欧盟对伊朗核问题格外关注。

一 伊朗核问题的由来

伊朗核能开发活动由来已久，最早始于 20 世纪 50 年代，当时得到美国等西方国家的支持。1980 年美伊断交后，美国多次指责伊朗以"和

---

① Oliver Meier, "The EU's Nonproliferation Efforts: Limited Success," *Arms Control Today*, May 2008.

平利用核能"为掩护秘密发展核武器，并对其采取了遏制政策。2002 年 8 月 15 日，伊朗国外反政府组织"伊朗全国抵抗委员会"（National Council of Resistance of Iran，NCRI）揭露，伊朗在纳塔兹（Natanz）和阿拉克（Arak）两处秘密建设核设施。国际社会怀疑，纳塔兹的核设施可能是离心机之类的浓缩铀提炼设备，阿拉克的核设施可能是重水反应堆。国际社会尤其是美国强烈要求伊朗接受国际原子能机构的核查。同年 9 月 16 日，伊朗副总统兼伊朗原子能组织主席阿加扎德（Aghazadeh）出席在维也纳召开的第 46 届国际原子能机构大会时表示，伊朗将在未来 20 年内建设装机总容量为 6000 兆瓦的核电站，并邀请先进国家参与伊朗的核电站建设。就伊朗全国抵抗委员会揭露出来的伊朗核计划问题，阿加扎德邀请国际原子能机构核查人员进行核查。

　　2003 年 2 月 21 日至 22 日，国际原子能机构总干事巴拉迪、副总干事海诺宁一行对伊朗核设施进行核查。经过不完全核查，国际原子能机构发现伊朗在过去近 20 年的时间内，为完成独立的核燃料循环，包括铀的开采、研磨、转换、浓缩，轻水反应堆和重水生产等相关的研发消耗了大量的精力和财力。伊朗已经基本上建立并拥有了一整套相对完善的核工业体系。[①]

　　伊朗的核设施分布于德黑兰（Tehran）、纳塔兹、伊斯法罕（Esfahan）、大不里士（Tabriz）、卡拉加（Karaj）、玛什哈德（Mashhad）、格钦（Gechine）、帕尔钦（Parchin）、拉维赞（Lavizan）和布什尔（Bushehr）等地，伊朗违规未申报的主要核设施见表 5 – 1。除了伊朗德黑兰核研究中心向国际原子能机构申报之外，其他许多设施是在伊朗核问题曝光后才被外界知晓。其中，伊斯法罕核技术中心（Esfahan Nuclear Technology Center，ENTC）、纳塔兹浓缩铀核燃料生产厂（Pilot Fuel Enrichment Plant Natanz，PFEP）、阿拉克重水生产厂（Heavy Water Production Plant，HWPP）及核试验反应堆（Iran Nuclear Research Reactor，IR – 40）等核设施都是经过国际原子能机构的核查之后才得以发现。伊斯法罕核技术中心、纳塔兹浓缩铀核燃料生产厂、阿拉克重水生产厂和

---

① "Implementation of the NPT Safeguards Agreement in the Islamic Republic of Iran," *IAEA Director General's Report*, Gov/2004/83, 15 November, 2004, p. 23, https：//www. iaea. org/ sites/default/files/gov2004 – 83. pdf, Last Accessed on July 9, 2018.

核试验反应堆是伊朗核工业重要的基础设施，它们的规模和完善程度令国际社会大为震惊。虽然国际原子能机构对伊朗进行了核查，但仍然难以肯定已经掌握了伊朗核设施的所有情况。

表5－1　　伊朗违规未申报的主要核设施

地点	主要设施
德黑兰核研究中心（Tehran Nuclear Research Center）	钼碘氙设施；贾伊本扬多用途实验室
卡雷耶电气公司（Kalaye Electric Company）	浓缩铀中试厂；离心浓缩研发
伊斯法罕核技术中心	重水零功率堆；燃料制造实验室；铀化学实验室；石墨次临界堆；铀转化厂；燃料制造厂；锆生产厂
纳塔兹	燃料浓缩中试厂；浓缩铀核燃料生产厂
卡拉加	放射性废物储存库
拉什卡阿巴德（Lashkar Abad）	激光浓缩中试厂
阿拉克	核试验反应堆；放射性同位素生产热室设施；重水生产厂
阿纳拉克（Anarak）	废物储存厂

资料来源："Implementation of the NPT Safeguards Agreement in the Islamic Republic of Iran," *IAEA Director General's Report*, Gov/2004/83, 15 November, 2004, Annex p. 7, https：//www. iaea. org/sites/default/files/gov2004 – 83. pdf, Last Accessed on July 9, 2018。

经过近六年的核查，国际原子能机构发现的问题主要包括以下几个方面。

第一，伊朗一些已经暴露出的问题表明伊朗核计划超出了民用核能的范畴，这些问题主要包括以下几点。（1）在纳塔兹、卡雷耶电气公司、法拉亚德（Farayand）技术公司、帕斯废弃厂（Pars Rash）等地发现了两种不同的低浓缩铀和高浓缩铀的污染问题。此前伊朗表示，污染来自进口的 P－1 型离心机部件。但是国际原子能机构认定这些污染并非来自伊朗国内的离心机，因为纳塔兹的高浓缩铀污染与卡雷耶电气公司和法拉亚德技术公司的污染并不相同。[1]（2）军方的绿盐项目。绿盐项

---

[1] "Implementation of the NPT Safeguards Agreement in the Islamic Republic of Iran," *IAEA Director General's Report*, Gov/2004/34, 1 June, 2004, p. 9, https：//www. iaea. org/sites/default/files/gov2004 – 34. pdf, Last Accessed on July 8, 2018.

目被怀疑可能是伊朗在伊斯法罕大规模生产铀转换设施受到袭击而保留的小规模备选方案的一部分，对此伊朗表示，在进行六氟化铀的生产后，再进行四氟化铀的生产毫无必要。① （3）铀铸造文件。伊朗表示在1987年曾收到巴基斯坦卡拉汉（A. Q. Khan）黑市网络的一份15页文件，描述铀转化和将浓缩金属铀及贫化金属铀铸造成半球体的程序，巴拉迪认为该文件"与核武器部件的组装相关"。② 伊朗表示这是黑市网络主动向伊朗提供的文件。但是文件引发许多有待解决的问题，尤其是伊朗军界与巴基斯坦的联系。按照美国驻巴基斯坦大使的说法，巴基斯坦部队司令米扎拉阿萨姆伯格（Mizra Aslam Beg）曾经与伊朗革命卫队讨论过巴基斯坦与伊朗核合作的事情。③ （4）伊朗开发和试验与核试爆相关的活动。外界媒体指控伊朗开发和试验高电压雷管点火设备和起爆桥丝雷管，特别是多重起爆桥丝雷管同时点火；指控伊朗正在试验至少一种适用于内爆型核装置的全尺寸半球状、内聚式、爆炸驱动的冲击系统。这些实验被认为是伊朗为核试爆所做的前期准备。对此，伊朗承认开展了时间精度约为1微秒的2~3枚起爆桥丝雷管的同步试验。但伊朗表示，这种实验的目的是促进民用和常规军事应用。（5）伊朗被指控重新设计流星-3型导弹的有效载荷仓，目的是填充核爆装置。伊朗表示"这些文件是杜撰捏造的，并对其真实性产生严重怀疑"。上述指控并不足以成为伊朗一直在开展核武器工作的证据。④

第二，国际原子能机构发现，伊朗军方同核活动存在密切关系。这也是国际社会忧虑的一个问题。军方的参与主要体现在以下几个方面。

---

① "绿盐"的学名是四氟化铀，因其是绿色颗粒状的晶体而得名。四氟化铀是从铀化合物转化为六氟化铀的中间物质，参见 "Implementation of the NPT Safeguards Agreement in the Islamic Republic of Iran," *IAEA Director General's Report*, Gov/2006/15, 27 February, 2006, p. 8, https：//www. iaea. org/sites/default/files/gov2006 - 15. pdf, Last Accessed on July 8, 2018。

② "Implementation of the NPT Safeguards Agreement in the Islamic Republic of Iran," *IAEA Director General's Report*, Gov/2006/15, 27 February, 2006, p. 5, https：//www. iaea. org/sites/default/files/gov2006 - 15. pdf, Last Accessed on July 8, 2018.

③ Steve Coll, *Ghost Wars* (Penguin, 2004), p. 221.

④ "Implementation of the NPT Safeguards Agreement in the Islamic Republic of Iran," *IAEA Director General's Report*, Gov/2008/15, 26 May, 2008, p. 5, https：//www. iaea. org/sites/default/files/gov2008 - 15. pdf, Last Accessed on July 8, 2018.

（1）人员参与。外界指控伊朗有数百名隶属于革命卫队的高级科学家参与了 P－2 型离心机开发，并报道这些工作主要集中在拉维赞的高级技术中心（Fast and New Advanced Technology Center）。① （2）军事部门卷入铀矿的开采。国际原子能机构提出伊朗军方统管佳琴铀矿包括行政工作在内的所有事宜，怀疑只有有限铀矿加工经验的新公司不可能在不到一年的时间内完成交钥匙的工程。② 因此，国际原子能机构怀疑克米亚马丹公司（Kimia Madan）是伊朗军方为获得独立的铀资源而开设的虚假公司。③ （3）军事部门直接参与核活动。伊朗一些重要的核活动在军事基地进行。这包括涉及生产离心机部件的库拉萨冶金工业公司（Khorasan Metallurgy Industries）、组装离心机的卡雷耶电气公司、进行激光浓缩的快速和新技术防务中心。国际原子能机构怀疑伊朗的物理研究中心（The Physics Research Center，PHRC）、应用物理机构（The Institute of Applied Physics，IAP）和教育研究机构（The Education Research Institute，ERI）等军事机构也在不同程度上参与了核活动，其性质有待进一步确认。④ （4）伊朗军方开设了许多参与核生产与核材料走私的虚假公司（front company）。其中包括走私核材料的拉卡诺威工业公司（Rah-e Kar Novin Industry）、进口片状石墨（flaked graphite）的法斯耐火材料公司（Pars Refractories Company）和在意大利开设的生产石墨电极的 IRASCO 公司。⑤ 在联合国安理会通过的第 1803 号决议中所列举的伊朗军方的虚假

---

① "Supervision of Military Organs on Mullahs' Nuclear Weapons Program," *Iran Watch*, Wisconsin Project on Nuclear Arms Control, 28 April, 2004.

② "Implementation of the NPT Safeguards Agreement in the Islamic Republic of Iran," *IAEA Director General's Report*, Gov/2005/67, 2 September, 2005, pp. 6 - 7, https：//www. iaea. org/sites/default/files/gov2005 - 67. pdf, Last Accessed on July 9, 2018.

③ "Communication Dated 12 September 2005 from the Permanent Mission of the Islamic Republic of Iran to the Agency," IAEA, INFCIRC/657, 15 September, 2005, p. 21, https：//www. iaea. org/sites/default/files/publications/documents/infcircs/2005/infcirc657. pdf, Last Accessed on July 9, 2018.

④ "Implementation of the NPT Safeguards Agreement in the Islamic Republic of Iran," *IAEA Director General's Report*, Gov/2008/15, 26 May, 2008, p. 7, https：//www. iaea. org/sites/default/files/gov2008 - 15. pdf.

⑤ "Front Company Used by Tehran for Nuclear and Biological Project," in Alireza Jafarzadeh, *The Iran Threat：President Ahmadinejad and the Coming Nuclear Crisis* (Palgrave Macmillian, 2007), p. 242.

公司就包括隶属于伊朗航空工业组织（Aerospace Industries Organization，AIO）的伊特哈德技术集团（Ettehad Technical Group）、萨纳姆电气公司（Electro Sanam Company）、安全设备购买公司（Safety Equipment Procurement）、卓扎工业公司（Joza Industrial Co.）等，它们主要从事弹道导弹项目。① 这些公司为伊朗军方从事秘密的核活动提供了掩护。

第三，伊朗采取隐瞒、改变建筑物外形等方式逃避核查。2003 年，国际原子能机构向伊朗核实是否存在 P－2 型离心机发展计划时，伊朗最初予以否认。但在 2004 年 1 月 20 日伊朗向国际原子能机构承认，伊朗在 1994 年从国外获得了 P－2 型离心机图纸，并使用国产离心机转子在没有核材料填料的情况下进行了机械性能测试；伊朗并未从国外进口任何离心机或部件，因为伊朗已经能够生产所有部件。②

2004 年 6 月 1 日伊朗推翻了上述说法，承认伊朗从亚洲的供应商（巴基斯坦）进口了与 P－2 型离心机相关的环形磁铁，并表示生产出的复合转子在国防工业公司的车间里组装。伊朗表示虽然获得了 P－2 型离心机图纸，但在 2001 年之前，伊朗没有进行任何工作，2002 年才开始利用 P－2 型复合转子进行机械性能测试。在问及 2003 年 10 月的澄清信件中为何没有提及上述信息时，伊朗开始表示是由于时间紧张所致，但在 2004 年 2 月，伊朗表示上述信件是为纠正以前的错误，而且《安全保障协定》没有要求伊朗申报 P－2 型离心机。③

以拉维赞军事基地的核查为例。2005 年 5 月，国际原子能机构根据媒体披露的伊朗在拉维赞从事核活动的传闻要求伊朗准许核查人员进入基地。但是伊朗以拉维赞是军事基地为由予以拒绝，并表示媒体所披露的场所仅仅是一个仓库。2004 年 6 月核查人员被允许进入拉维赞核查时，却发现仓库已经被粉刷一新。核查人员提出进行空气采样的要求被

---

① "Resolution 1803 (2008), S/RES/1803 (2008)," http：//www. un. org/ga/search/view_doc. asp？symbol＝S/RES/1803％282008％29，Last Accessed on July 9，2018.

② "Implementation of the NPT Safeguards Agreement in the Islamic Republic of Iran," *IAEA Director General's Report*，Gov/2004/11，1 June 2004，p. 8，https：//www. iaea. org/sites/default/files/gov2004－11. pdf，Last Accessed on July 9，2018.

③ "Implementation of the NPT Safeguards Agreement in the Islamic Republic of Iran," *IAEA Director General's Report*，Gov/2004/11，24 February，2004，p. 8，https：//www. iaea. org/sites/default/files/gov2004－11. pdf，Last Aceessed on Dec. 20，2018.

拒绝。数周后，国际原子能机构再次进入，发现该仓库已经被铲除，所有地面建筑和树木完全被清除，6 英尺（相当于 1.8288 米）厚度的土壤也被彻底换掉。伊朗的理由是土地已经被征用为公园用地，但是从当地政府获得的文件可以证明伊朗的上述表态完全是捏造的。①

类似的问题还发生在纳塔兹和卡雷耶电气公司的高浓缩铀颗粒污染等诸多问题上。② 如果伊朗的核活动完全出于和平目的，那么伊朗完全没有必要通过各种方式阻挠核查人员核查，更没有必要捏造证据掩盖事实真相，失信于国际社会。

在上述问题暴露之前，伊朗并没有采取完全同国际社会合作的态度以尽快解决核查中存在的突出问题。2005 年总统大选后，艾哈迈迪 - 内贾德就任伊朗总统，先后恢复了铀转化和铀浓缩活动。2005 年 8 月，伊朗宣布恢复伊斯法罕的铀转化活动，伊朗与国际原子能机构的关系开始恶化。2006 年 1 月 20 日，伊朗宣布正式拆除国际原子能机构在纳塔兹铀浓缩设备上的封条，恢复了铀浓缩活动。2008 年 11 月 26 日，伊朗副总统兼伊朗原子能组织主席阿加扎德表示伊朗已经有 5000 多台离心机投入运转。③

在伊朗不断升级核活动的刺激下，2006 年 2 月 4 日，国际原子能机构理事会在欧盟三国的提议下召开紧急会议，做出了将伊朗核问题向联

---

① "Implementation of the NPT Safeguards Agreement in the Islamic Republic of Iran," *IAEA Director General's Report*, Gov/2004/60, 1 June, 2004, 1 September, 2004, Annex p. 10, https://www.iaea.org/sites/default/files/gov2004 - 60. pdf, Last Aceessed on Dec. 20, 2018.

② 关于纳塔兹和卡雷耶不同的高低浓缩铀颗粒问题，2003 年 10 月 21 日，伊朗副总统兼伊朗国家原子能机构主席阿加扎德致信国际原子能机构表示，伊朗在 1998～2002 年在卡雷耶电气公司使用进口的 UF6 进行了一些离心机测试。伊朗还承认在 1999～2002 年在卡雷耶电气公司使用较少数量的 UF6 进行了有限数量的测试。2003 年 11 月底，伊朗承认在卡雷耶电气公司用进口的 1.9 千克六氟化铀进行实验。伊朗之前一直否认处理过进口的六氟化铀，但是 2003 年 3 月，核查人员发现 1.9 千克六氟化铀丢失。伊朗表示是容器泄漏所致，参见 "Implementation of the NPT Safeguards Agreement in the Islamic Republic of Iran," *IAEA Director General's Report*, Gov/2003/63, August 26, 2003, p. 4, https://www.iaea.org/sites/default/files/gov2003 - 63. pdf, Last Aceessed on Dec. 20, 2018。

③ "Iran Nuke Chief Says Country Running 5000 Uranium Centrifuges," 26 November, 2008, http://www.foxnews.com/story/2008/11/26/iran-nuke-chief-says-country-running-5000-uranium-centrifuges.html, Last Aceessed on Dec. 20, 2018.

合国安理会报告的决议。从 2006 年 12 月到 2008 年 9 月，联合国安理会先后通过了第 1737 号、第 1747 号、第 1803 号和第 1835 号制裁决议。

二　伊朗核问题对欧盟安全的意义

由于地理位置的原因，伊朗比朝鲜对欧盟安全的影响更大，因此伊朗在欧盟安全战略中的地位更加重要。冷战后，欧盟进行了数次扩大，成员国达到 27 个。欧盟已经从最初偏居西欧一隅发展到横跨西欧、南欧和北欧，北海、波罗的海已经成为欧盟的内陆湖。

在欧盟扩大过程中，欧盟的安全边界也在发生变化。现在欧盟的东部边界已经毗邻俄罗斯、白俄罗斯、乌克兰和土耳其。2005 年以来，欧盟同土耳其的入盟谈判一直在进行中。如果土耳其能够成功入盟，则欧盟的安全边界将延伸到外高加索和中东地区。

在欧盟扩大过程中，欧盟十分重视安全问题。欧盟安全有三个层次：第一层次是维护欧盟内部的安全，防止欧盟的核心被侵犯，保证欧盟只有一个而不是多个中心；第二层次是维护欧盟周边地区的安全，随着欧盟的扩大，欧盟的安全边界也在发生变化；第三层次是维护欧盟关切地区和议题的安全。①

在这三个层次中，由于第一层次的安全问题并不突出，因此，第二层次的周边地区安全成为欧盟安全的重点。2003 年，欧洲议会和欧洲理事会先后发表声明，强调要将更多的近邻转变成朋友（to transform the wider neighborhood into the ring of friends）。② 2004 年 6 月，欧盟出台了《中东—地中海安全战略》。文件指出，伙伴计划和对话是欧盟安全战略的基石；欧盟应该对中东和地中海地区实行长期、务实和一贯的接触政策，目的是在欧盟的近邻地中海和中东地区实现繁荣和安全。为了实现上述目的，欧盟需要应对诸多挑战，其中包括防止大规模杀伤性武器的扩散、在中东地区建立无核区、反对恐怖主义、促进法治、尊重人权、

---

① Ole Waever, "Europe's Three Empires: A Watsonian Interpretation of Post-Wall European Security," in Rick Fawn, Jeremy Larkins, eds., *International Society after the Cold War* (Macmillan Press, 1996), p. 114.

② "European Neighborhood Policy," May 2004, http://trade. ec. europa. eu/doclib/docs/2004/july/tradoc_117717. pdf, Last Accessed on Dec. 20, 2018.

创建公民社会和进行良好治理等。①

　　伊朗恰属于欧盟安全的第二层次，处于《中东—地中海安全战略》的中东地区，核问题恰恰暴露出伊朗存在寻求核武器的可能。无论是伊朗走上核武器化的道路，还是伊朗可能的核武器化招致的军事打击，都将不可避免地破坏欧盟的安全环境，对欧盟安全构成潜在的威胁。

　　伊朗核查中出现的种种曲折引起了美国的强烈不满，美国威胁通过军事手段解决伊朗核问题。伊拉克战争的胜利刺激了美国的军事欲望，美国开始跃跃欲试地寻找下一个打击目标，此时，伊朗核问题受阻为美国军事打击伊朗提供了借口。2003 年 3 月至 2005 年 3 月正是美国军事威胁伊朗最强烈的时期。2003 年 4 月，美国时任副国务卿约翰·博尔顿（John Bolton）警告伊朗，伊拉克战争是一场迫使其他邪恶轴心国家放弃大规模杀伤性武器的战争，如果这些国家仍然一意孤行，它们就将遭到与伊拉克相同的下场。② 美国前副总统迪克·切尼也表示："小布什总统（的战争）已经清楚地表明，华盛顿决不能容许恐怖主义与谋求大规模杀伤性武器相结合的无赖政权的存在，因为它们对美国构成了最主要的安全威胁。"③

　　2003 年 5 月 1 日，在宣布伊拉克战争取得胜利时，小布什称与恐怖组织有联系的无赖政府以及那些拥有或者寻求大规模杀伤性武器的无赖政府对文明世界构成了严重威胁，美国必须对抗这种威胁。④ 从 2004 年到 2005 年初，媒体大幅宣传美国要攻打伊朗。2004 年 12 月，美国《大

①　"EU Strategic Partnership with the Mediterranean and the Middle East," June 2004, https：//ec. europa. eu/europeaid/sites/devco/files/report-strategic-partnership-mediterranean-middle-east-final-200406_en. pdf, Last Aceessed on Dec. 20, 2018.

②　David E. Sanger, "Viewing the Wars as a Lesson to the Worked," *New York Times*, 6 April, 2003；Joseph Chrinclone, "Can Preventive War Cure Proliferation," *Foreign Policy*, July / August 2003.

③　Jeffrey Donovan, "Will U. S. Victory in Iraq Persuade 'Rogue Regimes' to Change Their Behavior," https：//www. globalsecurity. org/wmd/library/news/usa/2003/usa-030505-rfel-163256. htm, Last Aceessed on Dec. 20, 2018.

④　"President Bush Announces Major Combat Operations in Iraq Have Ended," https：//georgew-bush-whitehouse. archives. gov/news/releases/2003/05/20030501 - 15. html, Last Aceessed on Dec. 20, 2018.

西洋月刊》刊登了《伊朗是下一个目标?》的文章。① 2005 年 1 月,美国专栏作家斯穆尔·哈什（Seymour M. Hersh）在《纽约客》上发表题为《即将到来的战争》的文章,指出美国即将打击伊朗。② 2005 年 1 月,美国时任国务卿康多莉扎·赖斯把伊朗列为"暴政据点"。③ 这些日渐加强的言论和宣传给伊朗带来巨大压力。

美国如果真的攻打伊朗,就将不可避免地造成伊朗局势的混乱、经济的衰退、民众的流离失所,甚至会造成伊朗所掌握的核燃料、核技术的流失,这不仅会威胁欧盟的经济利益,而且难民的流入、核扩散更会直接危及欧盟的安全。这些问题将严重恶化欧盟的周边环境。在这种情况下,欧盟必须尽量避免美国进攻伊朗,争取以和平和外交的途径解决伊朗核问题。这也是欧盟选择坚定介入伊朗核问题的主要原因。

综上所述,伊朗由于与欧盟相距甚近,伊朗的安全对欧盟的安全具有现实意义。首先,伊朗核计划是对欧盟潜在的威胁。尽管伊朗声称核计划只是和平利用核能的计划,但民用核能同军用核能难以截然分开,伊朗一旦走上核武器化的道路,就会在欧盟周围出现新的有核国家,因此欧盟对伊朗的核威胁具有强烈的感知。其次,美国对伊朗的军事威胁同样使欧盟感到不安。战争一旦爆发,难民问题、核扩散的危险、经贸中断、地区混乱等将接踵而至。这不利于欧盟周边的安全,也违背了欧盟塑造安全稳定的周边的意愿。因此欧盟介入伊朗核问题是欧盟维护安全使然。

第二节 欧盟对伊朗的接触与说服

外交接触与说服一直是欧盟处理国际事务的主要手段。在伊朗核问题上,欧盟最初也是以接触和外交手段劝说伊朗终止敏感的铀浓缩活动。

---

① James Fallows, "Will Iran Be Next?" *The Atlantic Monthly*, December 2004, pp. 99 – 110.

② Seymour M. Hersh, "The Coming Wars," *New Yorker*, 24 – 31 January, 2005.

③ Condoleezza Rice, "Opening Remarks by Secretary of State-Designate Dr. Condoleezza Rice," 18 January, 2005, https://www.globalsecurity.org/military/library/congress/2005_hr/050118-rice.htm, Last Aceessed on Dec. 20, 2018.

对于美国来说，欧盟与伊朗存在的历史纽带、经贸联系等要素是欧盟同伊朗谈判的前提条件。欧盟正是凭借这些条件成功说服伊朗在 2003 年和 2004 年暂停铀浓缩活动。

一 欧盟说服伊朗的有利条件

首先，在外交上，欧盟是后霍梅尼时期伊朗摆脱外交孤立的主要争取对象。20 世纪 90 年代初，欧盟是伊朗积极争取的支持力量，伊朗积极发展与欧盟的关系。伊朗伊斯兰革命后，霍梅尼统治的伊朗在内政、外交方面呈现严重的意识形态色彩和极端主义，伊朗在国际社会上空前孤立：不仅彻底断绝了同美国的关系，而且由于拉什迪事件等因素，伊朗同欧洲国家的关系也出现严重倒退；更由于伊朗主张向波斯湾国家输出伊斯兰革命，恶化了同沙特等国家的关系。这不仅造成了伊朗在国际上的空前孤立，而且伊朗输出伊斯兰革命的做法最终为自己招致了战争；伊朗同伊拉克进行了近八年的战争，内政和外交遭受了极大的破坏。

霍梅尼去世后，拉夫桑贾尼和哈塔米致力于修复同欧洲国家的关系。从 1993 年开始，美国克林顿政府推出了直接针对伊朗和伊拉克的"双遏战略"，这一战略的目的是通过建立遏制伊朗的多边同盟把伊朗隔离在地区和国际事务之外，以实现最大限度地遏制和孤立伊朗，使伊朗在国际和地区事务中日益边缘化。在这种背景下，伊朗积极寻求摆脱孤立的突破口，以缓解美国的孤立遏制政策，欧盟就成为伊朗积极争取的重要的力量之一。在美国拒绝承认伊朗政权合法性时，伊朗求助于欧盟来获得国际地位。伊朗对欧盟的"有所求"使欧盟在与伊朗谈判中相对于其他国家更具优势，对伊朗的说服力也更强。伊朗同欧盟之间的这种关系使欧盟在解决伊朗核问题上具有软权力。[①]

其次，在经贸关系上，伊朗同欧盟之间存在不对称的依存关系。从表 5-2 可以看出欧盟是伊朗最大的贸易伙伴。2003 年伊朗从欧盟的进口额占伊朗进口总额的 41.51%，也就是说，伊朗的进口贸易大部分依赖欧盟。出口方面，2003~2007 年，伊朗对欧盟的出口额约占伊朗出口总

① Sean P. Smeland, "Countering Iranian Nukes: A European Strategy," *The Nonproliferation Review*, Spring, 2004, p. 11.

额的 23%。伊朗在对欧盟经济上的依赖，也使欧盟在欧伊关系上更具有话语权。

表 5 - 2 伊朗同欧盟的贸易情况

单位：%，百万美元

年份	进口额	增长率	占伊朗进口额比重	出口额	增长率	占伊朗出口额比重
2003	11. 14	—	41. 51	6. 31	—	23. 76
2004	13. 15	18. 0	42. 87	7. 51	19. 0	23. 88
2005	14. 34	9. 0	41. 22	10. 48	39. 5	24. 56
2006	12. 37	- 13. 8	33. 62	13. 04	24. 4	24. 16
2007	11. 15	- 9. 9	27. 76	12. 61	- 3. 3	22. 87

资料来源：http://www. trade. ec. europa. eu/doclib/docs/2006/september/tradoc _ 113392. pdf, Last Accessed on June 20, 2008。

最后，从 20 世纪 90 年代初开始，欧盟一直与伊朗保持着对话。早在 20 世纪 90 年代初，欧盟就实行了对伊朗的"接触战略"。1993 年，欧盟同伊朗进行了"关键对话"。进行关键对话的直接原因是拉什迪事件①，更重要的原因是欧盟不能忽视伊朗在中东的重要地位。欧盟对伊朗颁布的宗教法令表示严重关切，要求伊朗在人权等方面改进。② 1997 年，德国柏林法庭审理了"麦科诺斯餐馆事件"，指控包括拉夫桑贾尼等在内的伊朗高级官员参与策划了 1992 年在德国餐馆刺杀伊朗海外流亡的库尔德人领袖的事件。欧盟为此撤回了驻伊朗大使。③ 1997 年开始的"关键对话"因此而暂停。1998 年 3 月，欧盟同伊朗的外交关系得以恢复，欧盟开始同伊朗进行"综合性对话"（Comprehensive Dialogue）。对话分为政治对话和经济对话两部分，其中政治对话部分包括中东和平进程等地区安全问题、大规模杀伤性武器的扩散、伊朗国内人权记录和伊

---

① 1988 年英国作家拉什迪发表《撒旦诗篇》，次年，伊朗最高精神领袖霍梅尼颁布宗教法令，呼吁全球穆斯林追杀拉什迪，因为拉什迪玷污伊斯兰教先知穆罕默德。

② 英法德三国向伊朗提出的三个议题：法国强调伊朗同恐怖主义脱钩、英国要求伊朗解决拉什迪事件、德国要求伊朗改进国内人权状况。参见 Sara Kutchesfahani, "Iran's Nuclear Challenge and European Diplomacy," *EPC Issue Paper*, No. 46, March 2006, https://www. files. ethz. ch/isn/17041/EPC_Issue_Paper_46. pdf, Last Accessed on Dec. 20, 2018。

③ "Iran Warns Germany over Kurdish Murder Trial," *Agence France-Presse*, 29 August, 1996.

朗支持恐怖主义等。①

2001 年 5 月，欧洲理事会通过了《贸易合作协定》（Trade and Coop-eration Agreement，TCA）。②《贸易合作协定》的独特之处在于，它不仅是欧盟 25 国同伊朗之间签署的贸易协定，而且是一个政治性协定。这个协定规定，伊朗只有在与恐怖主义脱钩、停止发展大规模杀伤性武器、停止反对中东和平计划、改善国内人权记录四个方面取得进展，这一协定才能付诸实施。如果伊朗在上述四个方面没有取得进展，则《贸易合作协定》将自动终止。

这个协定是欧盟接触伊朗的一揽子计划的重要部分。不仅如此，而且从 2002 年 12 月到 2005 年 7 月，欧盟同伊朗共进行了六轮会谈，涉及的主要议题是贸易、政治对话和反恐合作等。欧伊之间的对话机制确立了欧盟和伊朗之间的信任并促成了协定的达成。

二 欧盟说服伊朗弃核的努力

伊朗核问题曝光后，欧盟主要在两个层面进行说服伊朗的努力，一方面是在国际合作层面，即或者通过联合国，或者同包括美国在内的世界主要大国协调立场，发表敦促伊朗同国际社会合作、放弃核计划的文件。另一方面是欧盟自身出台了一系列关于伊朗核问题的决议和声明，并直接与伊朗就履行《不扩散核武器条约》的义务进行谈判。

在国际层面，2003 年 6 月 3 日，西方八国集团在法国埃维昂发表《关于反对大规模杀伤性武器扩散的宣言》。宣言确认，大规模杀伤性武器及运载工具的扩散对八国构成的危险日益加剧，核扩散同国际恐怖主义的结合将对国际安全造成最严重的威胁，各国应该单独或者通过与相关的国际制度和国际机构合作，尤其是同联合国一起，共同应对核扩散

---

① "The Policy of Critical Dialogue: An Analysis of European Human Rights Policy towards Iran from 1992 to 1997," http://dro.dur.ac.uk/95/, Last Accessed on July 9, 2018; Patrick Clawson, "Europe's 'Critical Dialogue' with Iran: Pressure for Change," 9 April, 1997, http://www.washingtoninstitute.org/policy-analysis/view/europes-critical-dialogue-with-iran-pressure-for-change, Last Accessed on July 9, 2018.

② "EU-Iran General Information," http://www.europarl.europa.eu/meetdocs/2004_2009/documents/fd/ec_iran_general_infos_/ec_iran_general_infos_en.pdf, Last Accessed on July 9, 2018.

带来的威胁。八国再次重申《不扩散核武器条约》的各项义务,并支持国际原子能机构对违规行为进行监督。宣言要求伊朗全面遵守《不扩散核武器条约》,敦促伊朗毫不迟疑地、无条件地签署国际原子能机构附加议定书。八国集团强烈支持国际原子能机构对伊朗进行全面核查。[①]

在欧盟内部层面,欧洲理事会等机构也多次发表严重关切伊朗核问题的决议和声明。2003年6月,欧盟对外事务委员会和欧洲理事会连续举行关于伊朗核问题的会议并做出相关决议和声明。2003年6月16日,欧盟对外事务委员会在卢森堡发表关于伊朗的决议。决议包含三个方面的内容。第一,确立了联系的原则,即将欧盟同伊朗深化经济和贸易关系同伊朗在某些问题上取得的进展相联系。这些问题主要包括,伊朗在人权方面的显著改善、对国际核不扩散规范的遵守、断绝与恐怖主义的联系、支持中东和平进程等。[②] 第二,对伊朗核问题表示严重关切。欧盟对国际原子能机构在2003年6月6日通过的《关于伊朗履行安全保障协定的报告》中涉及的伊朗核问题表示严重关切,尤其关注伊朗包括浓缩铀在内的核燃料循环问题。欧盟强调,伊朗应当同国际原子能机构进行充分的合作,并要求伊朗尽快就核查中出现的问题做出相应的回复,彻底充分地解决有关核计划的所有问题;呼吁伊朗尽快无条件地签署国际原子能机构附加议定书,这可以证明伊朗所称的和平利用核能的意图。欧盟委员会将全力支持国际原子能机构总干事巴拉迪的工作。[③] 第三,欧盟重申伊朗在核以及人权等问题上的进展是伊朗同欧盟对话与合作的基本条件,两者是相互依赖、相互加强的。[④]

① "Non-proliferation of Weapons of Mass Destruction: A G8 Declaration," 3 June, 2003, https://www.mofa.go.jp/policy/economy/summit/2003/dec-3.pdf, Last Accessed on July 9, 2018.

② "EU General Affairs and External Relations Council (GAERC) Conclusion on Iran," Luxembourg, 16 June, 2003; "Iran's Nuclear Programme: A Collection of Documents," January 2005, p.21, https://fas.org/nuke/guide/iran/uk2005.pdf, Last Accessed on July 9, 2018.

③ "EU General Affairs and External Relations Council (GAERC) Conclusion on Iran," Luxembourg, 16 June, 2003; "Iran's Nuclear Programme: A Collection of Documents," January 2005, p.21, https://fas.org/nuke/guide/iran/uk2005.pdf., Last Accessed on July 9, 2018.

④ "EU General Affairs and External Relations Council (GAERC) Conclusion on Iran," Luxembourg, 16 June, 2003; "Iran's Nuclear Programme: A Collection of Documents," January 2005, p.21, https://fas.org/nuke/guide/iran/uk2005.pdf, Last Accessed on July 9, 2018.

2003 年 6 月 19 日至 20 日，欧洲理事会在萨罗尼卡发表主席声明，再次对包括浓缩铀在内的伊朗核燃料循环表示严重关切。欧盟支持国际原子能机构对伊朗核设施进行全面核查；呼吁伊朗兑现在国际原子能机构会议上做出的全面透明的承诺，同国际原子能机构进行充分合作，无条件签署批准国际原子能机构附加议定书，并再次表示，伊朗在核与人权等方面的进展同欧盟与伊朗关系是相互依赖、相互加强的。①

2003 年 6 月 21 日，欧盟对外事务委员会在布鲁塞尔再次举行会议讨论伊朗核问题。委员会表示，欧盟应对与伊朗在经济和政治关系上的进展进行平行的评估。伊朗只有在核不扩散、人权、恐怖主义和中东和平进程问题上取得进展之后，欧盟才能与伊朗发展更密切的经济关系。委员会日益关切伊朗核计划，尤其是核燃料循环方面的进展，以及其带来的核扩散的危险。委员会期待伊朗同国际原子能机构进行完全的、透明的核合作，快速地、无条件地接受、签署、执行国际原子能机构附加议定书，这将是伊朗履行核不扩散义务的标志。②

2003 年 10 月 13 日、16~17 日，欧盟对外事务委员会和欧盟委员会在国际原子能机构总干事巴拉迪汇报伊朗核问题的情况之后再次举行会议，除了期望伊朗同国际原子能机构完全合作，无条件地签署国际原子能机构附加议定书之外，欧盟在这次会议上提出了两点新的建议：一是欧盟呼吁伊朗暂停所有与后处理和铀浓缩相关的所有活动，反对中东出现核扩散；二是欧盟仍然准备探讨同伊朗进行更大范围的合作，但是这只有在伊朗取得国际社会的信任之后才能得以实现。③

除了连续地发出声明敦促伊朗遵守《不扩散核武器条约》外，欧盟还直接与伊朗就核问题进行谈判。2003 年 8 月，索拉纳访问德黑兰，在

---

① "Thessaloniki European Council 19 and 20 June 2003 Presidency Conclusions," http://europa. eu/rapid/press-release_DOC – 03 – 3_en. htm; "Iran's Nuclear Programme: A Collection of Documents," January 2005, p. 23, https://fas. org/nuke/guide/iran/uk2005. pdf8, Last Accessed on July 9, 2018.

② "EU General Affairs and External Relations Council (GAERC) Conclusion on Iran," Brussels, 21 June, 2003; "Iran's Nuclear Programme: A Collection of Documents," January 2005, p. 23, https://fas. org/nuke/guide/iran/uk2005. pdf, Last Accessed on July 9, 2018.

③ "Presidency Conclusions of European Council," Brussels, 16 and 27 October, 2003; "Iran's Nuclear Programme: A Collection of Documents," January 2005, p. 40, https://fas. org/nuke/guide/iran/uk2005. pdf, Last Accessed on July 9, 2018.

与伊朗外交部长的谈判时，索拉纳警告，如果伊朗不能满足国际原子能机构的核查要求，就将损害欧盟与伊朗的关系。同时，他还提到，之前巴拉迪就伊朗核查提交的报告指出了伊朗核计划中的很多问题，伊朗应该尽快地澄清这些问题。无论是现在还是将来，伊朗与国际原子能机构保持全面的合作以及确保核计划的透明性是根本的问题。欧盟希望伊朗与国际原子能机构的讨论能尽快取得进展，只有这样才不会破坏欧盟与伊朗的关系。①

2003 年 9 月，英国、法国和德国不顾美国的反对，提出向伊朗的民用核项目提供技术支持，以换取伊朗与国际原子能机构进行合作以及确保核计划的透明性。② 2003 年 10 月 20 日，英国外交大臣杰克·斯特劳、法国外长多米尼克·维立平、德国外长约瑟卡·菲舍尔三人应伊朗邀请访问德黑兰，同伊朗最高国家安全委员会秘书哈桑·鲁哈尼进行紧急会晤，最终在国际原子能机构最后通牒期限前与伊朗达成共识，发表了"德黑兰宣言"。伊朗表示愿意同国际原子能机构进行全面合作以解决伊朗的突出问题，同意签署国际原子能机构附加议定书，并在签署之前自愿履行各项要求，伊朗决定自愿暂停所有铀浓缩和后处理活动。③

欧盟方面则表示，欧盟承认伊朗享有和平利用核能的权利，表示国际原子能机构附加议定书并不意味着削弱伊朗的主权，三国相信伊朗签署国际原子能机构附加议定书将为伊朗同欧盟国家的长期合作和对话开辟新的道路。三国外长承诺，只要伊朗能够完全履行国际义务，欧盟就反对将伊朗核问题提交联合国安理会。欧盟将同伊朗充分合作以促进地区和平与稳定，包括致力于在中东地区建立没有大规模杀伤性武器的地区（a zone free from weapons of mass destruction）。同时，欧盟也向伊朗表示，如果伊朗能够满足国际原子能机构的所有要求，欧盟就将继续与伊

---

① "Statement of Javier Solana," 30 August, 2003, https://www. iranwatch. org/sites/default/files/eu-council-solana-083003. pdf, Last Accessed on July 9, 2018.

② Daniela Manca, "Iran: A Test Case in EU Non-proliferation Policy," *European Security Review*, No. 20, December 2003, p. 2.

③ "Joint Statement at the End of a Visit of the Islamic Republic of Iran by the Foreign Ministers of Britain, France and Germany," Tehran, 21 October, 2003; "Iran's Nuclear Programme: A Collection of Documents," January 2005, pp. 41 – 42, https://fas. org/nuke/guide/iran/uk2005. pdf, Last Accessed on July 9, 2018.

朗针对《贸易合作协定》进行谈判。①

美国最初对"德黑兰宣言"表示欢迎,美国国务卿鲍威尔认为英、法、德三国的努力"非常,非常有益"。② 然而到 2003 年 11 月,由于欧盟在对待伊朗与国际原子能机构合作问题上的态度更加宽容,这引起了美国的不满,欧美之间就伊朗核问题的分歧越来越大。比如索拉纳曾经表示,在伊朗核计划问题上,伊朗是诚实的;而鲍威尔在这个问题上就更加谨慎,没有轻易下结论。③ 在 2003 年 11 月 20 日国际原子能机构理事会会议上,美国认为英、法、德提出的草案过于宽松,否决了这份草案;而欧洲理事会则在 12 月 9 日表示全面支持国际原子能机构 11 月 26 日的决议,欢迎伊朗做出的遵守并执行附加议定书的承诺。欧盟还表示已经准备好与伊朗进行更广泛的政治和经济合作。④

伊朗签署"德黑兰宣言"后采取了一系列的信任建立措施,主要如下。第一,2003 年 12 月 29 日,伊朗向国际原子能机构报告伊朗将暂停纳塔兹燃料浓缩中试厂所有离心机的运转和测试,暂停离心机的填料测试;暂停纳塔兹燃料浓缩中试厂所有新离心机的安装和纳塔兹浓缩铀核燃料生产厂离心机的安装;如果可能的话,伊朗将从离心浓缩设施中撤出核材料。⑤ 国际原子能机构在伊朗德黑兰核研究中心、阿拉克、卡雷耶电气公司、纳塔兹和伊斯法罕铀转化厂进行了核查,并没有发现任何核活动。⑥ 第二,2003 年 11 月 18 日,伊朗签署了国际原子能机构附加

① "Joint Statement at the End of a Visit of the Islamic Republic of Iran by the Foreign Ministers of Britain, France and Germany," Tehran, 21 October, 2003; "Iran's Nuclear Programme: A Collection of Documents," January 2005, pp. 41 - 42, https://fas. org/nuke/guide/iran/uk2005. pdf, Last Accessed on July 9, 2018.

② Fuller Thomas, "Wider Split between US and Europe over Iran," *International Herald Tribune*, 18 November, 2004.

③ Fuller Thomas, "Wider Split between US and Europe over Iran," *International Herald Tribune*, 18 November, 2004.

④ "Council Conclusions of 9 December, 2003," http://europa. eu/rapid/press-release_PRES - 03 - 357_en. htm, Last Accessed on July 9, 2018.

⑤ "Implementation of the NPT Safeguards Agreement in the Islamic Republic of Iran," *IAEA Director General's Report*, Gov/2004/34, 1 June 2004, Annex p. 8, https://www. iaea. org/sites/default/files/gov2004 - 34. pdf, Last Accessed on July 9, 2018.

⑥ "Implementation of the NPT Safeguards Agreement in the Islamic Republic of Iran," *IAEA Director General's Report*, Gov/2004/34, 1 June, 2004, p. 8, https://www. iaea. org/sites/default/files/gov2004 - 34. pdf, Last Accessed on July 9, 2018.

议定书，并表示自愿暂停铀浓缩等敏感活动。第三，伊朗表示自愿遵守国际原子能机构附加议定书，并为核查人员进入更多的核查地点提供便利。

尽管伊朗暂停了铀浓缩等活动，却并未放弃重启核活动的努力。在"德黑兰宣言"发表后第二天，伊朗最高国家安全委员会秘书哈桑·鲁哈尼就表示，伊朗的铀浓缩活动可能暂停一天，也可能暂停一年，但是不会一直拖延下去。[①] 2003 年 12 月 21 日，伊朗确定国家利益委员会主席拉夫桑贾尼也表示，伊朗签署了国际原子能机构附加议定书，把球踢给了国际社会，现在该是国际社会兑现自己诺言的时候了。他同时警告，任何国家如果在伊朗核问题上大做文章，讹诈欺骗伊朗的话，那么它们注定将是输家。[②]

暂停铀浓缩活动后，来自国内的压力越来越大，哈塔米政府多次向欧盟三国提出要求结束暂停和恢复伊朗的核活动。[③] 2004 年 6 月 23 日，伊朗致信国际原子能机构表示，伊朗计划在 6 月 29 日之前，在国际原子能机构的监督下，重新启动离心机部件的生产以及离心机的组装和测试，因此希望国际原子能机构在之前采取必要的措施，以便这些活动顺利实施。2004 年 6 月 29 日，伊朗再次致信国际原子能机构，表示将拆除离心机生产和组装的封条。[④] 在铀转化方面，2003 年 10 月 21 日，伊朗致信国际原子能机构，表示伊朗利用进口的核材料在德黑兰核研究中心的铀转化实验室进行了实验室台架规格的实验。[⑤] 2004 年 5 月 18 日，伊朗向国际原子能机构表示，伊朗自愿实行的暂停是建立在清晰界定的基础上

---

① "Iran Agrees to Key Nuclear Demands," *BBC News Online*, 21 October, 2003, http://news.bbc.co.uk/1/hi/world/middle_east/3210574.stm, Last Accessed on July 9, 2018.

② "Iran Expects International Community to Keep Its Promises," Tehran, 21 December, 2003, http://www.mehrnews.com/en/Archive.aspx? date = 20031221, Last Accessed on July 9, 2018.

③ Paul Hughes, "Iran Says Won't Shelve Uranium Enrichment Forever," *Reuters*, 5 December, 2003.

④ "Implementation of the NPT Safeguards Agreement in the Islamic Republic of Iran," *IAEA Director General's Report*, Gov/2004/60, 1 September, 2004, p. 11, https://www.iaea.org/sites/default/files/gov2004 - 60.pdf, Last Accessed on July 9, 2018.

⑤ "Implementation of the NPT Safeguards Agreement in the Islamic Republic of Iran," *IAEA Director General's Report*, Gov/2004/11, 24 Febuary, 2004, p. 16, https://www.iaea.org/sites/default/files/gov2004 - 11.pdf, Last Accessed on July 9, 2018.

的，这个范围并不包括六氟化铀的生产。① 另外，伊朗仍然在建设阿拉克重水生产厂。按照声明，重水生产不在自动暂停的范围。

面对伊朗的步步紧逼，欧盟决定再次与伊朗谈判以保障"德黑兰宣言"的成果。经过与伊朗的反复磋商，2004 年 11 月欧盟与伊朗签署了《巴黎协定》，继续使伊朗铀浓缩活动暂停。为了进一步获得国际信任，伊朗决定在自愿的基础上，继续暂停所有与铀浓缩和后处理相关的活动；欧盟同意这种暂停活动是建立在自愿基础上的，并不具有法律效力。暂停期间，欧盟同意就欧盟与伊朗之间的长期协定展开磋商。这一协定将保证伊朗的核计划完全是用于和平目的的，同时伊朗做出在核问题、技术和经济合作以及安全问题上的坚定保证。一旦铀浓缩活动暂停被确认，欧盟同伊朗之间关于《贸易合作协定》的谈判就将重新开启，而且欧盟表示将积极支持伊朗加入世界贸易组织的谈判。② 鉴于"德黑兰宣言"的教训，欧盟并没有让伊朗就暂停期限的问题做出保证，但是欧盟要求伊朗的暂停活动必须包括与铀浓缩相关的所有活动，并表示如果伊朗不能做出这方面的保证，或者伊朗重新开始铀浓缩项目，欧盟就将拒绝《巴黎协定》第二部分的内容，即欧盟与伊朗之间进行政治和贸易磋商等。③

欧盟同伊朗签署《巴黎协定》是欧盟说服伊朗暂时停止核活动的重大成功，表明欧盟长期采取的有条件接触（conditional engagement）政策取得了成效。在伊朗同美国尖锐对抗的背景下，担心失去欧洲的伊朗最终同意签署协定。④《巴黎协定》签署后，欧洲理事会在 2005 年 6 月达

---

① "Implementation of the NPT Safeguards Agreement in the Islamic Republic of Iran," *IAEA Director General's Report*, Gov/2004/60, 1 September, 2004, p. 11, https：//www. iaea. org/ sites/default/files/gov2004 - 60. pdf, Last Accessed on July 9, 2018.

② "Paris Agreement between the Islamic Republic of Iran and France, Germany and the United Kingdom, with the Support of the High Representative of the European Union," 15 November, 2004, *Iran's Nuclear Programme：A Collection of Documents* (London：The Stationery Office, 2005), pp. 152 - 153.

③ Sara Kutchesfahani, "Iran's Nuclear Challenge and European Diplomacy," *EPC Issue Paper*, No. 46, March 2006, p. 12.

④ Steven Everts, "Engaging Iran：A Test Case for EU Foreign Policy," March 2004, p. 10, https：//www. cer. eu/sites/default/files/publications/attachments/pdf/2011/wp513_eng_iran - 1512. pdf, Last Accessed on July 9, 2018.

成决议，欢迎欧盟同伊朗重新进行《贸易合作协定》的谈判，这将有助于伊朗履行签署的《巴黎协定》的相关条款。只要伊朗解决核问题、恐怖主义、中东和平进程和国内人权问题，欧盟就将继续寻求深化同伊朗加强经济和政治合作的方式。欧洲理事会强调，在这个进程中，伊朗应当暂停所有与铀浓缩和后处理相关的核活动，这将向国际社会说明伊朗的核活动完全是出于和平目的的。①

第三节　欧盟对伊朗的压服与制裁

2005 年伊朗总统内贾德上台后开始在核问题上实行强硬政策，不仅重新启动了铀浓缩活动，而且在铀浓缩活动上步步升级。2005 年 8 月 8 日，伊朗揭去国际原子能机构在伊斯法罕铀转化设备和原料上的铅封，开始进行铀转化；2006 年 1 月 3 日，伊朗决定重新启动铀浓缩研发活动；1 月 9 日，伊朗拆除了纳塔兹浓缩铀核燃料生产厂和其他两个核设施及原料上的封条；4 月 29 日，伊朗宣布能够生产纯度大于 4% 的浓缩铀；5 月 2 日，伊朗宣布提炼出纯度为 4.8% 的浓缩铀。② 伊朗在铀浓缩活动上的步步升级引起了国际社会的不安，在欧盟的推动下，2006 年 3 月 8 日，国际原子能机构总干事巴拉迪将关于伊朗核问题的报告提交到联合国安理会。2006 年 12 月至 2008 年 9 月，联合国安理会相继通过了制裁伊朗的四个决议。欧盟对伊朗的政策也逐渐转向强硬，压服与制裁手段开始出现在欧盟对伊朗核问题的政策中。

一　欧盟对伊朗核强硬行动的反应

2005 年，伊朗总统艾哈迈迪－内贾德上台后，对负责核问题的官员进行了调整，任命伊朗议会国家安全与外交政策委员会主席马努切赫尔·穆塔基（Manouchehr Mottaki）担任外交部长，阿里·拉里贾尼为伊

---

① "Presidency Conclusions of European Council," 16 – 17 June, 2005, https://www.cvce.eu/content/publication/2005/7/25/5de88afd-562e-4e4f-967f-c36577456812/publishable _ en. pdf, Last Accessed on July 9, 2018.

② "Iran Reaches 4. 8 Enrichment Service: Nuclear Energy," 2 May, 2006, http://isna. ir/IS-NA/NewsView. aspx? ID = News – 708431&Lang = E, Last Accessed on July 9, 2018.

朗议会国家安全委员会秘书兼核谈判首席代表。拉里贾尼的任命被认为是伊朗在核问题上采取强硬措施的先兆。这样艾哈迈迪－内贾德、穆塔基和拉里贾尼构成了伊朗核外交的强大阵容。

　　8月7日，伊朗原子能机构主席格拉玛扎·阿加扎德较为全面地阐述了伊朗的核政策。在同欧盟的和谈方面，阿加扎德表示，伊朗和欧盟的谈判应当本着政治和经济脱钩的原则，谈判中不能将政治或经济问题同伊朗核问题联系在一起。阿加扎德对欧盟提供的安全保证不抱幻想，认为"欧盟提议中玩弄的一个东西是它们对伊朗提出的安全保证，即如果一个有核国家攻击伊朗，法国和英国将要求联合国安理会帮助伊朗。事实上这就是两年后欧盟给我们的安全保证的全部内容。我相信它们的所作所为太短视了"。① 关于附加议定书，阿加扎德表示，"附加议定书是由一整套规则组成的，它设计了可能在核问题领域出现的违规的所有途径。因此，签署附加议定书意味着给世界一个客观保证。但伊朗议会仍在考虑是否最终批准"。②

　　伊朗不仅在言论上表现出强硬态度，还先后做出两个举动表明其在核问题上的强硬立场。一是2005年8月8日，伊朗揭去国际原子能机构在伊斯法罕铀转化设备和原料上的铅封，开始进行铀转化。伊朗的行为在事实上破坏了同欧盟达成的暂停铀浓缩等敏感核活动的协定，伊朗同欧盟关系趋于恶化。8月9日，新上任的伊朗总统艾哈迈迪－内贾德对联合国秘书长安南表示，欧盟的计划对伊朗来讲是个侮辱。内贾德还抨击欧盟三国的提议，认为"欧盟与伊朗对话的态度就好像伊朗人是落后的人种，好像他们仍然处在他们统治世界的20世纪"。③

　　二是伊朗在8月15日对欧盟的激励计划做出回应，彻底拒绝了欧盟三国提出的激励计划。伊朗的主要理由如下。第一，欧盟实际上将同伊朗此前达成的暂停铀浓缩活动的协定变成了永久停止协定，这违背了国

①　"Iran Atomic Energy Chief Says EU Proposal 'Insulting'," *BBC Monitoring*, Iranian Students News Agency, 7 August, 2005.

②　"Iran Atomic Energy Chief Says EU Proposal 'Insulting'," *BBC Monitoring*, Iranian Students News Agency, 7 August, 2005.

③　"EU Proposal, an Insult to Iranian Nation, Ahmadinejad Tells Annan," https：//www.shana. ir/en/newsagency/60895/EU-Proposal-An-Insult-To-Iranian-Nation-Ahmadinejad-Tells-Annan, Last Accessed on July 9, 2018.

际法、《联合国宪章》和 2004 年《巴黎协定》的规定。欧盟虽然自诩公正，但是其提议充斥着单方面的强制和治外法权的要求，要求伊朗放弃不可剥夺的权利，这严重侵害了伊朗的主权。第二，欧盟通过恐吓方式要求伊朗接受带有入侵性的、非法的监控，这将暴露伊朗用于和平目的的核基础设施，这违背了《不扩散核武器条约》以及《国际原子能机构规约》的相关规定。第三，欧盟的提议意味着伊朗将终止铀转化、铀浓缩和燃料再处理等活动，关闭纳塔兹浓缩铀核燃料生产厂等，这实际上是要求伊朗放弃和平发展核能计划的大部分内容，伊朗不能接受。第四，伊朗表示欧盟在单方面确定对伊朗的主观标准，如果这些标准推广到全世界，就将造成拥有核武器国家在核方面的垄断。① 艾哈迈迪－内贾德的举动彻底颠覆了欧盟以接触政策促进伊朗弃核的努力，这在相当大程度上意味着《巴黎协定》失败。

由于形势的急剧恶化，2005 年 8 月 17 日欧盟发表声明，要求伊朗重新回到暂停的立场上。声明主要包括两项内容。一是欧盟对伊朗单边恢复在伊斯法罕的铀转化活动深表关切。欧盟表示国际原子能机构理事会反复要求伊朗暂停包括铀转化在内的所有后处理和铀浓缩等相关活动，以作为建立国际信任的基本措施。鉴于伊朗长期违反《监督保障协定》所规定的义务，未能同国际原子能机构合作，欧盟要求伊朗立即重新回到暂停所有铀转化活动的立场上来。欧盟赞同国际原子能机构理事会 8 月 1 日通过的决议，认为这是国际社会一致发出的清晰团结的信号。②

二是强调伊朗全部暂停铀浓缩活动是欧伊双方发展长期关系、安排对话框架的前提条件。欧盟呼吁伊朗重新考虑拒绝英法德三国和欧盟外交与安全政策高级代表向伊朗提交的提议。因为欧盟的提议预示了欧盟与伊朗改善关系的前景，并向国际社会提供了伊朗核计划只会用于和平目的的客观保证。欧盟表示在全面协定的背景下，欧盟支持伊朗发展安全的、经济的、可核查的核计划。只要伊朗停止近几年进行的所有铀转

---

① "Response of the Islamic Republic of Iran to the Framework Agreement Proposed by EU3/EU," http://bits. de/public/documents/iran/IranonEU3 –0805. pdf, Last Accessed on July 9, 2018.

② "Declaration on Behalf of the European Union on Iran's Unilateral Resumption of Activity at the Uranium Conversion Facility in Esfahan," 17 August, 2005, http://www. europarl. europa. eu/ bulletins/pdf/01c_bu-a （2005） 08_en. pdf, Last Accessed on July 9, 2018.

化活动，在《巴黎协定》基础上进行磋商的大门就仍然开放。欧盟强烈呼吁伊朗回到停止铀浓缩活动、与欧盟进行合作这条道路上来。[①]

2005 年 12 月 15～16 日，欧洲理事会再次对伊朗核问题表示关切。欧洲理事会认为，伊朗未能建立国际信任来证明其核活动完全是出于和平目的。欧洲理事会对伊朗重新启动在伊斯法罕的铀转化活动、继续保持在核问题上的不透明性、拒绝采纳国际原子能机构理事会通过的决议的行为表示忧虑。欧盟将继续寻求通过外交手段解决伊朗核问题。欧洲理事会再次强调，欧盟同伊朗长期关系的改善或者恶化取决于伊朗在核问题等方面的进展。[②]

尽管欧盟成员国一致呼吁，但是伊朗并没有停止恢复核活动。2006年1月3日，伊朗致信国际原子能机构，表示伊朗决定重新启动铀浓缩的研发活动。1 月 9 日，伊朗拆除了纳塔兹浓缩铀核燃料生产厂和其他两个核设施及原料上的封条，重新启动了铀浓缩的研发活动。

对于伊朗核活动的连续升级，欧盟表示严重关切。1 月 13 日，英法德三国要求国际原子能机构就伊朗核问题举行紧急会议。三国表示，欧盟同伊朗的谈判未能取得效果，伊朗重新启动铀浓缩活动的行为明显拒绝了欧盟三国向伊朗提出的建议。欧盟要求国际原子能机构在 2 月 2～3日举行紧急会议，商讨解决伊朗重新恢复铀浓缩等活动的问题，并建议会议将伊朗核问题向联合国安理会报告。美国国务卿赖斯表示，伊朗的核活动已经跨过了门槛，国际原子能机构应当尽快举行紧急会议。[③]

2006 年 2 月 4 日，国际原子能机构理事会做出了将伊朗核问题向联合国安理会报告的决议。理事会表示，经过近三年的密集核查，国际原子能机构仍然不能澄清伊朗核问题中的几个重要事项，也不能得出伊朗现在完全不存在未申报的核活动和核材料的结论。国际原子能机构再次强调伊朗应该全面地、透明地配合国际社会，要求伊朗重新建立并维持

---

① "Declaration on Behalf of the European Union on Iran's Unilateral Resumption of Activity at the Uranium Conversion Facility in Esfahan," 17 August, 2005, http://www. europarl. europa. eu/bulletins/pdf/01c_bu-a（2005）08_en. pdf, Last Accessed on July 9, 2018.

② "Presidency Conclusions of European Council," 15 – 16 December, 2005, http://europa. eu/rapid/press-release_DOC – 05 – 4_en. htm, Last Accessed on July 9, 2018.

③ "Europe Pushes Iran towards U. N.," *CNN World News*, 16 January, 2006, http://www. cnn. com/2006/WORLD/meast/01/16/iran. nuclear/index. html, Last Accessed on July 9, 2018.

所有与后处理和铀浓缩相关活动的国际信任；重新考虑（在阿拉克）建造重水研究型反应堆的决定；立即批准伊朗签署的国际原子能机构附加议定书。同时要求国际原子能机构总干事巴拉迪向联合国安理会报告伊朗核问题。①

国际原子能机构理事会的这一决议，对解决伊朗核问题来说是一个新的迹象。伊朗核问题原本是作为一个技术问题由国际原子能机构监督解决，国际原子能机构采取的手段主要是说服，也就是说服伊朗与国际原子能机构合作解决核查中出现的问题。但是一旦将伊朗核问题提交到联合国安理会，也就意味着伊朗核问题从以前的技术问题上升到安全问题，联合国安理会甚至可以通过制裁的方式解决。然而，国际原子能机构的决议仍然为伊朗保留了缓冲的余地，国际原子能机构仅仅是将伊朗核问题向联合国安理会报告，还未上升到提交的层面，是对伊朗的警示。尽管如此，但伊朗仍然态度强硬。2月6日，伊朗议会国家安全委员会秘书阿里·拉里贾尼表示，欧盟要求将伊朗核问题提交到联合国安理会，表明欧盟没有能力通过外交途径来解决问题。"事实上，美欧等国家是在利用提交问题对我们进行威胁，这是心理战的一种，我们不会惧怕。"②同日，伊朗总统顾问迈赫迪·查姆曼（Mahdi Chamran）表示，"我们并不担心国际原子能机构将核问题提交联合国安理会，我们不怕联合国安理会，相反是联合国安理会怕我们。我们唯一害怕的是真主，除此之外，我们不怕任何其他国家"。③2月14日，伊朗开始在纳塔兹浓缩铀核燃料生产厂进行填料生产。

尽管如此，但伊朗并未完全断绝与国际原子能机构的联系，部分核查仍在进行中。2月27日，国际原子能机构总干事巴拉迪向联合国安理会提交报告，报告表示伊朗允许核查人员访问克拉多兹、拉维赞、帕尔

① "Implementation of the NPT Safeguards Agreement in the Islamic Republic of Iran: Resolution Adopted on 4 February 2006," *IAEA Director General's Report*, Gov/2006/14, 4 February, 2006, https://www.iaea.org/sites/default/files/gov2006-14.pdf, Last Accessed on July 9, 2018.

② "MPs Call for Prompt Resumption of Enrichment," 6 February, 2006, http://www.mehrnews.com/en/NewsDetail.aspx?NewsID=288054, Last Accessed on July 9, 2018.

③ "We Not Afraid of Security Council: Presidential Advisor," 6 February, 2006, http://www.mehrnews.com/en/NewsDetail.aspx?NewsID=288032, Last Accessed on July 9, 2018.

钦的国防厂址，但核查人员并未发现异常。同时纳塔兹、卡雷耶等地的浓缩铀污染程度总体上与伊朗的报告一致。自恢复铀转化以来，伊朗已经生产出 85 吨六氟化铀。国际原子能机构列举了伊朗出现的新的可疑问题，包括伊朗军方可能涉及的"绿盐项目"、高能炸药试验和导弹再入大气层飞行器项目等。"绿盐项目"被怀疑可能是伊朗为防备伊斯法罕的大规模生产铀转换设施受到袭击而事先保留的小规模备选方案。但是伊朗予以否认。总干事在报告中表示，经过近三年的密集核查，伊朗仍然存在上述突出问题，国际原子能机构并不能彻底澄清伊朗核计划的范围和性质。3 月 8 日，总干事巴拉迪将 2 月 27 日的报告提交国际原子能机构理事会和联合国安理会。

就在巴拉迪报告出台的同一天，欧盟对外关系委员会就伊朗核问题再次做出决议，决议主要包括以下几项内容。一是对伊朗重新恢复后处理和铀浓缩等相关活动表示遗憾，敦促伊朗重新暂停与后处理和浓缩铀相关的活动，并呼吁伊朗在国际原子能机构理事会 3 月 6 日召开会议之前达到理事会的要求。二是支持理事会做出的让联合国安理会介入伊朗核问题的决定。委员会相信如果伊朗继续对理事会的要求置若罔闻的话，那么联合国安理会施加影响。三是再次确认欧盟将继续支持伊朗核问题的外交解决，重申欧洲理事会 2005 年 12 月 16 日做出的要求，重新审视欧盟外交努力的决定，认为伊朗重新恢复铀浓缩活动对（欧盟的）外交努力造成了负面影响。如果伊朗不想继续恶化同欧盟的关系，那么伊朗应该重新考虑自己的立场。[①]

3 月 29 日，联合国安理会通过主席声明，要求伊朗在 30 天内暂停一切核活动。然而伊朗对联合国安理会声明置若罔闻，反而加速推进铀浓缩活动。4 月 9 日，伊朗副总统阿加扎德在纳塔兹宣布，伊朗的浓缩铀进入工业级别。同时伊朗文化革命最高委员会宣布，将 4 月 9 日定为伊朗全国核技术日。[②] 2006 年 4 月 11 日，伊朗表示能够生产纯度为 3.5%

---

① "Council General Affairs and External Relations: Conclusions," 27 February, 2006, pp. 13 – 14, http://europa.eu/rapid/press-release_PRES – 06 – 46_en.htm, Last Accessed on July 9, 2018.

② "Iran's Uranium Enrichment Enters 'Industrial Level'," 9 April, 2006, http://isna.ir/ISNA/NewsView.aspx? ID = News – 901564&Lang = E, Last Accessed on July 9, 2018.

的浓缩铀。4月11日，伊朗总统艾哈迈迪－内贾德表示，"伊朗不久将加入拥有核技术国家的俱乐部"。① 4月29日，伊朗再次表示能够生产纯度大于4％的浓缩铀。5月2日，伊朗宣布提炼出纯度为4.8％的浓缩铀。② 伊朗一方面推进铀浓缩活动，另一方面希望将伊朗核问题从联合国安理会框架中退回到国际原子能机构框架中解决。2006年4月30日，伊朗外交部发言人哈米德·阿塞菲表示，在国际原子能机构框架下解决伊朗核问题是最佳途径，如果伊朗核问题能从联合国安理会退回到国际原子能机构，伊朗就将加强同国际社会的合作。③

二　欧盟对伊朗的多边与单边制裁

2006年6月，伊朗拒绝六方提出的激励机制，这成为欧盟对伊朗核问题政策的重大转折。欧盟的政策立场开始趋向美国，走向了以经济制裁等胁迫手段压服伊朗放弃核计划的道路。伊朗核问题从提交联合国安理会的那天起，就意味着伊朗核问题的解决框架已经从国际原子能机构上升到联合国安理会，核问题也就从单纯的伊朗是否遵守国际原子能机构的相关规定，如何确保对伊朗核设施核查的准确性这一技术性问题，转变为伊朗是否威胁了国际核不扩散制度这一安全问题。

欧盟无法利用谈判、说服等方式迫使伊朗弃核主要有三个原因。第一，欧盟只是美国同伊朗之间的斡旋者，不能主导伊朗核问题的发展走势。在相当大程度上，伊朗核问题的解决既取决于核问题本身，也取决于美国和伊朗之间的关系变化。欧盟、俄罗斯和中国等虽然是这场博弈的重要参与者，但并非主导者。第二，伊朗的国内政治趋向保守，不利于伊朗同欧盟达成新的协定。在2004年伊朗议会选举和2005年总统选举中，保守派击败以哈塔米为代表的改革派成为伊朗政治的主导力量。改组后的政府在核政策方面改弦易张，更趋向强硬。总统艾哈迈迪－内

---

① 《伊朗宣布铀浓缩活动再取得突破，纯度已超过4％》，人民网，http://hi. people. com. cn/2006/04/30/233928. html，最后访问时间：2018年7月9日。

② "Iran Reaches 4.8 Enrichment Service: Nuclear Energy," 2 May, 2006, http://isna. ir/IS-NA/NewsView. aspx? ID = News－708431&Lang = E, Last Accessed on July 9, 2008.

③ "Cooperation Increase, If Dossier Referred back to IAEA: Iran Service: Nuclear Energy," 30 April, 2006, http://isna. ir/ISNA/NewsView. aspx? ID = News－706891&Lang = E, Last Accessed on July 9, 2018.

贾德、外长穆塔基和首席核谈判代表拉里贾尼三位强势人物主导着伊朗的核强硬政策。改革派的多名外交官，如驻欧盟国家的大使等也被更换。第三，迫使伊朗暂停铀浓缩活动的国际局势变化已经不复存在。2003 年伊朗暂停核活动的重要条件是，在美国军事打击伊拉克成功后，美国国内打击伊朗的呼声日趋高涨。一旦美国军事打击伊朗，就将严重损害伊朗的经济和对外关系，因此伊朗不得不收敛在铀浓缩方面的活动。但是2004 年后，美国受困于伊拉克局势，根本无暇东顾，发动对伊朗的战争。而核问题的紧张对国际石油价格的推动反而大幅增加了伊朗的石油收益，增强了伊朗抵御外部压力的实力。伊朗在恢复铀浓缩活动之后并没有受到联合国安理会严厉的制裁，相对于伊朗获得浓缩铀的主动权而言，联合国安理会的数轮制裁对伊朗外交、经济等方面影响甚微，伊朗并没有完全被国际社会孤立。伊朗的能源外交和核谈判反而提高了伊朗的国际地位。在这种背景下，伊朗成为局势紧张的受益者，因此，伊朗拒绝与欧盟谈判。

由于欧盟与伊朗在核问题谈判上出现的困境，2006 年 12 月至 2008年 9 月，联合国安理会先后通过了制裁伊朗的四个决议，分别是第 1737号决议、第 1747 号决议、第 1803 号决议和第 1835 号决议。这四个决议都重申，国际社会对伊朗核计划若干悬而未决的问题表示严重关切，同时认定伊朗核计划存在扩散的危险。由于伊朗在核问题上没有做出任何合作行动，因此伊朗核问题从国际原子能机构的核查转到联合国安理会层面。

这四个决议主要包括以下几个方面的内容。第一，出口管制。这主要涉及禁止向伊朗提供、销售或转让可能有助于伊朗铀浓缩活动、后处理或重水相关活动，或有助于发展核武器运载系统的所有物项、材料、设备、货物和技术。① 第二，人员出境限制。限制伊朗直接参加或支持核扩散相关活动或发展核武器运载系统的人员出境。② 第三，资产冻结，即冻结伊朗直接从事、参加或支持伊朗扩散敏感核活动或发展核武器运

① 《联合国安全理事会第 1737 号决议（2006）》，联合国网站，https://www. un. org/press/en/2006/sc8928. doc. htm。

② 《联合国安全理事会第 1737 号决议（2006）》，联合国网站，https://www. un. org/press/en/2006/sc8928. doc. htm

载系统的人或实体的金融资产和经济资源。第四，金融制裁。呼吁各国与国际金融机构不再向伊朗政府提供除食品、农产品、医药或其他人道主义物资之外的赠款、财政援助和优惠贷款；终止伊朗在国外开设的与核和导弹相关的银行业务。第五，其他项目的制裁。比如，第 1737 号决议呼吁所有国家停止向伊朗国民传授有助于伊朗扩散敏感核活动和发展核武器运载系统相关的科学知识。① 又如，第 1747 号决议规定禁止伊朗的武器出口，并呼吁所有国家停止向伊朗出售重型武器等。② 第六，强调通过谈判解决伊朗核问题的重要性，认为外交手段特别是双边谈判对解决伊朗核问题具有积极作用，强调欧盟、中国、俄罗斯等同伊朗进行外交谈判的重要性。比如，第 1835 号决议鼓励六方同伊朗进行谈判。决议指出，注意到 2008 年 3 月 3 日中国、法国、德国、俄罗斯、大不列颠及北爱尔兰联合王国、美利坚合众国外交部长发表的、得到欧洲联盟高级代表支持的声明，其中述及处理伊朗核问题的双轨办法，重申致力于在此框架内早日通过谈判解决伊朗核问题，欢迎在此方面持续努力。③

从目前来看，联合国安理会对伊朗实行的多边制裁具有以下几个特点。

第一，渐进和逐渐加强的原则。比如，第 1747 号决议，新增了 28 个金融制裁对象，其中包括伊朗国有的赛帕银行以及伊朗革命卫队控制的 3 家实体；呼吁所有国家和国际金融机构，除人道主义和发展援助外，不再向伊朗政府提供赠款、金融援助和优惠贷款。④

第二，倡议性多于实质性。除了限制伊朗某些人员出境等个别条款外，联合国安理会通过的决议基本上以倡议为主，即呼吁联合国安理会常任理事国和其他国家根据联合国安理会决议约束自己的行为，限制同伊朗的武器贸易或提供信贷支持等。比如，上述的金融贷款，联合国只

① 《联合国安全理事会第 1737 号决议（2006）》，联合国网站，https://www.un.org/press/en/2006/sc8928.doc.htm。

② 《联合国安全理事会第 1747 号决议（2007）》，联合国网站，https://undocs.org/S/RES/1747（2007）。

③ 《联合国安全理事会第 1835 号决议（2008）》，联合国网站，https://undocs.org/zh/S/RES/1835（2008）。

④ 《联合国安全理事会第 1747 号决议（2007）》，联合国网站，https://undocs.org/S/RES/1747（2007）。

是呼吁各国和金融机构不向伊朗提供援助，但是否执行联合国决议，仍
然由各国、各金融机构自己选择。另外，要求所有国家在向伊朗出口重
型武器的问题上保持警惕和克制的规定，要求各国对伊朗金融活动保持
警惕、依法有条件地在机场和港口检查伊朗空运公司货物等规定，也仅
是呼吁而已，缺乏强制执行的效力。

　　第三，可逆性。需要特别指出的是，联合国安理会通过的第 1803 号
决议存在一个可逆性条款，即如果伊朗采取积极步骤并执行联合国安理
会历次决议和国际原子能机构的相关要求，则联合国安理会将暂停甚至
终止所有对伊朗的制裁。决议规定，只要经国际原子能机构核实，伊朗
已暂停所有与铀浓缩相关的活动和后处理活动，包括研究和开发活动，
联合国安理会将暂停执行有关措施，以便能与伊朗进行谈判，早日取得
彼此接受的结果；一旦联合国安理会接到相关报告后认定并经国际原子
能机构理事会确认伊朗已全面履行了联合国安理会有关决议，并满足了
国际原子能机构理事会的要求，联合国安理会将终止第 1737 号决议和第
1747 号决议相关条款的制裁措施。①

　　国际社会在解决核问题的过程中，多次呼吁伊朗尽快回到国际合作
的轨道上来，尽快澄清现存的突出问题，暂停铀浓缩及相关活动，与国
际原子能机构合作。② 决议并没有收到良好的效果，伊朗的铀浓缩等相
关核活动仍然没有停止。但是决议中所体现的鼓励同伊朗进行双边和多
边谈判的精神一直在发挥重要作用，这也成为国际社会接触伊朗的重要
渠道。

　　欧盟除了在联合国安理会框架中推动对伊朗的制裁之外，还积极与
美国合作，筹建制裁伊朗的"意愿同盟"（coalition of willing）。③ 欧盟和
美国认为，由于俄罗斯等国家的阻碍，在联合国安理会框架下难以对伊
朗进行严厉的制裁，因此从 2007 年 9 月开始，欧美筹建制裁伊朗的"意
愿同盟"。欧美的制裁将联合国安理会决议中规定的对伊朗个人的制裁，

---

① 《联合国安全理事会第 1803 号决议（2008）》，联合国网站，https：∥undocs. org/S/RES/
　　1803（2008）。
② 《联合国安全理事会第 1696 号决议（2006）》，联合国网站，https：∥undocs. org/S/RES/
　　1696（2006）。
③ Robin Wright, "U. S. , Europeans Planning Own Iran Sanctions," *Washington Post*, 22 Sep-
　　tember, 2007.

转向了对伊朗军队的团体制裁，也就是说，将联合国规定的限制某些伊朗军队领导人出境的制裁，扩大到制裁伊朗军队中某些团体、参与或帮助伊朗购买可疑材料的银行和公司。欧美制裁"意愿同盟"的提出并不是对联合国安理会决议的抛弃，而是对联合国安理会决议的补充。在联合国安理会制裁伊朗的基础上，欧盟希望对伊朗进行更严厉的制裁。①

此外，欧盟也通过了对伊朗单边制裁的措施。2008 年 6 月 23 日，欧盟在卢森堡举行的农业和渔业部长会议上宣布了对伊朗的新制裁措施。在这些制裁措施中，最引人关注的是停止伊朗国家银行在欧盟境内分支机构的经营活动并冻结其资产。伊朗国家银行在英国伦敦、德国汉堡、法国巴黎均设有分行，这三家分行均在制裁范围内。新制裁措施还将 20 个伊朗人和 15 个伊朗组织添加到欧盟"黑名单"中，被列入名单的个人或组织将被禁止进入欧盟境内，其在欧盟国家的资产也将遭到冻结。②

2008 年 8 月 8 日，欧盟宣布对伊朗进行新一轮制裁，呼吁成员国在与伊朗进行贸易活动时，慎重批准新的出口信贷等金融支持行为，同时"警惕金融机构与伊朗境内银行之间的活动"；要求成员国紧密关注与伊朗境内银行有往来的金融机构，加强盘查赴伊朗的船只和飞机。③ 制裁措施出台后，一位欧盟官员表示，"伊朗某些领域比如液化天然气行业、石油和天然气投资、精炼油进口和再保险等领域抵御精准制裁的能力较差，如果我们需要向伊朗领导人施压，我们就将重点关注这些领域"。他表示，欧盟内部正在讨论对伊朗上述领域进行制裁的措施。这些制裁措施并不包含在联合国安理会对伊朗的第四轮制裁措施中，仅作为对联合国安理会制裁的补充。④ 欧盟官员的讲话可以说是对伊朗的警示，即如果伊朗不在铀浓缩等核活动上后退，欧盟就将考虑对伊朗进行更大规模

---

① Robin Wright," U. S. , Europeans Planning Own Iran Sanctions," *Washington Post*, 22 September, 2007.

② "Council Decision of 23 June 2008 Concerning Restrictive Measures against Iran（2008/475/EC），" Official Journal of European Union，http：//eur-lex. europa. eu/LexUriServ/LexUriServ. do？ uri ＝ OJ：L：2008：163：0029：0033：EN：PDF，Last Accessed on July 9, 2018.

③ "New EU Sanctions against Iran over Nuclear Program," *International Herald Tribune*, 8 August, 2008，http：//www. iht. com/articles/ap/2008/08/08/europe/EU-Iran-Nuclear. php，Last Accessed on July 9, 2018.

④ 《欧洲联盟启动对伊朗一轮新制裁 伊朗称继续对话》，中国网，http：//www. china. com. cn/international/txt/2008 - 08/10/content_16178453. htm。

的制裁。

2009 年 2 月 25 日，英国《金融时报》披露欧盟正在酝酿对伊朗制裁的新方案。这份新方案显示，英国、法国和德国有意制裁 10 人和 34 家伊朗企业或机构。三国认为这些个人和实体与伊朗秘密研发核武器计划和生物武器计划有关。面临制裁的个人包括伊朗志愿者准军事组织"动员穷人组织抵抗力量"正副指挥官，涉及伊朗名校谢里夫理工大学、伊朗保险公司、伊朗航天局、血浆及疫苗生产商拉齐研究所、伊朗商业银行等，这些实体首次成为欧盟的制裁对象。①

三　欧盟对伊朗的激励计划

欧盟对伊朗核问题的政策可以通俗地概括为"大棒加胡萝卜"。"大棒"的目的在于迫使目标国家服从，"胡萝卜"的作用在于对目标国家的服从进行补偿，提供适当的刺激性激励，起到补救目标国家"面子"的作用。欧盟在对伊朗进行制裁的同时，也适宜地伸出了"胡萝卜"，从 2005 年 8 月到 2008 年 6 月，欧盟提出的三份激励计划就起到了补偿伊朗的作用。2005 年 8 月，欧盟向伊朗提交了第一份激励计划，其核心内容是通过对伊朗的援助要求伊朗彻底放弃浓缩铀研发等敏感核活动。

在所涉及的核问题方面，欧盟的主要表态如下。第一，重申欧盟反对大规模杀伤性武器扩散的立场。欧盟表示核生化武器及其相应的运载工具的扩散是对国际和平与安全的威胁，欧盟国家一直致力于反核扩散，并为此采取了有效措施。第二，英法两国对伊朗做出消极安全保证，除非遭受伊朗的武装侵略，否则英法两国不会对伊朗首先使用核武器。第三，欧盟重申设立中东无核区的必要。第四，为保证伊朗核电站的正常运转，欧盟将资助成立国际核燃料缓冲仓库以用于存储足够伊朗核电站以现有水平运转 5 年的核燃料，这个仓库应当设在第三国。②

欧盟对伊朗的要求主要如下。第一，就不退出《不扩散核武器条

---

① 《欧盟酝酿制裁伊朗新方案》，新浪网，http://news.sina.com.cn/w/2009 - 02 - 28/030015232536s.shtml。

② "Framework for a Long Term Agreement between the Islamic Republic of Iran and Germany and the United Kingdom, with the Support of the High Representative of the European Union," http://www.isisnucleariran.org/assets/pdf/infcirc651_Aug82005.pdf, Last Accessed on July 9, 2018.

约》做出具有法律约束力的承诺，并将伊朗所有的核设施置于在任何条件下都能接受联合国安理会监督。第二，到2005年底，伊朗议会应该批准伊朗已经签署的国际原子能机构附加议定书，在批准之前，伊朗应当完全履行相关义务。第三，伊朗应该解决违背《监督保障协定》和国际原子能机构附加议定书的所有问题，并允许国际原子能机构的核查人员核查任何地方，采访任何个人。第四，伊朗应该妥善处理从国外进口的核燃料，并保证将核电站使用过的乏燃料运回供应商。第五，由于阿拉克重水生产厂具有核扩散的嫌疑，欧盟希望伊朗停止建设阿拉克重水生产厂。第六，由于伊朗核燃料的供应得到了保障，因此伊朗有必要做出信任保障。除了建设和运营轻水反应堆之外，伊朗应该就不进行核燃料循环活动做出具有约束力的承诺。[①]

除了核问题之外，欧盟的激励计划也涉及政治和经贸等领域的问题。第一，欧盟承认同伊朗进行长期能源合作的极端重要性，因此，欧盟委员会准备发布将伊朗作为欧盟长期油气供给来源的声明，并将通过《贸易合作协定》发展欧盟与伊朗的战略能源伙伴关系。第二，为了发展同伊朗的长期经贸关系，欧盟认识到签署拟议中的欧盟—伊朗贸易合作协定的重要意义。第三，欧盟重申将继续支持伊朗加入世界贸易组织的谈判。但是这一份激励计划随着艾哈迈迪 - 内贾德的上台而被伊朗抛弃，伊朗重新启动了铀浓缩等核活动。

2006年6月6日，欧盟三国会同俄罗斯、中国和美国共同向伊朗提出了第二份激励计划。由于此前伊朗已经开始恢复铀转化和铀浓缩的研发和生产，因此欧盟的提议主要集中在促使伊朗暂停核活动这一重要问题上。激励措施主要包括：第一，六方重申伊朗应该根据《不扩散核武器条约》的规定和平发展核能，在这一前提条件下，六方重申支持伊朗发展民用核能计划；第二，根据《国际原子能机构规约》和《不扩散核武器条约》的规定，六方将通过国际联合项目，使用先进的技术，支持在伊朗建设新的轻水反应堆；第三，如果六方同伊朗的核谈判重新开始，

---

① "Framework for a Long Term Agreement between the Islamic Republic of Iran and France, Germany and the United Kingdom, with the Support of the High Representative of the European Union," http://www. isisnucleariran. org/assets/pdf/infcirc651_Aug82005. pdf, Last Accessed on July 9, 2018.

六方就将暂缓在联合国安理会框架内讨论伊朗核问题。[①] 同时，六方要求伊朗做到：第一，伊朗应当致力于通过全面合作的方式解决国际原子能机构关切的所有重大问题；第二，伊朗应当暂停所有铀浓缩和后处理活动，并应国际原子能机构理事会和联合国安理会的要求接受国际原子能机构的核查，同时在与六方谈判期间，伊朗应当暂停上述核活动；第三，伊朗应当重新执行国际原子能机构附加议定书的相关规定。[②]

六方还向伊朗展示了未来与伊朗合作的领域，这些合作领域主要如下。在核能利用方面，激励措施再次提出 2005 年 8 月激励计划中涉及的五年库存储备问题。新计划在轻水反应堆项目问题上特别指出要对乏燃料和放射性废料的管理做出适当安排。在伊朗核能的研发问题上，六方提出将向伊朗提供包括轻水反应堆、辐照核燃料提取生产、基础研究、核能医学农业应用技术等在内的一揽子研发合作计划。在国际贸易和投资方面，欧盟提出通过支持伊朗完全融入国际社会（包括加入世贸组织）以改善伊朗进入国际贸易和国际资本市场的条件，改善伊朗的直接投资环境，增加在伊朗的直接投资以及欧盟与伊朗之间的贸易，改善伊朗获得核心商品和技术的措施。六方表示如果伊朗积极配合，就可能会解除美国和欧洲制造商出口民用飞机到伊朗的禁令以更新伊朗民用设施；六方将支持更新伊朗的电信基础设施，建设先进的互联网。[③]

与 2005 年激励计划相比，这份激励计划出现了一些新的变化。第一，这份激励计划严格限定的是伊朗铀浓缩的研发和生产，取消了 2005 年激励计划中要求伊朗停止阿拉克重水生产厂建设的建议，而且提出在

① "Elements of a Proposal to Iran as Approved on 1 June 2006 at the Meeting in Vienna of China, France, Germany, the Russian Federation, the United Kingdom, the Unites States of America and the European Union," http://latimesblogs.latimes.com/babylonbeyond/files/incentives2006.pdf, Last Accessed on July 9, 2018.

② "Elements of a Proposal to Iran as Approved on 1 June 2006 at the Meeting in Vienna of China, France, Germany, the Russian Federation, the United Kingdom, the Unites States of America and the European Union," http://latimesblogs.latimes.com/babylonbeyond/files/incentives2006.pdf, Last Accessed on July 9, 2018.

③ "Elements of a Proposal to Iran as Approved on 1 June 2006 at the Meeting in Vienna of China, France, Germany, the Russian Federation, the United Kingdom, the Unites States of America and the European Union," http://latimesblogs.latimes.com/babylonbeyond/files/incentives2006.pdf, Last Accessed on July 9, 2018.

俄罗斯境内建立国际机构用于伊朗铀浓缩生产的六氟化铀，这实际上表明六方同意伊朗在境内进行核转化，这也是部分肯定伊朗和平利用核能权利的一个表现。第二，暂停是 2005 年激励计划的核心内容。暂停已经成为六方不向联合国安理会提交伊朗核问题的前提条件。在 2006 年 1 月和 2 月伊朗先后恢复铀浓缩研发和生产之后，2004 年签订的《巴黎协定》的主要条款事实上都已废止，伊朗重新获得了核活动的主动权。因此，这份激励计划是欧盟为了让伊朗退回到原有的暂停立场上提出的，否则伊朗核问题的解决框架将从国际原子能机构转移到联合国安理会，伊朗也可能因此面临制裁。第三，暂停也是六方同伊朗洽谈磋商未来合作协定的前提。2005 年激励计划特别指出，长期协定将在下述问题得到解决的前提下实行，即伊朗已经解决了国际原子能机构提出的那些有着重要军事意义的所有未决事宜；伊朗申报所有尚未申报的核活动和核材料；伊朗和平利用核能的活动得到国际社会的信任。[1] 这份激励计划是以欧盟为代表的国际社会在伊朗咄咄逼人的气势下，再一次做出的说服伊朗的外交努力。

伊朗对六方的这份激励计划迟迟没有做出答复。2006 年 6 月 24 日，伊朗外交部发言人阿塞菲表示，伊朗要求欧盟放弃谈判的前提条件。早在 2006 年 5 月 17 日，伊朗总统艾哈迈迪 - 内贾德就针对酝酿提出的六方激励计划表示，"你们是在同四岁孩童打交道吗？你给他一些糖果和巧克力就能换来他的金块？"[2] 内贾德明确表示，不会接受任何暂停或者终止铀浓缩的计划作为促进谈判的前提条件。之前伊朗为了建立国际信任而采取的暂停行动，换来的却是欧盟要求伊朗永久停止铀浓缩计划。"我们不会在同一问题上上两次当（we won't be bitten twice），不要迫使伊朗政府做出退出《不扩散核武器条约》的决定。"[3] 7 月 31 日，伊朗外交部发言

① "Elements of a Proposal to Iran as Approved on 1 June 2006 at the Meeting in Vienna of China, France, Germany, the Russian Federation, the United Kingdom, the Unites States of America and the European Union," http://latimesblogs. latimes. com/babylonbeyond/files/incentives2006. pdf, Last Accessed on July 9, 2018.

② "Tehran Rejects Potential European Incentives," 17 May, 2006, https://www. nytimes. com/ 2006/05/17/world/middleeast/17cnd-iran. html, Last Accessed on July 9, 2018.

③ "Tehran Rejects Potential European Incentives," 17 May, 2006, https://www. nytimes. com/ 2006/05/17/world/middleeast/17cnd-iran. html, Last Accessed on July 9, 2018.

人阿塞菲表示，联合国安理会做出的决议①已经让六方激励计划失效。②

2008 年 6 月 14 日，欧盟向伊朗提交了第三份一揽子激励计划。这份计划提出的背景是，2008 年 2 月，六方在美国华盛顿召开闭门会议，商议如何使伊朗接受 2006 年提出的激励计划，如何使激励计划对伊朗更有吸引力。③ 这一计划的主要内容如下。六方表示，只要伊朗可核查地暂停与铀浓缩相关的活动及后处理活动，欧盟等六方将在更广泛的领域同伊朗进行合作。在核问题上，六方新的激励计划同 2006 年的计划并无不同，主要是再次肯定了伊朗在履行《不扩散核武器条约》义务的情况下和平利用核能的权利；六方为伊朗和平利用核能提供必要的技术和经济支持，支持国际原子能机构重新恢复同伊朗的技术合作项目；支持伊朗在先进的技术基础上建设轻水反应堆；要求伊朗提供有法律约束力的核燃料循环保证，在乏燃料和辐射性废料处理等方面进行合作。④

新的激励计划主要体现在政治、经贸和社会发展等领域。计划提出，六方将改善同伊朗的关系并建立相互信任机制，鼓励同伊朗进行直接接触和对话，支持伊朗在国际事务中发挥更重要的、更具建设性的作用；促进六方与伊朗在核不扩散、地区安全和稳定等问题上的对话与合作，同伊朗和其他地区国家一起推进建立信任机制，维护地区安全，支持地区安全会议，在阿富汗问题上进行深入合作；再次承诺在国际关系中对主权国家减少使用威胁和武力。⑤ 在经贸领域方面，新计划提出六方将

---

① 2006 年 7 月 31 日，联合国安理会通过第 1696 号决议，要求伊朗在 8 月 31 日之前暂停所有与铀浓缩相关的活动，否则其将面临国际制裁。

② Azam Mohebbi，"Asefi：UN Resolution Will Nullify Incentive Package," 31 July, 2006, http：//www. iran-daily. com/1385/2624/html/index. htm, Last Accessed on July 9, 2018.

③ 《联合国安理会推迟表决伊朗核问题决议草案》，环球网，http：//world. huanqiu. com/roll/2008 - 03/67164. html？agt = 15438。

④ "Proposal to Iran by China, France, Germany, 已Russian Federation, the United Kingdom, the United States of America and the European Union Presented to the Iranian Authorities on 14 June, 2008," http：//www. acronym. org. uk/old/proliferation-challenges/nuclear-weapons-possessors/china/proposal-iran-china-france-germany-russian-federation-united-kingdom-u, Last Accessed on July 9, 2018.

⑤ "Proposal to Iran by China, France, Germany, the Russian Federation, the United Kingdom, the United States of America and the European Union Presented to the Iranian Authorities on 14 June 2008," http：//www. acronym. org. uk/old/proliferation-challenges/nuclear-weapons-possessors/china/proposal-iran-china-france-germany-russian-federation-united-kingdom-u, Last Accessed on July 9, 2018.

开启同伊朗经贸关系正常化的步骤，欧盟将通过提供实质性支持改善伊朗进入国际市场的环境，改善伊朗的投资环境，促进伊朗完全融入包括世界贸易组织在内的国际经济组织。在能源伙伴上，欧盟提出要加快同伊朗实现在能源领域合作的正常化，欧盟将同伊朗建立长期的战略能源伙伴关系。在社会发展和人道主义等方面，欧盟提出将对伊朗的经济、社会发展和人道主义需求提供必要的支持；与伊朗在教育领域进行广泛的合作，并在"文明对话"的框架下展开全方位的合作。[①]

四　欧盟政策失败的原因

虽然欧盟在伊朗哈塔米总统任期内一度说服伊朗暂停了浓缩铀的研发和生产，但是艾哈迈迪－内贾德上台后，欧盟不能用说服和胁迫的方式使伊朗暂停浓缩铀的研发和生产。归结起来，其原因主要有以下几点。

第一，欧盟无法以国际反核扩散规范的力量说服伊朗。浓缩铀的研发和生产是欧盟同伊朗争执的焦点。现有核技术难以将民用核能与军用核能截然分开，而《不扩散核武器条约》也没有对铀浓缩的两用技术做出明确规定和限制。掌握了铀浓缩技术既可以生产用于发电的低浓缩铀，也可以生产用于制造核武器的高浓缩铀。欧盟担心伊朗正在步利比亚、伊拉克和朝鲜等国家的后尘，以发展民用核能的名义发展核武器，或者在发展民用核能的同时发展军用核能。但是伊朗表示，伊朗的核活动完全出于和平目的，掌握完整的核燃料循环技术并进行生产是伊朗作为无核国家应当享有的不可剥夺的权利。只要核不扩散制度存在的上述漏洞不能被消除，欧盟就难以利用道义和法律规范的力量说服伊朗。

第二，欧盟同伊朗在浓缩铀的研发和生产上的立场具有不可调和性。欧盟三个激励计划的核心是，欧盟通过为伊朗提供轻水反应堆和相关核燃料的方式让伊朗放弃浓缩铀的研发和生产。欧盟的逻辑是，既然外部提供的设施和燃料能够满足伊朗和平利用核能的需求，伊朗就应当放弃

---

① "Proposal to Iran by China, France, Germany, the Russian Federation, the United Kingdom, the United States of America and the European Union Presented to the Iranian Authorities on 14 June 2008," http://www.acronym.org.uk/old/proliferation-challenges/nuclear-weapons-possessors/china/proposal-iran-china-france-germany-russian-federation-united-kingdom-u, Last Accessed on July 9, 2018.

有争议的浓缩铀的研发和生产，以消除国际社会对伊朗核问题性质的质疑。但伊朗的逻辑是，既然《不扩散核武器条约》规定伊朗拥有和平利用核能的权利，伊朗拥有包括铀浓缩在内的整套核燃料循环技术并在本土生产所需的核燃料就是正当和不可剥夺的权利。双方立场的冲突直接导致欧盟说服行为失败。

第三，欧盟的谈判对手发生了变化，伊朗国内政治趋向保守不利于欧盟对伊朗的说服工作。同欧盟达成暂停协定的改革派在 2004 年伊朗议会选举和 2005 年总统选举中落败，保守派成为伊朗政治的主导力量。总统艾哈迈迪－内贾德、外长穆塔基和首席核谈判代表拉里贾尼三位强势人物主导着伊朗的核强硬政策，改革派驻欧盟国家的大使等多名外交官被强硬派替换。在核政策上，新政府也改变了前任政府以和谈缓解压力的做法。谈判对手的变化给欧盟的说服工作带来巨大阻力。

第四，促使伊朗暂停核活动的国际局势已经发生变化。伊朗暂停核活动的重要条件是美国对伊朗的军事打击威胁以及制裁预期，这将损害伊朗的经济和对外关系。或者说，伊朗同意暂停铀浓缩等相关活动的目的是规避美国的军事打击和可能的联合国安理会制裁。而 2004 年后，美国受困于伊拉克局势，根本无暇发动对伊朗的战争。核问题造成的紧张态势对国际石油价格的推动反而大幅增加了伊朗的石油收益，增强了伊朗抵御外部压力的实力。伊朗在恢复铀浓缩活动之后并没有受到联合国安理会严厉的制裁，相对于伊朗获得铀浓缩的主动权而言，联合国安理会数轮制裁对伊朗外交、经济等方面的影响甚微，伊朗并没有完全受到国际社会的孤立。伊朗的能源外交和核谈判反而提高了伊朗的国际地位，伊朗成为局势紧张的受益者。在伊朗暂停铀浓缩活动的国际局势已经发生改变的情况下，欧盟难以说服伊朗继续维持暂停状态。

小　结

伊朗核问题对欧盟的安全政策提出了严峻挑战，为了实现让伊朗放弃敏感核活动的目标，为了不让伊朗成为核邻居，欧盟在要求伊朗暂停和放弃浓缩铀的研发和生产方面不遗余力。欧盟同伊朗的良好关系使欧盟在解决伊朗核问题中处于独特地位，欧盟始终活跃在迫使伊朗弃核的前台。

欧盟采取了说服和胁迫相结合的手段促使伊朗弃核。在弃核过程中，欧盟曾经取得了阶段性成功，同伊朗先后签订了"德黑兰宣言"和《巴黎协定》，并在 2003 年 10 月到 2005 年 8 月，实现了让伊朗暂停浓缩铀研发和生产的目标。这是欧盟通过说服和谈判维护反核扩散国际规范的表现，在相当大程度上也维护了欧盟自身的安全。

但是欧盟取得的成果只是阶段性的，美国的军事打击威胁和欧盟等的制裁预期迫使伊朗做出重要让步。当石油价格高涨等因素浮现时，伊朗承受的外部压力减小，欧盟的说服力和谈判力也随之减弱。伊朗总统艾哈迈迪－内贾德上台是伊朗核政策的转折点。艾哈迈迪－内贾德上台后在核问题上采取了强硬政策，伊朗恢复了铀浓缩等活动。这标志着欧盟此前的说服工作彻底失败。欧盟开始改变行为方式，走上以胁迫的方式，也就是以"大棒加胡萝卜"的方式促使伊朗放弃核计划的道路。在"大棒"方面，欧盟积极促成了将伊朗核问题提交到联合国安理会，联合国安理会通过了四个制裁伊朗的决议。欧盟还联合美国组建了"意愿同盟"，旨在实施比联合国制裁更严厉的措施。此外，欧盟也提出了制裁措施，范围涉及伊朗的金融、贸易等领域。在"胡萝卜"方面，欧盟提出了三个激励计划，旨在通过向伊朗提供核能促使伊朗放弃核计划。但由于 2008 年之前国际石油价格的高涨，国际社会难以找到只惩罚伊朗而不伤及自身的制裁措施。美国方面，伊拉克问题和国内反战舆论也难以支持小布什政府发动针对伊朗的战争。这样，欧盟成员国等主导的胁迫外交难以迫使伊朗弃核，伊朗在这场博弈中赢得主动权，不仅没有放弃核计划反而日渐取得进展。2009 年 2 月 25 日，伊朗原子能机构主席阿加扎德表示，伊朗并未改变核计划，伊朗会逐步安装更多的离心机。同一天，伊朗测试运行首座核电站——布什尔核电站。欧盟的反核扩散政策在伊朗遭遇挫折。

第六章 精准制裁与后伊核时代欧盟对《伊朗核协定》的维护

2003 年欧盟将包括核武器在内的大规模杀伤性武器列为对国际安全的首要威胁。随着欧盟东扩，包括伊朗在内的中东地区成为欧盟的大周边，伊朗核问题的出现引起欧盟密切关注。从 2002 年 10 月伊朗核问题被曝光以来，欧盟始终是寻求政治解决伊朗核问题最重要的参与者。2003 年的"德黑兰宣言"和 2004 年的《巴黎协定》见证了欧盟的外交努力和艰辛，这两个文件也是伊朗同国际社会达成的重要的暂停协定。但是伊朗强硬派总统内贾德上台后强行推动伊朗核进程、撕毁暂停协定的做法完全打乱了欧盟的政治安排。欧盟同伊朗的核博弈由此进入新的轮次。

第一节 欧盟的精准制裁与《伊朗核协定》的达成

一 欧盟对联合国制裁的评估与欧盟的制裁困境

欧盟面临的政策困境如下。第一，伊朗核问题的紧迫性大为提高。伊朗已经不是哈塔米时期的伊朗，内贾德上台代表着伊朗国内政治日趋强硬化和保守化，伊朗实行甘愿遭受经济制裁和军事打击也要推进核计划的核冒险主义。这使欧盟此前以触促变的预期完全落空。在历史核问题尚未解决的情况下，福尔多浓缩铀厂于 2009 年被曝光，伊朗浓缩铀丰度提高到 19.75%。2011 年 11 月，国际原子能机构公布的《伊朗核问题报告》，详细披露伊朗可能与军事目的相关的核活动（Possible Military Dimension，PMD），内容广泛涉及伊朗军方的绿盐计划，阿马德计划，与核武器相关的高能炸药起爆、引爆装置开发，用于爆炸装置的核部件等。①

---

① "Implementation of the NPT Safeguards Agreement and Relevant Provisions of Security Council Resolutions in the Islamic Republic of Iran," *IAEA Director General's Reports*, Gov/2011/65, 8 November, 2011, https://www.iaea.org/sites/default/files/gov2011-65.pdf, Last Accessed on July 10, 2018.

这表明伊朗在撕毁此前同欧盟签署的"德黑兰宣言"和《巴黎协定》之后，在核问题上越走越远。在这种情况下，要驯服谋求改变核现状的伊朗，欧盟必须出台新政策或实行新的外交举措。联合国安理会制裁伊朗的决议的主要内容见表6-1。

表6-1　联合国安理会制裁伊朗的决议的主要内容

制裁内容	联合国安理会决议	类别	主要内容
资产冻结	第1737号决议、第1747号决议、第1803号决议、第1929号决议	冻结	冻结伊朗与发展核武器相关的公司、实体、个人的资产
旅行限制	第1737号决议、第1747号决议、第1803号决议、第1929号决议	禁止	禁止被决议制裁人员入境旅行或向其提供签证等服务
武器禁运	第1737号决议、第1747号决议、第1929号决议	禁止	禁止向伊朗出口武器和与大规模杀伤性武器相关的技术；禁止向伊朗出售与核、导弹相关的两用技术；禁止向伊朗出售限制级武器系统
弹道导弹	第1929号决议	呼吁	要求伊朗不再发展与核相关的弹道导弹
海外投资	第1929号决议	禁止	禁止伊朗投资铀矿和涉核涉弹项目
银行交易	第1929号决议	呼吁	呼吁限制与被点名的伊朗银行从事交易
国际信贷	第1929号决议	呼吁	对伊朗贸易相关的国际信贷保持警惕
国际运输	第1929号决议	呼吁	呼吁检查伊朗航空和伊朗船运公司

资料来源：联合国安理会对伊朗制裁的第1737号决议、第1747号决议、第1803号决议、第1929号决议，http：//un. org。

第二，联合国安理会制裁在阻止伊朗推进核计划上已难以发挥效用。伊朗核问题被提交联合国安理会后，联合国安理会先后通过四个制裁伊朗的决议，分别是第1737号、第1747号、第1803号、第1929号决议。但联合国制裁决议本身存在问题。首先，联合国现有的制裁决议中基本不涉及对伊朗的能源制裁，有限的金融制裁也仅限于对伊朗个别公司或实体实行资产冻结。而且类似条款大多具有倡议性质，不具有实质约束力。因此，偏重人员禁入、资产冻结且数量有限的联合国制裁难以收到成效，难以改变伊朗的对外政策和行为。其次，以寻求最大公约数为特征的联合国安理会表决机制存在缺陷。尽管联合国安理会的制裁决议需要15个理事国投票表决，但五大常任理事国的立场仍具有决定性作用。

由于制裁决议在相当大程度上已超越核问题本身，具有明显的国家竞争和地缘博弈考量，因此制裁越是走向深入、走向具体，对伊朗的制裁共识就越难达成。最后，联合国安理会制裁在第 1929 号决议之后遭遇困境。伊朗不断推动核进程客观上需要联合国安理会做出更严厉的制裁决议，但在第 1929 号决议之后，英法美与中俄之间的分歧和矛盾导致形成进一步制裁决议比较困难。在俄罗斯和中国都不主张对伊朗实行新制裁的情况下，联合国安理会难以推出新的多边制裁决议。欧盟要么继续同伊朗讨价还价而贻误时间，要么在联合国安理会制裁之外另寻他途，推出自己的单边制裁措施。

第三，核问题与油价的关联使伊朗有恃无恐。伊朗核问题引发的地缘紧张形势一直是促使国际油价不断攀升的重要因素。国际原油市场普遍担忧内贾德政府的核对抗政策会促使美国和以色列单独或联手打击伊朗核设施，进而触发全面战争。任何对包括伊朗石油设施在内的可能攻击都将减少世界第四大石油出口国伊朗向国际市场的原油供应量，国际油价也将由于供应短缺和供需关系失衡飙升。正是伊朗核问题与国际油价存在的内生联动机制促使国际油价一路飙升，从 2005 年的每桶 50 美元上涨到 100 美元之上，并长期维持在每桶 100～130 美元的价格高位，伊朗核问题最紧张时期更是达到每桶 147 美元的历史高位。

这使伊朗成为核对抗的真正赢家。一方面，伊朗核进程快速推动，伊朗在离心机运行数量、浓缩铀丰度等方面不断取得突破。内贾德时期，伊朗已经掌握铀矿开采、铀氟化、铀转化、铀浓缩、钚提取等核循环工艺，建立了纳塔兹浓缩铀核燃料生产厂、阿拉克重水生产厂等相对完善的核工业体系。另一方面，国际油价的攀升大幅增加了伊朗的石油收入和财政收入，伊朗的石油收入从 2005 年的 483 亿美元提高到 2012 年的 1014 亿美元，增长一倍以上。[1] 因此，尽管伊朗外交像在走钢丝，但石油收入的增加和核计划的双重收获使伊朗有能力推动自己的核进程，对国际社会的制裁有恃无恐。联合国安理会越制裁伊朗越使推动核进程成为内贾德时期核政策的常态，如内贾德甚至发表过联合国决议是废纸的

---

[1]　"OPEC Member's Values of Petroleum Exports," *Annual Statistical Bulletin 2015*, http://asb.opec.org, Last Accessed on July 10, 2018.

过激言论。①

第四，伊朗攻击英国大使馆挑战欧盟底线。在联合国安理会制裁陷入僵局后，英国在单边制裁伊朗问题上走在欧盟的前列。英国力主绕开联合国安理会，通过引入新的经济制裁措施迫使伊朗在核问题上让步。2011 年 11 月，英国对伊朗银行实行单边制裁，这直接导致英伊两国关系恶化。11 月 28 日发生伊朗民兵攻击英国大使馆的恶性事件。伊朗明显有违国际法的睚眦必报（Tit-for-Tat）的做法使欧盟恼羞成怒，进而恶化了伊朗同欧盟的关系。英法德三国一度断绝或降低同伊朗的外交关系。英国外交大臣黑格表示，伊朗将因为袭击英国大使馆事件而面临严重后果。②

在联合国安理会制裁无望、说服和谈判无效的情况下，欧盟要实现反核扩散目标，唯一的出路是给欧盟外交政策"装上牙齿"。而对伊朗这样的能源主导型国家来讲，唯一且行之有效的制裁办法就是对其能源部门进行精准制裁，通过施加经济压力迫使伊朗改变在核问题上的强硬立场。这也是欧盟对伊朗实行能源禁运和金融制裁的内在动因。

二　欧盟的制裁决策过程与欧盟对伊朗的精准制裁

伊朗在经贸特别是能源方面与欧盟有密切的联系，欧盟要制裁伊朗并非易事。在欧盟全面制裁伊朗之前，伊朗是欧盟第二十五大贸易国。欧盟对伊朗的出口额约占伊朗进口总额的 1/3，金额为 100 亿 ~ 130 亿欧元。欧盟主要从伊朗进口能源和矿产品，金额在 94 亿 ~ 159 亿欧元；伊朗对欧盟的出口产品中 90% 为石油，伊朗对欧盟的石油出口量占伊朗石油总出口量的 18%。伊朗在 2011 年是欧盟第七大原油进口国。③ 但是具

---

① "Iran President Defies UN Sanction Resolutions," *Reuters*, 21 January, 2007, http://www.reuters.com/article/2007/01/21/idUSBLA131583, Last Accessed on July 10, 2018.

② 2011 年 11 月 28 日，数百名伊朗人攻击英国驻伊朗大使馆，抗议其因为核问题制裁伊朗。事件中有 6 名英国驻伊朗大使馆工作人员一度被扣为人质并造成财产损失。Saeed K. Dehghan, "Hague Says Iran Will Face 'Serious Consequences' over Embassy Attack," *The Guardian*, 29 November, 2011, http://www.theguardian.com/world/2011/nov/29/iranian-students-storm-british-embassy? intcmp = 239, Last Accessed on July 10, 2018.

③ "Factsheet: The European Union and Iran, Council of the European Union," Brussels, 30 January, 2012, http://register.consilium.europa.eu/doc/srv? l = EN&f = ST%205555%2020 12%20REV%201, Last Accessed on July 10, 2018.

体到每个欧盟成员国,各国从伊朗进口的石油并不均衡。从伊朗购买石油较多的国家是意大利、西班牙和希腊。意大利和西班牙两国从伊朗进口的石油量占欧盟购买伊朗石油总量的70%。2010年,意大利进口伊朗石油量占其石油进口总量的13%,西班牙为14.6%。希腊同伊朗石油贸易量逐年下降,但2009年和2010年也分别达到23.8%和13.8%。[①]此外,希腊还从伊朗享有60天信贷无须银行担保的购油优惠。因此,欧盟如何说服意、西、希三国接受制裁伊朗的决议至关重要。

欧盟制裁决议经历了从提议到最终出台的过程。这也是英法德三国国内政治变化推动欧盟对伊朗政策变化的过程。从具体的进程看,制裁决议出台经历了英法德三国内部政治变化、英法德引领欧盟制裁决议、说服意希西三国、做出有约束力的欧盟制裁决议四个阶段。

第一阶段:英法德三国内部政治变化。英法德三国最大的国内政治变化是亲美反伊成为三国共同的政治立场,反美的施罗德—希拉克组合一去不复返。英国方面,2010年英国组成保守党—自由党联合政府,无论是布莱尔还是布朗都强调英美特殊关系。这两届政府在对待伊朗问题上是典型的鹰派。特别是美国在2010年通过《伊朗制裁、问责和撤资综合法》之后,英国力主制裁伊朗,这直接导致英国和伊朗关系恶化。法国方面,萨科齐总统也一改希拉克2006年不额外制裁伊朗的政策,对伊朗立场转为强硬。萨科齐总统是二战后法国最亲美反伊的总统。他曾表示愿意将法国军队纳入北约指挥之下,表现出明显的大西洋主义倾向。萨科齐本人对伊朗缺乏好感,认为伊朗是国际安全和法国安全的最大隐患,积极主张在经济上制裁伊朗,甚至比美国表现得更为激进。2007年,法国呼吁禁止对伊朗进行能源投资,并表示将阻止本国的能源巨头道达尔公司投资伊朗的南帕斯气田。[②]奥朗德总统基本继承了萨科齐对伊朗的强硬姿态和制裁政策。德国方面,2005年执政的默克尔总理奉行大西洋主义,但受制于德国与伊朗之间的贸易以及外长社会民主党人沃尔特·施泰因迈尔(Walter Steinmerer),难以对伊朗采取强硬立场。

---

① "Greece Presses EU to Ease Iran Oil Sanctions," *Financial Times*, 20 January, 2012; "Glencore and Vitol Fuel Greece after Iran Oil Ban," *Reuters*, 31 May, 2012.

② Peggy Hollinger, Pan Kwan Yuk, "France Calls for Iran Investment Boycott," *Financial Times*, 16 September, 2007.

2010 年，自由民主党的韦斯特韦勒（Guido Westerwelle）接任施泰因迈尔，总理和外长对伊朗强硬的立场终于趋于一致。德国外长人选的变化增加了总理的权势。①

第二阶段：英法德引领欧盟制裁决议。法国在 2009 年提议对伊朗进行能源投资制裁，2011 年底首次建议欧盟对伊朗实行原油禁运，并考虑法国单独实施制裁的可能。② 联合国安理会通过第 1929 号决议后，法国提议对伊朗实行新一轮制裁，但收回了对伊朗进行单边能源制裁的立场，希望将法国的制裁方案纳入欧盟的整体制裁决议中。③ 英国表示支持法国的举动，推动欧盟对伊朗实施新一轮制裁。德国总理默克尔支持英国和法国的提议，禁止德国向伊朗提供石油设备和技术。默克尔随后支持对伊朗进行制裁。④ 这样曾经主导伊朗核暂停谈判的英法德三国在制裁伊朗问题上达成一致意见。

第三阶段：说服意希西三国。欧盟的共同政策建立在共识和共同行动基础上，英法德三国达成的一致意见需要照顾其他成员国特别是同伊朗存在能源利益的意大利、西班牙、希腊等国家的利益。欧盟内部存在主张制裁和反对制裁两个阵营，但说服意西希三国并不是不可逾越的障碍。首先，意大利是七国集团（G7）成员。七国集团历次发布的声明中都明确表示大规模杀伤性武器的扩散尤其是核扩散是七国共同面临的安全威胁。意大利在遏制核扩散问题上基本持积极立场。这成为意大利对伊朗政策转向的重要基础。其次，2011 年 12 月，西班牙人民党（People's Party）赢得大选胜利，西班牙对伊朗的政策开始向美国靠拢，主张对伊朗进行制裁。再次，尽管希腊同伊朗在能源上素有渊源，但是希腊在欧盟中"国微言轻"，不希望因为制裁问题而被欧盟其他成员国孤立。而且 2009 年爆发的债务危机成为希腊的短板，因为债务问题，希

---

① Helga A. Welsh, "Germany: Ascent to Middle Power," in Ronald Tiersky, John Van Oudenaren, eds., *European Foreign Policies: Does Europe Still Matter?* (Rowman and Littlefiel, 2010), p. 211.

② "France Pushes for Iranian Oil Embargo," *Financial Times*, 24 November, 2011.

③ Javier Blas, Roula Khalaf, Kiran Stacey, "France Pushes for Iranian Oil Embargo," *Financial Times*, 24 November, 2011.

④ Ruairi Patterson, "EU Sanctions on Iran: The European Political Context," *Middle East Policy Council*, Vol. XX, No. 1, Spring, 2013.

腊受制于美国及欧盟诸国，希腊在对伊朗政策问题上更容易被说服。美国在决定国际货币基金组织对希腊进行紧急援助上具有绝对决定权，这也决定了美国在改变意西希希腊对伊朗的政策上具有足够的影响力。欧盟以1100亿欧元一揽子支持（bailout）计划诱使希腊改变对伊朗的政策。[①] 最后，意西希三国获得了制裁豁免。由于三国经济的脆弱性，欧盟对伊朗实施制裁后，意西希三国仍可从伊朗购买10%的石油，这种缓冲和豁免性质的规定为意西希三国提供了巨大的便利，也为欧盟在制裁伊朗问题上达成一致意见、消除内部分歧创造了条件。2010年9月，欧洲五大石油巨头英国石油公司、法国道达尔公司、英荷壳牌、挪威国家石油公司（Statoil）、意大利埃因公司（ENI）表示停止投资伊朗能源工业。[②]

第四阶段：做出有约束力的欧盟制裁决议。2012年1月23日，欧盟委员会通过决议，主要内容如下。一是对内贾德政府不断推动核进程的目的及伊朗核项目的真实属性表示担忧。欧盟对伊朗再度开启敏感的福尔多浓缩铀厂20%的浓缩铀项目以及伊朗帕尔钦军事基地等可能涉及核武器的项目表示担忧。欧盟表示，伊朗升级铀浓缩活动违反联合国安理会决议和国际原子能机构理事会决议，并造成地区局势紧张。

二是宣布对伊朗进行经济制裁。欧盟委员会决定对伊朗的能源部门实施原油禁运、金融制裁和其他制裁。与伊朗能源行业相关的制裁项目主要如下。（1）2012年7月1日欧盟开始对伊朗实行原油禁运，禁止成员国从伊朗进口石油。（2）禁止欧盟企业投资伊朗的能源行业。（3）禁止进口伊朗石油、石油制品和石化产品，禁止提供与运输和购买伊朗石油相关的运输保险和金融保险。（4）禁止向伊朗提供短期出口贷款、保险和再保险、油轮和货轮的理货服务。（5）冻结伊朗央行在欧盟的资产。[③]

2012年3月15日，欧盟委员会再度发布针对伊朗信息传输的禁令，

①　"Paris and London to Press EU for Oil Ban," *Financial Times*, 5 December, 2011.

②　John Pomfret, "European Oil Companies Pledge to End Oil Investment in Iran over Nukes Program," *Washington Post*, 30 September, 2010.

③　"Council Conclusions on Iran 3142th Foreign Affairs Council Meeting Brussels," 23 January, 2012, http://www.europarl.europa.eu/meetdocs/2009_2014/documents/d-ir/dv/council_cnclsions_iran_/council_cnclsions_iran_en.pdf, Last Accessed on July 10, 2018.

禁止欧洲的全球银行间金融通讯协会（Society for Worldwide Interbank Financial Telecommunication，SWIFT）向伊朗被制裁的个人和实体提供金融传输服务。[①] SWIFT 是 1973 年成立、总部设在比利时的国际金融结算领域最主要的信息服务商和会员制公司，主要职责是传输跨国支付款项的支付信息。其会员涵盖 210 多个国家的 1.05 万家金融机构和公司。全球几乎所有银行的交易都通过 SWIFT 进行，每年 SWIFT 传输 50 亿条银行间信息。通过 SWIFT 服务的国际金融交易或结算服务金额每天超过 60000 亿美元，SWIFT 由此被称为全球银行体系的"胶水"。SWIFT 本身并不提供转账、保管客户资金或清算结算服务，但它让用户安全、可靠、低成本地进行自动、标准化的金融信息交流，减少操作风险，提高交易效率。[②]

SWIFT 随后表示，作为全球金融信息服务提供商，该公司及其会员将不会参与欧盟禁止的上述金融交易。[③] SWIFT 将在 3 月 18 日下午 4 点拔掉同伊朗的接口，切断伊朗相关的国际转账清算通信服务。伊朗同国际社会做生意的主要通道被彻底切断。SWIFT 首席执行官拉扎罗·卡莫斯（Lazaro Campos）表示，"切断行动对 SWIFT 来讲是异乎寻常和史无前例的。这是金融方面对伊朗实施国际和多边制裁的直接结果。正是欧盟的决议迫使 SWIFT 采取上述行动"。[④]

2010 年，伊朗的 19 家银行和 25 家附属机构使用 SWIFT 进行了 200 多万次的跨境支付。其中包括被美国指责资助核计划和恐怖主义的米拉特银行（Mellat Bank）、邮政银行、萨达拉特银行（Saderat Bank）、萨普

---

① "Council Decision 2012/152/CFSP of 15 March 2012 Amending Decision 2010/413/CFSP Concerning Restrictive Measures against Iran," https:∥eur-lex. europa. eu/legal-content/EN/TXT/？uri＝CELEX％3A32012D0152，Last Accessed on July 10，2018.

② "Council Elaborates EU Sanctions against Iran，" 15 March，2012，http:∥europa. eu/rapid/press-release_PRES－12－104_en. pdf，Last Accessed on July 10，2018.

③ "SWIFT Instructed to Disconnect Sanctioned Iranian Banks Following EU Council Decision，" 15 March，2012，https:∥www. swift. com/insights/press-releases/swift-instructed-to-disconnect-sanctioned-iranian-banks-following-eu-council-decision.

④ Philip Blenkinsop，Sebastian Moffett，"Payments System SWIFT to Cut off Iranian Banks，" *Reuters News*，15 March，2012，http:∥www. reuters. com/article/2012/03/15/us-eu-iran-sanctions-idUSBRE82E0VR20120315，Last Accessed on July 10，2018.

银行（Sepah Bank）。SWIFT 是覆盖面广泛的全球便利工具（Global Utility），国际金融结算不使用 SWIFT 几乎寸步难行，特别是对石油等国际通行的大宗商品交易而言。SWIFT 制裁使伊朗难以进行国际支付和清算，出现即使卖掉石油也难以回收货款的窘境。在国际金融领域严重依赖银行间电子支付的情况下，切断 SWIFT 通道相当于将伊朗隔绝孤立于国际金融结算领域。①

欧盟的石油禁运和金融制裁对伊朗具有特别意义。首先，欧盟不投资、不帮助伊朗生产石油。欧盟禁止欧盟公司和实体投资伊朗能源行业，这意味着伊朗老化和缺乏资金投入的能源行业难以吸收到来自欧盟的新鲜血液。伊朗能源工业将因为缺乏技术和资金支持而更加困顿。其次，欧盟不买油，阻断了欧盟同伊朗的石油贸易。欧盟是伊朗能源的大客户，进口份额相当于伊朗能源出口份额的 18% ~ 20%。失去了欧盟这一客户意味着伊朗如果要维持能源出口的正常化就必须另寻他途。最后，欧盟对伊朗实行国际银行交易禁入，使伊朗卖了石油也收不到货款。SWIFT 禁令功能强大，伊朗销售石油后难以进行结算或转账。石油交易资金量巨大，动辄数亿美元，难以想象哪个进口国能以现金方式同伊朗结算。因此禁止伊朗接入 SWIFT 实际上相当于切断了伊朗同国际金融体系之间的联系。②

三　欧盟与美国的制裁协调

如果说欧盟的能源制裁和金融制裁是有效的，那么毕竟欧盟石油进口量占伊朗石油总出口量的不到 20%。如果伊朗能够保证其他客户不出问题，则伊朗能源出口形势仍然不会太坏。而且尽管伊朗不能使用 SWIFT 通道，但如果伊朗能够寻找到其他支付方式，就能够减少因欧盟制裁产生的损失。因此，逼迫伊朗在核问题上就范，欧盟需要做的事情

---

① Indira Lakshmanan, "Sanctioned Iran Banks Being Cut off from Global Network," *Bloomberg News*, 15 March, 2012, http://www. bloomberg. com/news/articles/2012 - 03 - 15/swift-will-halt-financial-messaging-for-sanctioned-iranian-banks, Last Accessed on July 10, 2018.

② Mahdieh Aghazadeh, "A Historical Overview of Sanctions on Iran and Iran's Nuclear Program," *Academic Arastirmalar Digest*, No. 56, 2013, pp. 153 - 154.

还有很多，其中欧盟同其他国家特别是美国进行政策协调至关重要。

美欧之间在制裁问题上的协调反映在两个方面。第一，达成共识，认定伊朗的核扩散是美欧共同面临的安全威胁和挑战。这种威胁和挑战将超越经济利益成为美欧彼此关心的重大事件。如果现行制裁难以奏效，美欧就将进行新的制裁。美欧将采取适当形式使其他国家采取同美欧协调的政策和立场。第二，鉴于制裁对象伊朗是国际能源市场重要的供应国，因此应当避免因制裁伊朗使国际原油供应短缺，进而造成国际油价大幅上扬，影响世界经济。英美协调、西方七国首脑峰会、联合国安理会成为美欧就伊朗问题进行沟通与合作的平台。

相对欧盟来讲，美国在制裁伊朗问题上行动得更早也更深入。伊斯兰革命之后，美国同伊朗从盟友变为敌人。2002 年伊朗核问题曝光，美国于 2010 年出台制裁伊朗的法律《伊朗制裁、问责和撤资综合法》。[①]这比欧盟的相关制裁早了两年。2012 年 2 月和 5 月，奥巴马总统先后签署第 13599 号和第 13608 号行政命令，冻结所有伊朗政府名下的资产。[②]

欧盟对伊朗的制裁表明欧盟从之前的游离在美国制裁之外转向美国主导的制裁联盟。在某种程度上是美国而非欧盟充当制裁同盟领导者的角色，而且封堵伊朗的石油客户等是由美国而非欧盟完成的。美国的领导作用主要体现在以下几个方面。第一，将日本、韩国纳入美国构建的制裁联盟中。日本、韩国、土耳其是美国的盟国，同时是伊朗石油的主要进口国，因此这三个国家的立场对制裁至关重要。美国认为，这三个国家即使不能完全停止从伊朗进口石油也要大幅减少进口量。从 2006 年开始，美国一直要求日本暂停同伊朗的能源合作。日本石油公司（Nippon Oil Corp.）将伊朗石油的日进口量从 2.2 万桶削减到 1.2 万桶，但是日本拒绝美国提出的要求 INPEX 公司停止开发价值 200 亿美元的伊朗阿

①　关于这项法律的出台参见赵建明《美国犹太组织与奥巴马政府对伊朗的政策》，《美国研究》2011 年第 1 期。

②　"Executive Order 13608-Prohibiting Certain Transactions with and Suspending Entry into the United States of Foreign Sanctions Evaders with Respect to Iran and Syria," 1 May, 2012, http://www. presidency. ucsb. edu/ws/index. php? pid = 100725, Last Accessed on August 1, 2018; "Executive Order 13599 (Blocking Property of the Government of Iran and Iranian Financial Institutions)," 2 February, 2012, http://www. treasury. gov/resource-center/faqs/Sanctions/Pageo/faq_iran aspx#eo13599, Last Accessed on July 10, 2018.

扎达干油田的提议，并表示该油田的开发对日本至关重要。[①] 在美国的压力下，从 2010 年 9 月开始，日本大幅削减从伊朗进口的石油量，进口量从每天 32.5 万桶降到 19 万桶。[②] 日本议会通过法案，冻结同伊朗核计划有关的公司资产，禁止日本企业和个人投资伊朗的石油、天然气行业。[③] 2012 年 6 月，韩国表示，从 2012 年 7 月开始，韩国将暂停购买伊朗石油。韩国成为首个暂停购买伊朗石油的亚洲国家。2011 年，韩国从伊朗购买的石油从日均 24 万桶降到 13 万桶。这一暂停一方面是响应欧盟同年 7 月对伊朗实行的石油禁运政策；另一方面，欧盟禁止对伊朗提供船运和石油保险也是促使韩国做出暂停决定的重要原因。[④] 土耳其石油公司（Turpras）也在美国的压力下宣布停止销售用伊朗进口石油加工的汽油。

第二，对中国和印度的查漏补缺和施压。鉴于中国和印度是伊朗石油的大买家，美国一直寻求通过外交说服和经济制裁软硬兼施的方式向中国施压。美国力图向中国阐明，中国应当站在美欧这边，对伊朗实行能源禁运和经济制裁。[⑤] 美国总统、国务卿、财政部和国务院官员多次同中国交涉，要求中国参与美欧的联合制裁。美国参议员查理斯·舒默（Charles Schumer）、乔·科尔（Jon Kyl）致信国务卿希拉里要求制裁同伊朗保持能源联系的中国公司。他们表示，制裁不是为制裁而制裁，而是要中国结束同伊朗的贸易关系。[⑥] 美国援引《伊朗—叙利亚制裁法》

[①] Elaine Lies, "US Asks Japan to Stop Iran Oil Development," *The Asia-Pacific Journal*, 26 March, 2006, http://japanfocus. org/-Elaine-Lies/1622/article. html, Last Accessed on July 10, 2018.

[②] Thomas Strouse, "Japan-Iran Oil Ties Go Dry," 8 October, 2010, http://www. pbs. org/wgbh/pages/frontline/tehranbureau/2010/10/japan-iran-oil-ties-go-dry. html, Last Accessed on July 10, 2018.

[③] "Japan Deprived from Using Iran's Potentials," 6 September, 2010, http://en. ce. cn/World/Middleeast/201009/06/t20100906_21791511. shtml.

[④] Song Jung-a, Javier Blas, "South Korea Suspends Iranian Oil Imports," *The Financial Times*, 26 June, 2012.

[⑤] Erica Downs, Suzanne Maloney, "Getting China to Sanction Iran the Chinese-Iranian Oil Connection," *Foreign Affairs*, Vol. 90, No. 2, March/April 2011, pp. 15 – 21.

[⑥] John Pomfret, "Major Oil Companies in Europe Pledge to End Iran Investment," *Washington Post*, 1 October, 2010, http://www. washingtonpost. com/wp-dyn/content/article/2010/09/30/AR2010093006452. html, Last Accessed on July 10, 2018.

《伊朗制裁、问责和撤资综合法》等国内法制裁中国的昆仑银行、珠海振戎公司等同伊朗保持经济联系的中国公司。[①] 美国数次要求中国大幅削减同伊朗的石油贸易和金融接触。

印度情况同中国类似，美国不对印度同伊朗的能源联系实施单边制裁，前提条件是印度必须大幅减少从伊朗进口的石油量。为此，印度从伊朗进口石油量从 2012 年的日均 31.5 万桶下降到 2013 年的 19.5 万桶。伊朗在印度的能源进口地位从第 2 位降到第 7 位。[②]

第三，堵塞阿联酋第三方能源港和结算港，打击伊朗的传统交易形式。2013 年 1 月，美国财政部指出，伊朗在南亚和中东使用传统的非正式银行和货币交换以规避针对伊朗的金融交易制裁。这直接迫使阿联酋等国终止伊朗里亚尔汇兑。[③] 阿联酋是伊朗传统的中转贸易国，有数十万名伊朗商人在阿联酋从事各种生意。停止汇兑降低了伊朗获取硬通货的能力。由于伊朗的商业活动和汇兑业务受到美国《反洗钱法》的限制，因此所有经营伊朗业务的银行都变得有风险。伊朗驻迪拜的商会行政委员会成员莫塔扎·马索扎德（Morteza Masoumzadeh）表示，"如果不能同其他国家的银行从事货币支付与交换，伊朗的银行关系和银行业务将面临全面崩溃"。[④]

第四，以沙特的石油增产对冲制裁伊朗造成的国际能源供应不足。伊朗是石油输出国组织中第二大石油生产国。为防止油价在制裁后飙升，美国派高级官员出访沙特寻求增加产能以弥补石油空缺事宜。沙特官员多次表示，沙特和其他能源生产国有足够的剩余产能弥补伊朗石油减产造成的市场空缺，国际油价会保持平稳，不会出现因为供求关系变化而

① "U. S. Announces Actions to Enforce Iran Sanctions," *The New York Times*, 29 April, 2014, http：//www. nytimes. com/2014/04/30/world/middleeast/us-announces-new-enforcement-of-iran-sanctions. html, Last Accessed on July 10, 2018.

② Sumitha Narayanan Kutty, "When Iran Sanctions Bite," *Pragati*, 29 September, 2014, http：//pragati. nationalinterest. in/2014/09/when-iran-sanctions-bite/, Last Accessed on July 10, 2018.

③ Philip Blenkinsop, Sebastian Moffett, "Payments System SWIFT to Cut off Iranian Banks," *Reuters News*, 15 March, 2012, http：//www. reuters. com/article/2012/03/15/us-eu-iran-sanctions-idUSBRE82E0VR20120315, Last Accessed on July 10, 2018.

④ "Iran's Banks to Be Blocked from Global Banking System," *BBC*, 15 March, 2015, http：//www. bbc. com/news/business-17390456, Last Accessed on July 10, 2018.

造成的价格暴涨。沙特表示能够将石油日产量提升 40 万 ~ 80 万桶,在此基础上再提升 70 万桶也仅需要 90 天时间。这足够弥补伊朗造成的市场空缺。①

通过上述安排,美欧成功构建起制裁伊朗的同盟,中国、印度等国家也在相当大程度上减少了对伊朗能源的进口量。美欧制裁不仅重创了伊朗能源出口和货款清算,而且确保了国际原油市场能源供应的相对稳定,避免了伊朗能源供应不足带来的价格波动。

四 伊朗的反制措施与政策改变

欧盟和美国对伊朗的制裁就是精准地瞄准伊朗的能源部门及其相关行业,通过卡住伊朗石油迫使伊朗在核问题上改变强硬的立场。精准制裁在影响机制上存在两条路径。一是民众施压路径。通过制裁和压力迫使伊朗政府压缩财政开支和福利补贴,造成伊朗普通民众生活困难,从而使民众向伊朗政府施压。二是高层路径。欧美期望通过制裁改变内贾德政府或最高精神领袖哈梅内伊在核问题上的成本收益盘算,通过提高伊朗获得核武器的成本,降低其收益预期。② 但制裁是否有效,不仅取决于欧盟能否构建制裁联盟和制裁时间的长短,还取决于伊朗的反制裁措施是否得力。

从欧美制裁的向度来看,主要集中在三个方面。一是打压伊朗的能源出口,如欧盟的能源禁运和日韩参与制裁。二是限制伊朗回收货款和结汇,造成伊朗外汇短缺。原油出口减少直接导致伊朗外汇收入减少,而 SWIFT 制裁更使伊朗难以回收货款和硬通货。三是改变投资者在伊朗的投资预期,恶化伊朗的投资环境。美欧禁止在伊朗投资以及美国威胁制裁投资的第三国阻碍了其他国家对伊朗的投资。制裁下的伊朗能源行业失去了吸引力和竞争力。伊朗的石油买家在 2011 年和制裁后的购买情况对比见表 6 - 2。

---

① "Saudi Arabia Vows to Fill Any Oil Supply Gap," 14 March, 2012, http://www.tradearabia. com/news/ogn_214153.html, Last Accessed on July 10, 2018.

② Hassan Hakimian, "How Sanctions Affect Iran's Economy," Council for Foreign Relations Website, 23 May, 2012, http://www.cfr.org/iran/sanctions-affect-irans-economy/p28329, Last Accessed on July 10, 2018.

表 6 - 2 伊朗的石油买家在 2011 年和制裁后的购买情况对比

单位：万桶

买家	2011 年	制裁后
欧盟（主要是意大利、西班牙、希腊）	60	—
中国大陆	55	41
日本	32.5	19
印度	32.0	19
韩国	23	13
土耳其	20	12
南非	8	—
马来西亚	5.5	—
斯里兰卡	3.5	—
中国台湾	3.5	1
新加坡	2	—
其他	5.5	—
总计	250.5	105

资料来源：Kenneth Katzman, "Iran Sanctions," Congressional Research Service (CRS), August 4, 2015。

对于欧盟的制裁，伊朗在外交上予以强势回应。2012 年 2 月，伊朗停止向英法两国供应石油，并表示将对欧盟其他国家采取类似措施。这显然是对英法两国主导制裁伊朗的回应。但事实上英法两国进口的伊朗石油十分有限，即使伊朗主动切断对英法两国的能源出口也无碍大局。因此伊朗的强硬表态更多地具有外交而非经济意义。

由于伊朗经济是能源依赖型经济，石油在伊朗维持国家和政府运转中发挥着至关重要的作用。为应对欧美的制裁，防止油卖不出去的困境，留住既有客户成为伊朗的主要任务。为此，伊朗针对不同客户采取了不同的策略。第一，对印度让步，避免客户流失。印度在伊朗能源出口中占据重要地位。伊朗被迫采取原油折价、软币结算、弹性付款、易货贸易等方式维持同印度的能源联系。2012 年 1 月，伊朗同印度达成协定，同意两国之间石油贸易的 45% 用印度卢比结算，剩余的 55% 货款采取易货贸易，用印度的小麦、生物制药、水稻、糖、大豆、汽车部件和其他产品结算。印度作为外汇奇缺的国家，上述条款对印度非常有利。由于印度卢比是软币，伊朗得到的卢比只能用于购买印度商品。易货贸易更是直接促进了印度对伊朗的商品出口。而且由于美欧制裁对伊朗石油的航运和保险影响巨大，伊朗被迫压低了石油价格。即便如此，印度仍然实质性地减少了从伊朗进口的石油，印度从伊朗进口的石油份额从 2008 年的 16% 降到约 6%。2015 年 1 月，奥巴马总统访问印度后，印度再度削减从伊朗进口的石油量。

第二，以货款转投资，拉住中国。美欧制裁后，中国在与伊朗的石油贸易同样享受类似印度的本币结算①、油价折让、付款弹性等优惠，但这些并不是两国能源贸易的主要问题。中伊两国能源贸易的问题是油款结算。由于 SWIFT 通道的切断和美欧对伊朗央行的资产冻结，伊朗能否将在外滞留的资产回流以及如何回流成为伊朗面临的重大难题。2013 年 10 月，伊朗议长阿里·拉里贾尼（Ali Larijani）访问中国时签署协定，允许中国的 220 亿美元油款转为投资。② 这一协定对急需外汇的伊朗来讲难言是最佳途径，只能说是情势所迫下的次优选择。毕竟货款转为投资解决了货款滞留问题，并能缓解伊朗的投资不足。尽管如此，但在美国的压力下，中国同印度一样开始减少从伊朗进口的石油量。

第三，通过易货贸易和石油互换开展同俄罗斯的贸易。俄罗斯在伊朗核问题上有自己的战略盘算，在美欧因核问题同伊朗交恶时，俄罗斯却拉近了同伊朗的关系。2014 年 8 月，俄罗斯与伊朗达成易货协定，伊朗以每天 50 万桶的石油换取俄罗斯等额的商品。2015 年 4 月，两国再次确认该交易。③ 此外，俄伊两国还签署开展石油互换的协定。但是与欧美相比，俄罗斯无论在经济总量还是企业竞争力方面都没有足够的优势。伊朗最需要的是打开被欧美封闭的石油出口渠道，消化被压缩的产能，以及争取对能源和其他基础设施进行改造的资金，显然俄罗斯在这方面

---

① 2012 年 5 月，中石化公司下属的联合公司（Unipec）和珠海振戎公司在购买伊朗石油时采用人民币结算，这部分缓解了上述公司的用汇压力，参见 "China Buying Oil from Iran with Yuan," *BBC News*, 8 May, 2012, http://www.bbc.com/news/business - 17988142, Last Accessed on July 10, 2018。

② 《中国与伊朗就 220 亿美元石油欠款达成协议》，《环球时报》2013 年 11 月 4 日。

③ "Iran Hopes to Begin Russia Oil-for-Goods Exports This Week," *Reuters*, 7 June, 2015, https://www.reuters.com/article/us-russia-iran-oil-idUSKBN0O06O20150607? feedType = RSS&feedName = newsOne, Last Accessed on July 10, 2018.

无能为力。加上俄伊两国在能源上具有同质性，因此俄伊达成的上述协定无论在规模上还是价值上对伊朗来讲都只是杯水车薪，难以缓解伊朗面临的主要问题。

第四，对日本、韩国采取拉打结合的策略，让日本同美欧拉开距离。日本是美国的盟国，同时也是伊朗能源的重要进口国。在美欧对伊朗实行能源制裁后，日本立场逐渐转向美欧一边。鉴于日本的转向，伊朗终止日本 INPEX 公司在伊朗的投资，并将其持有的股份转让给中国公司。

尽管伊朗极尽所能，但客户流失仍然严重。伊朗不仅失去了欧盟，而且美国的站队原则和外交要挟更让伊朗失去了日本、韩国等客户。中国和印度，虽然没有断绝同伊朗的能源联系，但大幅削减了从伊朗的石油进口量。伊朗的石油出口量锐减。而且，即便伊朗将石油卖给了印度，也仅能收回对伊朗外汇无益的软币卢比，收不回硬通货，这无法满足伊朗对美元等国际货币的需求。加上伊朗在欧盟等被冻结的资产，以及 SWIFT 切断造成的货款回收困难，伊朗愈发陷入金融困境。

随着欧盟制裁的深入，伊朗的宏观经济暴露出严重的问题。

第一，伊朗石油收入大幅减少，造成国民经济萎缩。美欧制裁后，印度和中国实质减少从伊朗的石油进口量。伊朗在印度的石油份额从 2008 年的 16% 降到 6%，伊朗在中国能源进口来源国中的名次逐渐滑出前五名。伊朗石油的日出口量从 2011 年的 220 万桶降到 2013 年 5 月的 70 万桶，之后维持在 80 万 ~ 150 万桶的水平，所对应的石油收入从 2011 年的 1000 亿美元下降到 2013 年的 350 亿美元。[①] 2013 年 1 月，伊朗首次承认，伊朗在 2012 年损失了约 260 亿美元的石油收入。[②]

第二，伊朗出现严重的货币贬值和外汇出逃。由于伊朗在欧盟的 2000 亿美元资产被冻结，加上对中国和印度出口的能源难以回收外汇，从 2012 年 1 月到 2014 年 1 月，伊朗货币里亚尔对美元比价暴跌了 56%，官方比价为 1 美元兑换 2.7 万里亚尔，但黑市价格达到惊人的 3.7 万里

[①] Clara Portela, "The EU's Use of 'Targeted' Sanctions Evaluating Effectiveness," CEPS Working Document, No. 391, March 2014, http://aei.pitt.edu/50141/1/WD391_Portela_EU_Targeted_Sanctions.pdf, Last Accessed on July 10, 2018.

[②] "What Has Been the Effect of the Sanctions in Iran?" BBC News, 30 March, 2015, http://www.bbc.com/news/world-middle-east-15983302, Last Accessed on July 10, 2018.

亚尔。官方与黑市的巨大差价刺激了套汇和套利行为，加速了伊朗的外汇出逃和外汇储备的减少。里亚尔的贬值导致伊朗国内通货膨胀和物价上升。本币贬值和国内通货膨胀反过来促使民众和企业抛售本币购买外币以避险，这又造成伊朗外汇储备减少，外汇储备减少和外汇紧张必然促使伊朗政府进行外汇管制，而管制外汇又加速了外汇外逃。这一串连锁反应使伊朗陷入困境。①

　　内贾德政府实施第二轮经济紧缩政策应对出现的经济困境。第二轮经济紧缩政策的要点一是削减补贴和公共支出，二是提高税负和公共服务的价格。内贾德政府雄心勃勃立志削减约 400 亿美元的政府补贴，包括汽油、面包、电力补贴等，以应对经济制裁对伊朗经济造成的困难和挑战。② 但这变相增加了企业和民众的负担。许多低收入家庭买不起鸡肉和羊肉。制裁对伊朗的中小企业来讲使其雪上加霜。从制裁开始到 2014 年 5 月，伊朗的供电价格增长了 25%，水价增长了 30%，汽油价格增长了 75%，银行利率上调了 25%。此外，中小企业的税负也在增加，伊朗中小企业经营愈发困难。③ 在经济低迷的情况下，伊朗迎来了新一届总统大选。在长期制裁下，伊朗民心思变，普通民众和伊朗宗教、政治精英都期望新一任总统能一扫阴霾，帮助伊朗摆脱经济制裁，让伊朗焕发活力。

　　如果说制裁让伊朗民众面临"核"与"黄油"的选择的话，那么伊朗政治精英所面临的选择是要"核"还是要"伊斯兰政权"的问题。内

---

① Rod Mamudi, "Evaluating Iranian Sanctions, Two Years on," *The Huffington Post*, 24 June, 2014, https: //guce. oath. com/collectConsent? brandType = nonEu&. done = https% 3A% 2F% 2Fwww. huffingtonpost. com% 2Frod-mamudi% 2Fevaluating-iranian-sancti _ b _5524328. html% 3Fguccounter% 3D1&sessionId = 3_cc − session_b79 e4 e28-1892-4397-9d66-c4d854f0f16 b&lang = en-US&inline = false.

② Roshanak Taghavi, "Why Iran's Ahmadinejad Is Pushing to Cut Popular Government Subsidies," *Christian Science Monitor*, 30 April, 2010, http: //www. csmonitor. com/World/Middle-East/2010/0430/Why-Iran-s-Ahmadinejad-is-pushing-to-cut-popular-government-subsidies, Last Accessed on July 10, 2018.

③ Simon Tisdall, "Iran Is at Breaking Point under US Sanctions, and Its Leaders Feel the Heat," *The Guardian*, 18 May, 2014, http: //www. theguardian. com/world/2014/may/18/iran-us-sanctions-economy-nuclear-programme, Last Accessed on July 10, 2018.

贾德政府的核强硬立场引发的美欧制裁已经让"核"成为危及伊斯兰政权的要素，伊朗宗教、政治精英必须做出新的抉择。2013 年 9 月，伊朗最高精神领袖哈梅内伊对伊朗革命卫队发表演讲，表示将以"英勇的灵活观念"（idea of heroic flexibility）为指导，同西方进行外交妥协。"灵活"意味着伊朗将准备谈判，但不会发生任何急剧的政策转变或妥协。[①]"英勇的灵活观念"并不意味着向敌人妥协，而是依靠原则和价值观取得战略层面的利益。这样，伊朗民众和宗教、政治精英在求变的问题上达成一致意见。

　　尽管伊朗总统候选人无论从派系还是结构上都以保守派为主，但是以解决伊朗核问题和解除经济制裁为主要竞选口号的哈桑·鲁哈尼成为最大黑马，他在 2013 年 6 月首轮选举中就击败其他候选人当选总统。[②]鲁哈尼以发表就职演说、在联合国大会演讲、同美国总统奥巴马通话等多种方式表明新政府将同国际社会开展良性互动，解决久拖不决的伊朗核问题，以期解除西方对伊朗的经济制裁，由此开启了美国和伊朗之间的良性互动。美伊关系的解冻直接促成伊朗在 2013 年签署了《伊朗核问题中期协定》，并在 2015 年 7 月签署《伊朗核协定》。变化促进变化，美国和欧盟对伊朗的制裁促成了伊朗国内政治生态的变化，而美伊良好互动又推动了伊朗核问题的解决。2016 年 1 月，国际原子能机构证实伊朗完成执行全面协议的必要准备步骤，欧盟和美国随后宣布解除对伊朗的制裁。

五　精准制裁与伊朗核问题中的欧盟角色

（一）一般制裁的困境非议与精准制裁的有效性

　　制裁作为要求目标国家改变行为的胁迫性手段（coercive measures），在当今国际关系中占据重要地位。制裁导致行为改变（behavior change）

---

① Arash Karami, "Ayatollah Khamenei on Diplomacy：'Heroic Flexibility'," 18 September, 2013，https：//theiranproject. com/blog/2013/09/18/ayatollah-khamenei-on-diplomacy-heroic-flexibility/，Last Accessed on July 10，2018.

② 关于伊朗大选的情况分析和哈桑·鲁哈尼的竞选策略参见赵建明《鲁哈尼当选对伊朗核问题的影响》，《西亚非洲》2013 年第 6 期。

的发生机制是，通过制裁使目标国感受到经济和外交上的压力，提高后者在相应领域的成本，进而改变目标国统治集团在特定问题上的成本收益盘算，迫使后者在特定问题上做出重大让步，达到不战而屈敌之兵的效果。但是一般制裁存在三大内生缺陷。一是制裁所具有的可转嫁性。制裁是将目标国作为一个整体加以考虑的，忽视目标国内部所具有的阶级和阶层，因此，制裁这种笼统的做法将波及与政策制定无关的其他阶级和阶层。而且遭受制裁国家的统治阶层一般都会通过压缩财政开支、管制外汇、提高税负等措施将制裁转嫁到普通民众身上。这就造成旨在让统治阶层改变政策的制裁却转嫁到普通民众身上。二是制裁联盟的广泛性。国际体系中国家与国家之间存在政治、经济、外交上的广泛联系。如果制裁只是由少数国家参加，不论这个制裁实施国家或集团实力多强大，也难以构筑强有力的制裁联盟，那么制裁目标国将通过加强同其他国家的联系来规避制裁。因此，制裁具有广泛性是制裁有效性的必要条件。三是制裁的时间性。制裁从实施到见效在客观上需要一定时间。制裁的时间越长，制裁目标国感受到的困难和压力将越发深刻，造成的心理冲击也越大，成本收益盘算的改变越发彻底，制裁可能就会越有效。如果制裁从实施到结束，时间非常短暂，甚至还没有让制裁的发生机制发挥作用，那么制裁将难以取得预期的效果。

　　有鉴于此，经济制裁无论从理论上还是实践上都在发展，力图克服一般制裁的缺陷。[①] 作为改进版的精准制裁尽可能克服一般制裁的上述缺陷，做到有的放矢。欧盟对伊朗的精准制裁就是能源制裁和金融制裁。首先，对伊朗实行能源制裁。伊朗财政和经济严重依赖石油。依赖导致脆弱，因此只要卡住伊朗的能源出口，必然会影响伊朗对核问题的资金、资源投入和相应的政治盘算。欧盟的精准制裁直接聚焦伊朗的能源部门，对伊朗进行石油禁运，并中断同伊朗的运输、保险与再保险等相关业务，

---

① 关于经济制裁理论的演进参见 Gary Clyde Hufbauer, *Economic Sanctions Reconsidered* (Washington, Peterson Institute for International Economics, 2007); Hossein Askari, *Economic Sanctions: Examining Their Philosophy and Efficacy* (Praeger, 2003); George A. Lopez Lanham, *Smart Sanctions: Targeting Economic Statecraft* (Rowman & Littlefield, 2002); Robert Eyler, *Economic Sanctions International Policy and Political Economy at Work* (Palgrave Macmillan, 2007).

目的就是让伊朗失去欧盟这一出口市场。其次，对伊朗实行金融制裁。冻结伊朗央行等金融机构在欧盟的资产，进而授权切断伊朗同国际金融市场联系的 SWIFT 通道，其后果是切断石油货款和金融支付的回路。这样即使伊朗向其他石油买家售卖石油，也不能回收货款。

不仅如此，欧盟还同美国进行政策协调，将日本、韩国等拉入制裁联盟。美欧特别是美国还干涉第三国同伊朗的能源和经济联系，迫使它们减少对伊朗的能源投资和贸易往来。这些国家或是顾忌美国制裁或是担心伊朗环境恶化导致出现投资风险，都在减少同伊朗的能源联系。这样针对伊朗的国际同盟基本构建成功。从制裁效能来看，对伊朗的制裁算是立竿见影。伊朗的石油出口量锐减，硬通货回收困难。而且因为能源难以出口导致经济萎缩、通货膨胀、汇率飞涨等，这迫使伊朗当政者认真思考制裁同核问题的关联。

（二）欧盟制裁与伊朗核问题中的欧盟角色

欧盟一贯重视强调规范性力量（normative power）与民事力量（civilian power），认为经济制裁是危险的政策工具，会损害欧盟自身经济和外交利益而不必然带来预想的结果。[①] 这在相当大程度上是欧盟反对美国在伊朗核问题上使用武力恫吓并在 2003 年至 2004 年主动介入伊朗核问题的重要原因。但随着伊朗核政策的转变，欧盟的政策也发生转变。特别是伊朗内贾德政府上台后逐步撕毁同欧盟达成的核暂停协定，启动铀浓缩等敏感核活动，欧盟和伊朗关系恶化。内贾德政府同欧盟的恶性互动最终将欧盟从"中间国家"推到美国一边，欧盟走上了联美制伊的道路，制裁也成为欧盟迫使伊朗做出核让步的法宝。以核问题提交联合国安理会为标志，2006 年欧盟对伊朗政策已经发生变化。而 2012 年欧盟的单边制裁则意味着欧盟对伊朗政策的重大变化，即欧盟为遏制伊朗拥有核武器，给欧盟外交装上锋利的牙齿，通过制裁让伊朗感受到经济痛苦，并由此改变核政策。策略上，欧盟从之前以接触对话为主的单轨政

---

① "Europe's Iran Diplomacy," *European Union Center of North Carolina EU Briefings*, March 2008, https://europe.unc.edu/files/2016/11/Brief_Europe_Iran_Diplomacy_2008.pdf; "Iran's Sanctions and Regional Security," The Brookings Institution, 23 October, 2007, https://www.brookings.edu/testimonies/iran-sanctions-and-regional-security/, Last Accessed on July 10, 2018.

策转变为以制裁和对话为主的双轨政策。这从另一个侧面反映了欧盟维护反核扩散国际规范的力度。2016 年 6 月欧盟通过了题为《共享的远景、共同的行动：一个更强大的欧洲：欧盟外交与安全政策全球战略》（Shared Vision，Common Action：A Stronger Europe/A global Strategy for the European Union's Foreign And Security Policy）的新全球战略。新战略的亮点之一是强调将促进建立在规则基础上的全球秩序（rule-based global order），其内涵是以联合国为核心的多边主义。在战略文件中，《伊朗核协定》作为欧盟维护周边安全和防止核扩散的典型案例被数次提及。[①]

（三）双重行为改变下的暂时均衡

2015 年 7 月，伊朗同相关各方签署《伊朗核协定》，这在相当大程度上不是谁胜谁负的问题，而是制裁与被制裁的各方国内政治与国际政治两个层面的博弈暂时达到均衡的结果。首先，协定是各方在都改变自己行为的情况下促成的。面对强行推动核进程而招致严厉制裁的僵局，鲁哈尼总统的破局之策是化强硬为柔和，从强硬路线退到和谈、合作。改变的路径是以改善美伊关系为突破口，向美国示好，表达在核问题上的积极转变，以期带来美国和欧盟在经济制裁上的改变。而奥巴马总统也善于抓住机遇，接过鲁哈尼的橄榄枝。在美伊行政与外交部门的良性互动下终于促成了伊朗核问题的解决。各方的改变扭转了此前核问题与国家关系相互加强的恶性循环，以国家关系的改变促成核问题的解决。这种改变避免了核问题和国家关系走向死胡同的恶果，强化了一方对对方政策改变有利于己方的认知，最终促成了《伊朗核协定》。

其次，对伊朗来讲，尽管制裁使伊朗陷入困境，甚至面临在伊斯兰政权和核力量两者之间进行取舍的难题，但伊朗经济远未到山穷水尽的地步。内贾德和鲁哈尼更像是面对不同困难采取不同应对之策的问题解决者（problem-resolver），目的都是推动伊朗的核进程，维护核权益和伊

---

① "Shared Vision, Common Action：A Stronger Europe：A Global Strategy for the European Union's Foreign and Security Policy," June 2016, http：//eeas. europa. eu/archives/docs/top_stories/pdf/eugs_review_web. pdf, Last Accessed on Dec. 17, 2018.

斯兰政府。鲁哈尼通过暂停福尔多浓缩铀厂、暂停稀释 5% 以上的浓缩铀丰度等举措来换取美欧解除对伊朗的经济制裁。对美欧尤其是美国来讲，美国在现有条件下不可能实现当初小布什政府设定的不容许伊朗发展任何敏感核活动的目标。因此，暂停和延缓伊朗核进程，不过分刺激伊朗采取强行推动核进程的过激行动不失为理性和明智之选。美国要实现上述目标也必须表现出足够的诚意和决心，尊重伊朗和平发展核能的权利。这样，不发展核武器（no bomb priority）成为谈判各方暂时不情愿但能够接受的选择，这也是各方能够达成协定的根本原因。

（四）伊朗核问题的阶段性

《伊朗核协定》的达成对积重难返的伊朗核问题来讲的确是个重要的分水岭。伊朗以核让步换取美欧解除经济制裁是协定的核心要素。这也是协定各方通过讨价还价能够达成的可接受的条款。但是核问题的演化仍存在变数。首先，伊朗核问题的核查监督将成为主要争执焦点。伊朗经济制裁的解除同伊朗核问题本身直接挂钩。这具体包含减少伊朗的浓缩铀离心机数量、降低现有浓缩铀丰度、阿拉克重水反应堆去军事化等，但在伊朗多元政治环境下，伊朗宗教人士、伊朗议会、伊朗军方都可能成为阻碍伊朗行政部门履行相关协定的因素。随着侵入式核查和核循环体系全方位核查的不断展开，伊朗能否批准国际原子能机构附加议定书成为各方争执的焦点。而这必然触发伊朗国内新一轮的权力斗争和博弈。其次，伊朗核问题中可能涉及的军事项目是各方争执的另一个焦点。达成最终协定的基础是伊朗不发展核武器。尽管伊朗最高精神领袖和其他高级政要多次表示伊朗不发展核武器，但是国际原子能机构核查表明，伊朗的确存在与军事相关的项目或活动，可能的军事项目问题的解决将是对协定履行的重大考验。显然随着对伊朗核进程的核查与监管不断走向深入，国际原子能机构与伊朗、伊朗同美欧等的分歧和摩擦将呈现上升态势，而这些分歧和摩擦能否解决不仅关系到核问题本身能否最终解决，还关系到国际社会特别是美欧能否进一步解除对伊朗的相关制裁。最后，伊朗核问题同美伊国内选举等政治变化息息相关。正是由于奥巴马总统与鲁哈尼总统之间的良性互动才推动《伊朗核协定》签署。但 2016 年美国的总统选举及 2017 年伊朗总统大选开启了新一轮政治周期，领导人的变化将对伊朗核问题产生直接影响。特别是美伊两国是否能步调一致地选出建设性推进美伊关系的总统尤为重要，这也将直接影响伊朗核问题的走向。

第二节　后伊核协定时代欧盟对
《伊朗核协定》的维护

2016 年美国总统大选，共和党候选人特朗普上台。无论是在选战言论、竞选团队构成还是家族因素方面，特朗普都表现出强烈的反伊特性。特朗普上台后，更是数次表达对《伊朗核协定》的强烈不满。2018 年 5 月 8 日，特朗普宣布退出《伊朗核协定》并对伊朗进行新一轮更加严厉的制裁。在美国退出前后，德国、法国、英国为力保《伊朗核协定》进行外交斡旋，欧盟在 8 月更新了阻断法令，9 月推出特殊目的通道，力图在美国退出的情况下维护《伊朗核协定》。

一　特朗普退出《伊朗核协定》与欧盟的外交斡旋

2017 年 12 月 19 日，伊拉克宣布政府军已收复极端组织"伊斯兰国"在伊拉克控制的所有领土，美国宣布在伊拉克取得了打击"伊斯兰国"的历史性胜利、拒绝承认伊拉克库尔德的独立公投之后，《伊朗核协定》的存废成为特朗普政府外交议程的首要议题。经过数次（2017 年 4 月 15 日、7 月 15 日、10 月 15 日，2018 年 1 月 15 日、4 月 12 日）审议和豁免对伊朗制裁之后，2018 年 1 月 12 日，特朗普发表最后通牒式演讲，涉及如下内容。第一，《伊朗核协定》违背了美国的初衷。伊朗以极小代价获得极大的收益，但并未在行动上改弦更张，利用协定解除的 1000 亿美元资金从事恐怖和地区破坏性活动。因此《伊朗核协定》要么重新修改要么被废除（fix-it-or-nix-it），这是最后的机会。第二，特朗普提出修约四原则：一是必须保证伊朗永远不能拥有核武器；二是伊朗必须允许国际原子能机构对帕尔钦等军事基地的核设施进行检查；三是废除日落条款，为防止伊朗发展核武器，新协定不设定期限而应该永远有效；四是远程导弹与核计划不可分割，伊朗任何发展和试射远程导弹的行为都将招致严厉制裁。第三，特朗普设定 5 月 12 日是最后期限。如果美国国会和欧盟不能在最后期限前解决核协定的重大缺陷，美国就将退出。①

特朗普的最后通牒引发了欧盟的恐慌，作为《伊朗核协定》最重要的推动者，欧盟加大了对美国的游说力度，力图在4个月时间内说服特朗普政府不要废约。以特朗普任命对伊朗强硬派人士蓬佩奥为国务卿和博尔顿为国家安全事务助理为分界线，任命之前欧盟主要同美国磋商补充协定以弥补既有核协定的不足；任命之后则引发了法国总统马克龙和德国总理默克尔对美国的背靠背游说。

（一）从补充协定到季度审查会议再到三国提议

针对特朗普政府或修或废提议，英法德三国官员代表欧盟同美国国务院政策规划办公室主任布莱恩·胡克（Brian Hook）从2018年1月开始针对特朗普提出的核问题和非核议题进行补充协定（supplement agreement）的谈判。双方在伦敦、巴黎、柏林先后举行了4轮磋商。在核问题方面，主要谈判议题是核协定的日落条款、协定到期后的安排、洲际导弹问题、体系外核查；在非核议题方面，谈判围绕特朗普提出的非核六议题展开，即伊朗支持地区恐怖主义组织等行为、伊朗伊斯兰革命卫队的资助来源、伊朗的导弹发展和扩散、伊朗的网络入侵、伊朗的国际航运威胁、伊朗侵犯人权。②

2018年3月，《伊朗核协定》签署国在维也纳举行第8次季度审查例会。由于这次例会是特朗普1月12日演讲后各方的首次直接接触，因此例会格外引人关注。美方代表胡克在这次会议上提出如下内容。第一，美国遵守了《伊朗核协定》中的美方承诺，美国也将让伊朗严守自己的承诺。第二，美国在评估《伊朗核协定》是否有助于中东的安全与稳定，但总体来看，近两年来，伊朗的内外政策咄咄逼人，危及中东的安全和稳定。伊朗应该停止资助恐怖主义活动，停止破坏中东局势的行动。第三，《伊朗核协定》不是军备控制条约，也不是一个协定，仅是各方

---

① President Donald J. Trump, "Statement by the President on the Iran Nuclear Deal," The White House, 12 January, 2018, https://www.whitehouse.gov/briefings-statements/statement-president-iran-nuclear-deal/.

② Benjamin Weinthal, "Germany Stalls Iran Talks over Labeling Hezbollah as Terrorists," *The Jerusalem Post*, 22 March, 2018, https://www.jpost.com/Middle-East/Germany-stalls-Iran-talks-over-labeling-Hezbollah-as-terrorists-546713.

承诺遵守的行动计划。这份计划有许多缺陷，这些缺陷构成了对美国安全的威胁。如果没有补充协议纠正其缺陷，美国就不能允许《伊朗核协定》继续存在。[①]

伊朗则认定美国在推延波音飞机销售许可等问题上违背了协定承诺，警告各方不得引入新的非核制裁，希望欧盟不要因为取悦特朗普而追随美国发起对伊朗的非核制裁。[②] 欧盟外交与安全事务代表费德丽卡·莫盖里尼（Federica Mogherini）在例会结束后表示欧盟将同伊朗磋商导弹和地区问题。

3月16日，英法德三国在欧盟委员会提出对伊朗施加新制裁的联合提议（joint proposal）。这一举措被视为欧盟试图通过增加对伊朗导弹和地区破坏性活动的非核制裁来说服特朗普不要放弃核协定。[③] 联合提议认为，伊朗将导弹及其技术扩散到叙利亚、也门、黎巴嫩等国违反了核协定中停止弹道导弹开发、试射和扩散的承诺，欧盟将针对伊朗的弹道导弹项目及叙利亚干涉行动进行包括旅行限制、资产冻结等在内的新制裁。欧盟将不会破坏核协定的条款，但有权在非核领域引入新制裁。与此同时，英法德三国将同美国密集接触，争取在最后期限前挽救核协定。[④]

通过上述谈判内容可以看出，无论是美方的胡克还是欧盟代表都倾向于认为《伊朗核协定》不会被废除，通过修补核协定和增加非核制裁就能维护核协定，谈判的核心是如何修订既有的核协定。但特朗普对两名高级官员的任命彻底打破了上述政策预期。

---

① Brian Hook, "Briefing on the Joint Comprehensive Plan of Action Joint Commission and E3 Meetings in Vienna and Berlin," Department of State, 21 March, 2018, https://www.state.gov/r/pa/prs/ps/2018/03/279441.htm.

② "Britain, France, Germany Propose New Sanctions on Iran," *Press TV*, 16 March, 2018, https://www.presstv.com/Detail/2018/03/16/555691/EU-Iran-sanctions-JCPOA-Germany-France-Britain-Document.

③ "Britain, France, Germany Propose New Sanctions on Iran," *The Iranian*, 17 March, 2018, https://iranian.com/2018/03/17/britain-france-germany-propose-new-sanctions-iran/.

④ Robin Emmott, John Irish, "Exclusive: European Powers Propose New Iran Sanctions to Meet Trump Ultimatum," *Reuters*, 16 March, 2018, https://www.reuters.com/article/us-usa-trump-iran-eu-exclusive-idUSKCN1GS2A7.

（二）从法国的"四支柱战略"到核协定附加条款（nuclear plus）

2018 年 4 月，美国国内政治再掀波澜，被认为能制约特朗普的两位温和派老将国务卿蒂勒森和国家安全事务助理麦克马斯特先后被特朗普解职。摆脱制衡的特朗普在遏制伊朗的道路上越走越远。4 月 9 日，特朗普任命约翰·博尔顿为国家安全事务助理，4 月 26 日任命麦克·蓬佩奥为国务卿。博尔顿和蓬佩奥都以强烈反对《伊朗核协定》著称。博尔顿是政权改变（regime change）的代名词，强调对伊朗等非民主国家进行政权改变。他认为《伊朗核协定》是奥巴马签署的绥靖协定。早在奥巴马政府签署《伊朗核协定》的次日，时任众议员的蓬佩奥就公开批评《伊朗核协定》。就职之后，蓬佩奥进一步表示《伊朗核协定》是建立在伊朗欺骗世界的谎言基础之上的（2018 年 5 月 1 日），甚至主张美国采用军事手段打击伊朗核设施。① 蒂勒森和麦克马斯特的出局标志着美国对伊朗政策更趋强硬，总统特朗普、国务卿蓬佩奥、国家安全事务助理博尔顿组成了美国敌视伊朗的铁三角。三者的共识是废除维系伊朗政权的《伊朗核协定》。②

面临美国国内政治的急剧变化及其可能产生的严重后果，法国总统马克龙（4 月 23～24 日）和德国总理默克尔（4 月 27 日）抓紧对美国进行背靠背访问（back to back visit），英国首相特蕾莎·梅也与特朗普进行电话沟通。英法德的密集游说是欧盟在最后期限前为挽救《伊朗核协定》所做的最后努力。③

马克龙同特朗普会晤时表示：美国退出《伊朗核协定》会刺激伊朗

---

① "Pompeo：The Nuclear Deal Was 'Built on Iran's Lies'，" *Tea Party Patriots*，1 May，2018，https：//www. teapartypatriots. org/news/pompeo-the-nuclear-deal-was-built-on-irans-lies/.

② 蒂勒森、麦克马斯特、马蒂斯曾被认为是遏制总统特朗普的温和派人士。蒂勒森在2018 年 3 月被免职的主要原因是其承认伊朗在技术上遵守了《伊朗核协定》，并试图同国防部长马蒂斯一起敦促特朗普保留《伊朗核协定》，参见 Ted Regencia，"Iran Senses Nuclear Deal's Last Gasps in Pompeo，Bolton Picks，" *Aljazeera News*，26 March，2018，https：//www. aljazeera. com/news/2018/03/iran-senses-nuclear-deal-gasps-pompeo-bolton-picks-180326052811320. html。

③ Margaret Talev，Jennifer Epstein，"Macron，Merkel Prepare Hard Sell for Trump on Iran Deal，" *Bloomberg*，23 April，2018，https：//www. bloomberg. com/news/articles/2018 – 04 – 23/macron-merkel-ready-hard-sell-on-trump-to-stay-in-iran-accord.

发展核武器，并在中东引发新的战争。《伊朗核协定》虽然并不充分（not sufficient deal），也未能解决包括核关切在内的所有安全关切。但在达成替代方案前，各方应当保留和遵守《伊朗核协定》。马克龙提出以"四支柱战略"（four-pillar strategy）解决特朗普的安全关切。"四支柱"是指伊朗的短期核活动、长期核活动、弹道导弹项目、地区军事行为，马克龙认为各方应当在保留核协定前提下，本着平等原则就上述问题达成新协定。谈判参与方除了联合国安理会五常外，还可包括美欧的盟国。① 法国在解决伊朗核问题上没有备用计划，认为通过协定的形式解决伊朗核问题好过拥有核武器的朝核问题解决模式。②

德国也认为废除核协定会促使伊朗退出甚至走向拥核，中东将陷入战争。核协定由七国谈判达成，是确保伊朗弃核的理想形式（pact was anything but ideal）。③ 德国的政策是维持《伊朗核协定》并敦促各方履约。德国将认真考虑法国的四支柱战略，不过担心伊朗拒绝开启这一进程。在修订日落条款方面，德国认为需要补充日落条款，各方有权在国际原子能机构认定伊朗违约后施加更严厉的制裁。在中东事务方面，德国反对特朗普政府过分亲以色列，德国拒绝美国将黎巴嫩真主党列为恐怖主义组织的要求，也不会跟随美国承认耶路撒冷为以色列的首都并搬迁大使馆。

法德两国的共同立场包括：第一，核协定尽管不完美但是限制伊朗核计划最好的选择，包括美国在内的各方在提出更好的替代方案之前不应该放弃核协定；第二，法德倡导核协定附加条款（Iran deal plus），既对核协定附加更严格条件，又同伊朗磋商弹道导弹和地区行为协定；第三，欧盟未雨绸缪，筹划美国退出后的应急方案。美国设定的最后通牒

---

① Michael Wilner, "Macron Pushes Four Pillars Iran Deal Whether or Not Trump Withdraws," *The Jerusalem Post*, 25 April, 2018, https://www.jpost.com/Middle-East/In-joint-session-of-US-congress-Macron-urges-prudence-on-Iran-nuke-deal-552749.

② Alexander Mallin, "Macron, Merkel Expected to Push Trump on Keeping US in Iran Nuclear Deal," *ABC News*, 23 April, 2018, https://abcnews.go.com/International/macron-merkel-expected-push-trump-keeping-us-iran/story? id = 54666253.

③ "Merkel: Germany Remains Committed to Iran Nuclear Deal," *Radio Free Europe/Radio Liberty*, 16 May, 2018, https://www.rferl.org/a/iran-merkel-germany-remains-committed-to-nuclear-deal/29229972.html.

的意义明显，欧盟要面对美国退出及其引发的严重后果。①

但无论补充协定还是背靠背访问都未能让特朗普满意。《伊朗核协定》最终成为美国政策调整的牺牲品。2018 年 5 月 8 日，美国总统特朗普签署第 13846 号行政命令，废除《伊朗核协定》并对伊朗实行更严厉制裁。在 8 月 4 日实施的第一轮制裁中，美国禁止伊朗政府和央行从事美元和贵金属交易；禁止伊朗从事购销里亚尔的大宗交易；禁止认购或促进伊朗主权债务发行的活动；制裁伊朗的汽车工业。在 11 月 4 日实施的第二轮制裁中，美国对伊朗实行能源禁运，要让伊朗的"石油零出口"（zero oil emport）或接近零出口。除非获得豁免，美国禁止从伊朗国有石油公司（NIOC）等进口伊朗的原油、石油产品和石化产品，美国制裁包括伊朗航运公司在内的港口运营、航运、造船、保险和再保险行业。与此同时，美国财政部长等高级官员多次威胁 SWIFT 公司，要求后者配合美国行动，在第二轮制裁中切断同伊朗的端口。SWIFT 在压力之下，以维护全球金融体系的稳定和完整为由，从 2018 年 11 月 12 日起切断同伊朗银行的金融联系。②

在上述背景下，英法德三国在 5 月 12 日发表恪守《伊朗核协定》的联合声明。"欧盟将保障《伊朗核协定》框架不受损害，不会采取美国那样阻碍核协定实施的任何行动。但伊朗核计划也要保持和平与民用特性。"为此，德国总理默克尔致电伊朗总统鲁哈尼（5 月 10 日）重申德国对核协定的承诺。③ 默克尔还出访俄罗斯（5 月 18 日）④ 和中国（5 月

---

① "France's Macron Says He Has No Plan B for Iran Nuclear Deal," *Newsmax*, 22 April, 2018, https://www.newsmax.com/newsfront/emmanuel-macron-iran-fox-interview/2018/04/22/id/855921/.

② "SWIFT Kick: Iranian Banks about to Be Cut off from Global Financial Network," *RT News*, 12 November, 2018, https://www.rt.com/business/443719-swift-disconnect-iranian-banks/.

③ "Germany's Merkel Calls Iran's President, Expresses Berlin's Commitment to Nuclear Deal," *Arab News*, 10 May, 2018, http://www.arabnews.com/node/1300261/world.

④ 在俄罗斯介入叙利亚、俄间谍 Sergei Skripal 遇刺事件的背景之下，避免《伊朗核协定》流产成为俄罗斯和德国之间少有的促使关系改善的契机。5 月 10 日，德国新任外长海科·马斯访问俄罗斯并表明德俄两国支持《伊朗核协定》。5 月 18 日，德国总理默克尔访问俄罗斯，默克尔同普京会晤表示，"伊朗核危机在莫斯科和柏林激发了少有的团结。德国和俄罗斯相信《伊朗核协定》应当继续有效"。"Putin to Meet Merkel to Talk Iran and Ukraine," *Yahoo News*, 18 May, 2018, https://www.yahoo.com/news/putin-meet-merkel-talk-iran-ukraine-024014712.html.

25 日）①，商讨各方在美国退出后维持《伊朗核协定》事宜。5 月 15 日，欧盟外交与安全事务代表莫盖里尼对来访的伊朗外长扎里夫表示，"欧盟将保护欧盟在伊公司的利益，并已开始研究美国制裁的应对措施，主要聚焦伊朗的油气出口和欧盟公司权益保障等领域"。②

二　欧美在《伊朗核协定》上的政策差异及内在根源

特朗普政府退出使《伊朗核协定》陷入困局。但令美国意外的是，曾跟随美国进行联合制裁的欧盟在废约问题上不惜对抗美国、力挺伊朗。这种分歧体现了欧盟与美国对伊朗核问题认知、治理理念、地缘关系以及在伊朗利益等方面的差异。

第一，欧美对伊朗核问题的认知不同。特朗普政府偷换概念，将伊朗核问题上升为"伊朗问题"。特朗普政府提出保留核协定的条件是修约，但修约的条件已经超越核问题本身。特朗普政府设定的议题广泛庞杂，除了核问题外，还包括伊朗弹道导弹、支持恐怖主义、地区破坏活动、侵犯人权等。美国还要求以捆绑式的一揽子方案解决，即只有伊朗在上述所有问题完全达到美方要求后，美国才会留在核协定中，拒绝欧盟提出的核问题附加条款。这样，特朗普政府对伊朗政策又退回到冷战后的"四宗罪政策"。③冷战后，美国一直指责伊朗犯有"四宗罪"，即伊朗发展核武器、支持恐怖主义、阻碍中东和平进程、侵犯人权。这样，特朗普政府偷梁换柱，将伊朗核问题变成了伊朗问题。

---

① 5 月 25 日，德国总理默克尔访问中国，《伊朗核协定》是重要的议题之一。对于伊朗核问题，中德立场一致，认为《伊朗核协定》是最重要的多边主义成果。中德两国都表示支持《伊朗核协定》的决心不变。Charlotte Gao, "Was Merkel's Visit to China Successful?" *The Diplomat*, 29 May, 2018, https://thediplomat.com/2018/05/was-merkels-visit-to-china-successful/.

② Patrick Wintour, Jennifer Rankin, "EU Tells Iran It Will Try to Protect Firms from US Sanctions," *The Guardian*, 15 May, 2018, https://www.theguardian.com/world/2018/may/15/eu-tells-iran-it-will-try-to-protect-firms-from-us-sanctions.

③ 冷战后，从克林顿到小布什再到奥巴马，美国对伊朗的指责基本集中在四个领域，即发展核武器、支持恐怖主义、阻碍中东和平进程、侵犯人权，参见 Alex Edwards, *Dual Containment Policy in the Persian Gulf: The USA, Iran, and Iraq, 1991 - 2000* (Palgrave Macmillan, 2014); Anthony H. Cordesman, Bryan Gold, *Sanctions, Energy, Arms Control, and Regime Change* (Rowman & Littlefield, 2014)。

在对待《伊朗核协定》上，特朗普政府将核协定视为万恶之源，认为伊朗仅以 10～15 年的暂停铀浓缩等敏感核活动就换来了欧美制裁的解除，核协定不过是伊朗欺骗国际社会的缓兵之计。核协定的日落条款为伊朗未来发展核武器提供了制度漏洞，而核协定并未让伊朗迷途知返。伊朗反而将被解除的 1000 多亿石油美元用于发展核武器、弹道导弹，在国内侵犯人权，支持恐怖主义，支持叙利亚巴沙尔政权、也门胡塞武装等。特朗普还援引以色列情报机构认定伊朗并未停止发展核武器，伊朗是在欺骗国际社会。他认为签署核协定是美国的耻辱和外交惨败，核协定必须被废除。2016 年，特朗普在美国—以色列行为委员会（American Israel PAC）、美以公共事务委员会（American Israel Public Affairs Committee，AIPAC）等场合多次表示，如果当选，优先政策就是废弃此前同伊朗达成的"灾难性"核协定。

欧盟则将伊朗视作中东不可或缺的行为体，期望接触而不是孤立伊朗。欧盟认为核协定尽管不完美，但是在伊朗核进程逼近临界点时签署的，通过暂停换解除制裁能够避免伊朗困兽犹斗，突破核门槛，缓和了中东地区可能的核军备竞赛和紧张局势。这一暂停有助于国际社会争取更多时间，以解决未尽事宜，例如，帕尔钦军事基地准入和更严格的侵入式核查等。而且核协定是国际社会同伊朗发展关系的基石，在各方建立信任的基础上有助于其他问题（比如，弹道导弹问题）的解决。因此欧盟主张核协定必须保留。

第二，特朗普与欧盟的治理理念不同。特朗普将"美国优先"作为执政之本，在国家利益与国际责任问题上锱铢必较，以实用主义心态看待国际制度，不愿为国际社会提供公共产品，不愿为国际制度埋单。特朗普在"美国优先"的旗号下置多边主义于不顾，上台后宣布退出《联合国气候变化框架公约》的补充协定《巴黎协定》、《万国邮政公约》、《中导条约》、联合国教科文组织等多边条约或组织。退出《伊朗核协定》只不过是特朗普政府退出多边协定的缩影。

作为国家间共同体，欧盟历来强调多边主义、规范力量的作用，坚持有约必守。具体到伊朗核问题，可以说伊朗核问题解决过程中取得的任何一点进步都与欧盟的努力分不开。从"德黑兰宣言"到《巴黎协定》再到《伊朗核协定》，都凸显了欧盟色彩。欧盟认为维护《伊朗核协定》意味着维护欧盟的外交成果和规则的权威性。[①] 在国际原子能机构和其他签约国认定伊朗认真履约的前提下，特朗普指责日落条款并将伊朗其他行为同核协定相捆绑属于无中生有，欧盟若在废约问题上追随美国，则无异于助纣为虐，彻底抛弃自己长期坚持的道义和规范，因此欧盟不能跟随美国废弃核协定。

第三，欧盟、美国与伊朗地缘关系上的差异也导致对伊朗政策出现差异。欧盟在伊朗问题上存在"池鱼困境"。伊朗的稳定直接关系到欧盟的安全。冷战后，反核扩散和关注周边是欧盟安全关注的两大维度。[②] 而伊朗恰恰在这两个维度上挑战了欧盟的安全。欧盟不希望作为周边国家的伊朗成为拥有核武器的国家，更不希望伊朗因为拥核成为美国军事打击的对象。在伊朗核问题上，欧盟面临所谓的"池鱼困境"，因为一旦伊朗生乱，是近邻欧盟而非遥远的美国首先受到冲击。[③]

从政策推演看，美国极限施压针对的目标是伊朗政权，伊朗要么像蓬佩奥在 2018 年 5 月 21 日的演讲所展示的路径一样改弦更张，在行为上做出重大改变，要么面临博尔顿所称的政权改变。[④] 如果伊朗反对美国提出的行为改变甚至政权改变，那么伊朗必然在核问题、地区军事行动等方面寻求突破，这反过来会诱发美国、以色列、沙特等国的反制。随着美国、

---

① Cornelius Adebahr, "Trump, the EU, and Iran Policy: Multiple Pathways ahead," *Carnegie Endowment for International Peace*, 31 January, 2017, https://carnegieendowment.org/files/Adebahr_Nuclear_Deals_Uncertain_Future.pdf.

② 在议题上，欧盟将恐怖主义、大规模杀伤性武器的扩散、有组织犯罪等视为主要的安全威胁。2003 年欧盟出台的《欧盟安全战略》指出，欧盟在冷战后面临诸多安全挑战，但是核武器的扩散是欧盟首要的安全关切，欧盟将利用和采取一切可资利用的资源和手段加以应对，参见 "European Strategy against the Proliferation of Weapons of Mass Destruction," 10 December, 2003, p. 5, http://register.consilium.europa.eu/pdf/en/03/st15/st15708.en03.pdf. 在地区层面，欧盟更加关注周边地区。欧盟强调将更多邻国转化为朋友，构建欧盟的安全圈。2004 年欧盟出台的《欧盟对中东—地中海的安全战略》，强调欧盟将把伙伴计划和对话作为欧盟战略的基石，对中东和地中海两大地区奉行长期的务实的接触政策，以促进这两个地区的繁荣与安全，参见 "European Neighborhood Policy," May 2004, http://www.diis.dk/graphics/Publications/WP2005/22_uho_EUs_Neighbourhood.pdf.pdf.

③ "EU Strategic Partnership with the Mediterranean and the Middle East," June 2004, http://www.consilium.europa.eu/uedocs/cmsUpload/Partnership%20Mediterranean%20and%20Middle%20East.pdf.

④ Secretary of State Mike Pompeo, "After the Deal: A New Iran Strategy," Department of State, 21 May, 2018, https://www.state.gov/secretary/remarks/2018/05/282301.htm.

以色列、沙特绞杀伊朗的绳索不断收紧，地区冲突升级的概率将陡然提高，甚至会出现伊朗核设施遭受军事打击以及伊朗同美以之间发生局部战争。

无论出现哪种情势，欧盟都会首当其冲。叙利亚和伊拉克的难民问题已经让欧盟疲于应对，一旦伊朗出现危机，难民的涌入和恐袭升级等问题将使欧盟不堪重负。因此，夹在美国和伊朗之间的欧盟更倾向于采用主动介入和接触政策来解决问题，不愿大动干戈，诉诸武力。欧盟此次在《伊朗核协定》上选择同美国分道扬镳，原因之一在于地理上的相近让欧盟成为更易受损的一方。

第四，欧盟与美国在伊朗的经济利益不同，美国对伊朗的长臂制裁直接伤害了欧盟在伊朗的利益。美国对伊朗的新制裁直指伊朗的外资和能源出口，根本目的是断绝伊朗同国际社会的能源和经贸联系。美国的制裁将让2016年核协定生效后欧盟对伊朗的经贸投资付诸东流。

美国制裁对欧盟的影响的主要体现如下。首先，能源禁运将截断欧盟从伊朗进口的石油。核协定签署之后欧盟全面恢复从伊朗的能源进口。2017年，意大利（每天进口19.8万桶）、德国（每天进口16.1万桶）、法国（每天进口11.4万桶）、西班牙（每天进口8.4万桶）、希腊（每天进口7.4万桶）成为伊朗石油的重要买家，欧盟国家从伊朗的石油日进口量达到62.4万桶，约占伊朗石油日出口量的24.8%。[①]这个数据已接近双方的历史峰值。如果欧盟顺从美国的制裁，那么这些国家将在半年时间内停止进口伊朗石油，并需要寻找替代卖家。

其次，经贸投资制裁将使欧盟现有的对伊朗投资付之一炬。核协定生效后，欧盟对伊朗的经贸投资迅速攀升，欧盟成为仅次于中国的伊朗第二大贸易伙伴。2016～2017年，欧盟对伊朗出口额增长了31.5%，进口额增长了83.9%。其中，德国对伊朗出口额从2016年的26亿欧元提高到2017年的37亿欧元。法国对伊朗出口额从2015年的5.62亿欧元飙升至2017年的15亿欧元。欧洲空中客车公司在2016年与伊朗签署价值175亿欧元的合同，向伊朗出售118架商用客机。在对伊朗投资上，法国道达尔石油公司、斯堪尼亚货车公司、法国标致公司等在制裁解除

① https://www.mees.com/2018/2/9/transportation/iranian-oil-exports-hit-pre-sanctions-levels-as-european-share-grows/0fecc010-0dbc-11e8-9c19-95e019b95c5e.

后加大了对伊朗的投资力度。法国道达尔公司在 2017 年 7 月与伊朗签署了 42.5 亿欧元的 20 年协议，开发伊朗南帕斯气田。① 法国标致公司同伊朗 SAIPA 公司合资生产的标致 205 型、305 型汽车是伊朗畅销的汽车。意大利国家铁路公司同伊朗签署了 12 亿欧元的合同，修建从库姆到阿拉克的高速铁路。法国雪铁龙公司在 2016 年与伊朗 SAIPA 公司签署 255 万欧元的协议，在伊朗建设年产量为 20 万辆的汽车厂。雷诺与伊朗签署 660 万欧元合资协议，建设年产量 35 万辆的汽车厂。斯堪尼亚货车公司在伊朗建设年产 1350 辆重卡的工厂。德国西门子公司同伊朗签署数十亿欧元铁路和电力合同。如果欧盟毁约，那么这些公司将面临撤出伊朗的局面，所有的投资都将付之一炬。

美国制裁的严重性还体现在：一是制裁对象除了伊朗的能源和金融领域外，还扩大到汽车、钢铁、航运等民生行业；二是美国制裁属于长臂管辖，即美国既制裁违规的美国公司，也制裁其他国家同伊朗从事业务联系的公司和实体。欧盟公司的权益不可避免地受到美国长臂管辖的影响，因此欧盟要么顺从美国从伊朗撤资终止合作，要么采取实质性举措保护欧盟公司和实体的利益。2018 年 5 月 8 日成为美欧对伊朗政策分歧的分水岭。欧盟在要求美国豁免欧盟在伊朗的民用项目、不要进行域外长臂管辖的同时②，开始扎紧篱笆，防止自己在伊朗的利益受到损害。

三　欧盟的自我防范：从阻断法案到特殊目的通道（SPV）

2018 年 6 月 6 日，欧盟委员会着手激活 1996 年的阻断法案（2271/96）。1996 年 8 月，为了回应美国对古巴的贸易禁运以及对伊朗和利比亚的相关制裁立法，抵制美国制裁对欧盟商业公司与第三国合法活动的影响，欧盟通过了阻断法案。阻断法案是欧盟反对第三国域外立法统一

---

① "EU Tells Iran It Will Try to Protect Firms from US Sanctions," *The Guardian*, 15 May, 2018, https://www.theguardian.com/world/2018/may/15/eu-tells-iran-it-will-try-to-protect-firms-from-us-sanctions, Last Accessed on September 10, 2018.

② 2018 年 6 月 4 日，英法德三国外交、经济部长和欧盟最高代表分别致信美国财政部，要求美国不要进行域外"长臂管辖"，并对欧盟公司与伊朗能源、汽车、民用航空、基础设施、银行和金融等领域的经济往来进行豁免，参见 Ivana Kottasova, "Europe Asks US to Spare Its Companies from Iran Sanctions," *CNN*, 6 June, 2018, https://money.cnn.com/2018/06/06/news/economy/iran-europe-sanctions-relief/index.html。

行动的一项重要成就。然而 1996 年的阻断法案并没有执行，美欧贸易分歧通过世界贸易组织得以解决。[①] 为了激活欧盟阻断法案，欧盟委员会将更新 2271/96 法案附件中列出的欧盟公司可以不予遵守的第三国法律清单，在该清单中加入美国对伊朗的新制裁内容。经过欧洲议会和理事会两个月的审议，8 月 7 日更新后的阻断法案正式生效。

阻断法案的主要内容如下。首先，阻断法案禁止欧盟公司和实体遵守美国制裁法，也禁止其承认并执行外国尤其是美国的法院判决和行政命令。这主要包括美国对伊朗实施的《1996 年伊朗制裁法》（ISA）、《2012 年伊朗自由与反扩散法》（IFCA）、《2012 财年国防授权法》（NDAA）、《2012 年减少伊朗威胁与叙利亚人权法》（TRA）以及《伊朗交易与制裁条例》（ITSR）、美国第 13846 号行政命令等。其次，阻断法案明令禁止执行与欧盟及其企业相关的外国尤其是美国的法院判决、法律法规。最后，允许欧盟公司或实体对因美国制裁所造成的损失和伤害进行追索。欧盟公司应当在获知经济利益因域外法律制裁受损的 30 天之内通知欧盟委员会。成员国法院在收到欧盟公司的起诉和索赔申请后，启动相关的定损和追索等程序。与任何损害赔偿诉讼一样，法官将评估案件的实质和因果关系。赔偿可以采取扣押或出售美国在欧资产来获得。欧盟公司可以向造成损失的自然人或法人或任何其他实体追讨损害赔偿。

从法律上讲，欧盟更新后的阻断法案使欧盟公司和其他实体在欧洲法院、国际法庭或国际商会对美国制裁提出仲裁和诉讼时拥有了法律依据，能够阻止美国的制裁侵害欧盟公司和实体的利益。从政治上讲，重启阻断法案具有明确的政治意义。欧盟实际上是向美国传达出捍卫《伊朗核协定》的决心，同时也在向伊朗传递欧盟推动核协定向前发展的初衷和善意。

阻断法案的重启与更新是欧盟保护自己公司和实体免受美国制裁侵

---

① 当时美国要援引国内法制裁的第三国公司主要是法国公司。欧盟的阻断法案减少了美国制裁对欧盟公司与伊朗合法活动的影响。阻断法案于 20 世纪 90 年代实施时，成为欧洲共同体对美国域外制裁进行双管齐下攻击的一部分，另一部分是在世界贸易组织的申诉。这种双管齐下的方法迫使美国最终放弃域外制裁。1996 年，欧盟通过的阻断法案主要是为应对美国的《伊朗—利比亚制裁法》，经过磋商后，美国最终放弃制裁法国公司，1996 年的阻断法案并没有执行。但是阻断法案是欧盟反对第三国域外立法统一行动的一项重要成就。

害的第一步，未来还有相当长的路要走。第一，阻断法案存在的技术性
问题提高了执行难度。如果欧盟受理投诉或向世贸组织提请仲裁申诉，
一要确定诉讼标的。欧盟公司或实体退出伊朗有很多理由，但是欧盟执
法部门难以确定并惩罚那些因规避美国制裁而以政治风险、营商环境恶
化为名退出伊朗的公司。即使受理索赔，欧盟也难以举证欧盟公司退出
伊朗的原因是基于美国制裁和恐吓造成的经营困难预期。二要确定索赔
对象。阻断法案容许欧盟公司追索因美国实施制裁而造成的损失，但如
果向美国政府提出索赔要求，美国政府就将以主权豁免为由驳回诉讼。[①]
三要面临违法处置权困境。处罚欧盟公司违法的权限在成员国。但由于
这些公司多为母国经济增长的引擎，很少有成员国因为这些公司规避美
国制裁而愿意施加惩罚。

　　第二，阻断法案给欧盟公司带来两难困境，它们的理性选择使阻断
法案形同虚设。首先，欧盟公司面临美国还是伊朗的选择。由于欧盟公
司对美国的市场依赖度高，而且严重依赖美国主导的国际银行体系和金
融市场，因此大多数公司特别是跨国公司选择放弃伊朗。[②] 毕竟伊朗
4000 亿美元的市场规模同美国 19 万亿美元的市场规模不可同日而语。任
何在美国拥有业务和利益的欧盟公司，无论是拥有美国股份、使用美国
零部件，还是使用美元结算，都受到美国制裁的限制。因此，法国道达
尔公司、德国戴姆勒汽车公司、丹麦马士基航运公司、瑞典斯堪尼亚公
司都先后表示由于美国制裁而退出伊朗市场。[③]

　　其次，欧盟公司面临遵守阻断法案还是美国制裁法的选择。欧盟公
司要么因遵守美国制裁法而违反阻断法案，要么因遵守阻断法案而违反
美国制裁法。从历史上看，阻断法案的执行非常有限，即使在视违反阻

① "The EU Blocking Statute: The European Commission Seeks to Preserve the Iran Nuclear Deal," *Ashurst*, 7 June, 2018, https://www.ashurst.com/en/news-and-insights/legal-updates/the-eu-blocking-statute-the-european-commission-seeks-to-preserve-the-iran-nuclear-deal/, Last Accessed on September 9, 2018.

② "EU Blocking US Sanctions against Iran to Protect European Companies," 6 August, 2018, https://www.rt.com/business/435198-eu-blocking-us-sanctions-against-iran/, Last Accessed on September 9, 2018.

③ "Oil Giant Total Has Pulled out of Iran and Giant Gas Project," *CNBC News*, 20 August, 2018, https://www.cnbc.com/2018/08/20/total-pulls-out-of-iran-and-giant-gas-project-reports-say.html, Last Accessed on September 10, 2018.

断法案为犯罪的英国也没有强制执行的先例。① 但汇丰银行、渣打银行、荷兰国际集团、巴克莱银行、瑞士信贷银行和劳埃德银行等在美国的子公司在 2009 年之后经历了被美国征收巨额罚款的遭遇。因此基于先例，欧盟公司会认定违背阻断法案的成本更低，两害相权取其轻，从而将阻断法案置于无用之境。

正因为阻断法案存在上述执行困难，欧盟开始筹建特殊目的通道。2018 年 7 月 6 日，英国、法国、德国、中国、俄罗斯和伊朗六方部长开会讨论美国退出核协定后如何保障伊朗进出口结算渠道畅通的问题。9 月，联合国第 73 届大会期间，六方部长会议专门探讨 SPV 事宜。9 月 24 日，欧盟外交与安全事务代表莫盖里尼同伊朗外长扎里夫共同宣布，欧盟同意建立特殊目的通道来促进包括原油在内的伊朗进出口交易。"这意味着欧盟建立合法实体来促进同伊朗的合法金融交易和正常贸易关系。"② 与六方部长会议和宣布筹建 SPV 相映衬的是，特朗普、蓬佩奥和博尔顿在联大等场合公开指责伊朗。欧美分庭抗礼的意味十分明显。③

从运行机制来看，SPV 是欧伊双方为开展合法业务提供便利记账式易货贸易的平台。SPV 是独立于 SWIFT 的结算体系，在 SPV 系统之下，伊朗将出口欧盟的石油收入以欧元计价纳入 SPV 体系；如果伊朗购买欧盟的商品与服务，伊朗在 SPV 的账户金额将相应减少。④ 为规避美国的新制裁，所有交易都以欧元或英镑计价，而非以美元或伊朗里亚尔计价。SPV 系统内的所有交易都不对美国公开，不受美国监管。伊朗总统鲁哈尼将欧盟的 SPV 称作是少有的胜利（Rare Victory）。法国财政部长布鲁诺·勒梅尔期望将 SPV 演化成"真正充当欧洲独立的金融工具，容许欧盟在遵守国际法和履行欧洲义务前提下同任何国家从事任何交易"。

---

① 在英国，违反阻断法案第 2 条（向欧盟委员会发出通知）或第 5 条（遵守禁止）将被处以不设上限的罚款。

② Terry Atlas, Kelsey Davenport, "Trump Challenges Europeans over Iran Deal," *Arms Control Organization*, October 2018, https://www.armscontrol.org/act/2018-10/news/trump-challenges-europeans-over-iran-deal.

③ 美国总统特朗普在联合国大会上称伊朗是腐败独裁者，并将加大对伊朗的制裁力度。国务卿蓬佩奥和国家安全事务助理博尔顿（9 月 25 日）也警告欧盟和其他国家不得试图规避对伊朗的制裁。

④ "EU Blocking Statute, SPV Can Derail US Sanctions on Iran," *Sputnik News*, 28 September, 2018, https://sputniknews.com/analysis/201809281068418879-eu-sanctions-us-iran/.

　　尽管欧盟和伊朗在结算上取得方向性突破，但无论在实践上还是在技术上，SPV 都仍需不断完善。首先是 SPV 的注册落地问题。因担心引火烧身，奥地利、比利时、卢森堡三国不同意德国和法国的 SPV 落地提议。未来更大可能性是德国或法国同意将 SPV 设在自己国家。① 2018 年12 月，欧盟和伊朗表示 2018 年底解决 SPV 落地问题，但具体实施还有待进一步观察。

　　其次是 SPV 的参与者问题。尽管欧盟宣称信息保密，美国不会知晓 SPV 的参与者和交易标的，但由于美国的制裁阴云始终存在，任何愿意参加 SPV 交易的公司都意味着站在美国的对立面。德国社民党外交事务发言人罗尔夫·穆特泽尼希（Rolf Mutzenich）认为规模较大的德国公司、商业银行和央行由于担心美国的贸易报复不会使用 SPV，但依赖伊朗市场的中小公司很可能会参与其中。②

　　最后是 SPV 的额度与赤字问题。伊朗同欧盟的能源交易是支撑 SPV 的原动力。除非欧盟和伊朗之间达成预存资金的协定，否则理论上 SPV 系统内要存有伊朗的石油收益才能启动后续伊朗从欧盟的进口事务。由于伊朗从欧盟的石油收入同 SPV 额度存在正相关关系，因此如果国际油价过低或欧盟进口额过低，SPV 中的石油收益则会减少，从而不足以支撑伊朗从欧盟进口货物的额度，SPV 系统的运转将因面临信用短缺而停滞。欧盟从伊朗进口的石油占伊朗出口石油的 20% ~30%，如果每桶石油以 40~60 美元计价，那么伊朗对欧盟能源出口额为 240 亿~360 亿美元。这也是伊朗在 SPV 可预见额度的上限。显然这些额度难以满足伊朗全部的进口需求。如果油价再度下跌或者欧盟国家减少对伊朗的石油进口，伊朗同欧盟的 SPV 就会出现赤字，这需要双方协商做出安排。与欧盟类似，在美国制裁和 SWIFT 切断的情况下，除非伊朗同韩国、印度等国也建立类似 SPV 系统，否则其对这些国家的石油出口和油款回收仍将难以突破。

①　"EU Caving to Trump Pressure on Iran Sanctions, SPV 'Alternative Mechanism' Now in Tatters," *21ˢᵗ Century Wire*, 15 November, 2018, https：//21stcenturywire.com/2018/11/15/eu-caving-to-trump-pressure-on-iran-sanctions-spv-alternative-mechanism-now-in-tatters/.

②　"Special Purpose Vehicle for Iran-EU Trade before November," *The Financial Tribune*, 28 September, 2018, https：//financialtribune.com/articles/economy-domestic-economy/94099/special-purpose-vehicle-for-iran-eu-trade-before-november.

四 未来的发展形势与欧美关系

（一）欧盟的企业保护与欧盟的金融自主

从侧重保护贸易和投资的阻断法案到侧重金融和结算的 SPV，欧盟完成了伊朗的贸易投资和结算的闭环。在功能上，阻断法案更像是欧盟阻断美国长臂制裁的防火墙，而 SPV 则是为保障欧盟同伊朗正常贸易提供金融服务的处理后台。无论是阻断法案还是 SPV 都存在诸多漏洞，但其积极意义毋庸置疑。

第一，欧盟通过自己的行动践行了对《伊朗核协定》的承诺。欧盟为应对美国制裁出台的阻断法案和 SPV 从理论上实现了从贸易投资保护到支付独立的封闭运营。借此，欧盟兑现了对伊朗的承诺，并完善了对欧盟企业的立法保护。欧盟在对抗美国时表现出针锋相对的勇气和推出具有可操作性的举措展现了欧盟维护核不扩散国际规范的决心。随着特朗普政府在治外法权和长臂管辖的道路上越走越远，如何保护本国企业的利益不仅是欧盟需要思考的事情，也是其他大国都应该认真思考并提上议事日程的重大问题。

第二，阻断法案和 SPV 是欧盟寻求金融独立对抗美国金融霸权的重要举措。美国的金融霸权不仅体现在对世界银行和国际货币基金组织的份额和投票权上，还体现在美元铸币税和石油的美元计价权以及 VISA、MasterCard 等信用支付上，这使美国的金融霸权难以撼动。但当美国把这些具有公共产品属性的平台与服务当作为自己谋利和要挟他国的武器时，制衡美国的金融霸权就提上议事日程。

2002 年，欧元正式流通，成为国际储备和国际支付的主要货币，这是欧盟挑战美国美元霸权的第一步。欧盟筹建不受美国监管的 SPV 是其走出的重要一步。欧盟也在金融领域建立自己独立的防御性银行体系，防止美国以美元为武器要挟欧盟。从长期来看，这将促进不依赖美国的替代性金融机制发展。① 这种做法将制衡并减弱美国在国际贸易和国际

---

① Kelsey Davenport, "Trump Sanctions Exempt Some Oil Sales and Nuclear Projects," *Arms Control Organization*, 6 November, 2018, https://www.armscontrol.org/blog/2018 - 11 - 06/trump-sanctions-exempt-some-oil-sales-nuclear-projects.

金融领域的"肆意妄为"。不仅如此，欧盟的计划还包括拟议中的欧元利率基准、即时支付系统，创建石油的欧元定价制度并将欧元作为同第三国达成能源合同的默认货币，创建独立于 SWIFT 的金融服务公司等。①毋庸置疑，这些远景计划从筹划到落实的每一步都需要时间，都需要克服来自美国的阻力，但这些计划对创建平等公正的国际金融新秩序具有重要意义。

第三，倡导金融服务平台的独立性与中立性。美国利用金融霸权将 SWIFT 公司作为打击伊朗的武器，关闭伊朗的航运、钢铁等涉及民生产业的金融与其他国家的联系，使欧盟处处被动。SWIFT 具有公共产品的属性，是国际金融服务平台，不应卷入国家纷争，更不应屈从于美国的强权。维护金融服务平台的独立性和中立性是创建平等公正的国际金融新秩序的重要内容。

（二）欧美对伊朗的政策差异与伊朗的行为改变

欧盟推出的阻断法案和 SPV 以及由此凸显的欧美矛盾都源于美国对伊朗的制裁。毫无疑问，欧美在对伊朗政策上至少存在两点共性：一是不允许伊朗发展核武器；二是敦促伊朗进行改变。欧美的政策初衷与目的都是要改变伊朗，只是欧盟更多侧重改变伊朗的行为（behavior change），而美国侧重改变伊朗的政权属性甚至政权本身（regime change）。

欧美在改变伊朗问题上的政策差异使欧盟对美国的伊朗政策心怀疑虑。美国实际上在实行绞杀伊朗的政策，使伊朗陷入困顿并最终实现政权改变。极限制裁只是美国政策组合中的一个环节。除此之外，美国在多条战线打压伊朗，比如，加派航母战斗群赴海湾防止伊朗的军事冒险行动；在叙利亚问题上以化武危机为借口对叙利亚发动战术性打击，并逐渐协调同沙特和以色列在叙利亚问题上的政策，同以色列和沙特组成遏制伊朗的战略三角，斩断伊朗地区干预的触角。在国际市场上，美国敦促沙特打压油价防止美伊关系紧张以刺激油价暴涨。美国在多条阵线同时发力就是为框住伊朗，使伊朗经济虚弱长期化，从而促使伊朗内部

---

① Viktoria Dendrinou, Nikos Chrysolor, "Here's How Europe Plan to Challenge Dollar's Dominance," *Bloomberg*, 3 December, 2018, https://www.bloomberg.com/news/articles/2018-12-03/here-s-how-europe-plans-to-challenge-the-dollar-in-world-markets.

发生政治崩溃。

假以时日，即使不发生崩溃，被剪断同世界联系的伊朗在经济上也会越发虚弱。就像萨达姆时期的伊拉克，虚弱的伊朗将成为下一个权力真空。届时无论是伊朗自发采取冒险行动从而诱发美国和以色列的军事反应，还是美国和以色列主动发动对伊朗的军事打击，美以同伊朗的战争都将不可避免，并最终实现博尔顿标榜的政权改变，复制当年先制裁再打击的伊拉克模式。

在这方面，欧美的战略目标严重冲突。欧盟为了不让稍微稳定的中东局势重归紧张，就必须反对美国推倒《伊朗核协定》这一稳定支柱，反对极限施压，反对弱化伊朗。欧盟同美国最大的区别在于欧盟接受建设性的伊朗，并愿意以更大的战略耐性给伊朗做出改变的时间。可以预见，欧美在敦促伊朗的行为改变上还会有合作，但在涉及弱化伊朗和改变伊朗政权问题上将分道扬镳。

（三）伊朗的易货贸易体系与外交困境

特朗普政府的顶级制裁和 SWIFT 切断隔绝了伊朗同国际社会的能源和投资联系，深刻地改变了游戏规则。美国的制裁目的是实现伊朗石油零出口或接近零出口，迫使所有外资撤离伊朗。在这种情势下，欧盟与伊朗之间建立了 SPV。但易货贸易的负面作用相当明显，它是不以货币作为一般等价物而达成的交易，牺牲了货币的交换功能，是从货币贸易和信用贸易后退到更原始的贸易形式。易货贸易将限制伊朗的选择自由度和议价能力，伊朗只能在有限的贸易伙伴和商品服务中做出选择。即使伊朗有能力和意愿连接多个易货贸易体系，比如印度、韩国等国通过端口接入欧盟的 SPV，但伊朗的自由度仍相当有限。

不仅如此，在美国干涉面前，伊朗的易货体系也具有相当大的脆弱性。凭借强大的次级制裁能力[①]，美国迫使越来越多的企业离开伊朗。欧盟 SPV 迟迟难以落地和中国暂停昆仑银行的伊朗业务的背后都有美国施压的身影。随着美国制裁的深入，日本、韩国甚至印度公司也将大量离开伊朗。美国制裁使伊朗成为贸易和投资的高风险国家，伊朗里亚尔暴跌和结算的非便利性大大降低了伊朗市场的吸引力，加上油价低迷和

---

①　次级制裁是针对与伊朗有经贸关系的第三方（非美国个人或实体）的制裁。

原油逐渐变为买方市场，伊朗的议价能力持续被削弱。投资收益走低、巨大的不确定性、对美国可能报复的预期使越来越多的国家和企业离开伊朗。

可以预见经济的持续走弱是伊朗将要面临的长期问题。对伊朗来讲，对核协定的遵守如同鸡肋。当初核协定设定的以核暂停换取经济制裁解除的交易框架对伊朗来讲已经形同虚设。核协定对伊朗的边际效应递减带来伊朗国内政治暗流涌动，保守派和强硬派对鲁哈尼政府的攻击日渐增加。在这种情况之下，伊朗存在像当年内贾德那样选择核冒进突破困境的可能。但是这一路径无比凶险，伊朗不会轻易做出上述选择。首先，如果重启铀浓缩寻求发展核武器，伊朗将再次把中国、俄罗斯、欧盟、印度等推到美国一方，伊朗通过核协定争取到的外交空间将彻底丧失，伊朗必将迎来更严厉的国际制裁。其次，重启铀浓缩和拿到核武器是两回事，伊朗的核进程很可能因为遭到美国和以色列的军事打击而夭折。即使伊朗成功拿到核武器，伊朗核威慑的边际效应也将因经济虚弱和强敌环伺而递减。最后，美国一直在防范伊朗的冒险行动。军事上，美国驻巴林的第五舰队和派驻到海湾的航母战斗群时刻提防着伊朗的军事冒险行动；安全上，美国加紧同以色列和沙特构建遏制伊朗的战略三角。伊朗放手一搏的结果很可能是鱼死网不破。所以，对伊朗来讲，最稳妥和现实的路径就是循规蹈矩，在核问题和地区军事行为上寻求妥协，为自己赢得更多空间和筹码。

（四）欧盟的独立自主外交与欧美伙伴关系

特朗普上台后，美国在关税谈判、气候协定、北约军费分摊等问题上频频对欧盟开火，特朗普的单边主义和霸凌风格使"大西洋变宽"的说法再度甚嚣尘上。欧盟日益强调独立自主。马克龙在法国年度外交政策演讲中呼吁欧洲要保障自己的安全和主权，要建立独立的金融系统和防务系统；德国总理默克尔则呼吁为对抗特朗普的贸易保护主义，欧盟应该变得更加自主。在欧美伙伴关系未来的走势上，欧盟希望建立更加平等的欧美关系。德国外长马斯表示，欧美伙伴关系应该更加平衡。当美国跨越"红线"时，欧洲将予以制衡，但德国需要同其他欧洲国家合作制衡美国。

上述争执的背后其实是欧盟的自我身份建构和欧美伙伴关系的性质问题。欧盟在经历多年的发展之后已经成长为世界第二大经济体，与之相对应的是，欧盟独立自主的自我意识增强。尽管有内部和外部因素的干扰，比如英国脱欧，但欧盟仍在一体化、共同外交与安全政策、欧元、阻断法案、SPV等方面步伐坚定。"规范性大国"正在成为欧盟自我身份构建的努力方向，并在国际事务上呈现迥异于美国的外交特性。在推动国际关系民主化方面，欧盟基本能够坚持原则和道义，批评包括美国在内的恃强凌弱和有悖公理和道义的行为，并没有像日韩等盟国一样在美国背后亦步亦趋。

欧盟成长引发的另一个变化是欧美伙伴关系的微妙变化。就像家长见证孩童成长一样，二战结束后，美国重建欧洲并为欧洲提供防范苏联威胁的安全保障，欧盟的成长离不开美国的援助与呵护。但美国不满于不断长大的欧洲所表现出的独立自主和离心倾向。美国复杂的家长心态和欧盟长大必独立的对抗心理成为美欧关系不睦的潜在要素。

无论对美国还是对欧盟，美欧彼此的身份都需要在发展中修正。只有这样，美欧双方才能以更开放的心态进行合作并走向未来。尽管有种种分歧，但美欧仍然是盟友，有着广泛的战略利益、价值观和合作议题。正视彼此的成长和关切、构建更平衡的欧美关系应当是未来欧美伙伴关系的发展方向。

小　结

在联合国安理会制裁失败的情况下，欧盟走上与美国联合制裁伊朗的道路。2012年1月，欧盟通过对伊朗进行石油禁运和金融制裁的决议，特别是切断了伊朗SWIFT准入，加入了美国主导的制裁联盟，最终使伊朗经济陷入困顿，造成伊朗国内政局生变，使伊朗大选中温和派的鲁哈尼上台。之后，美国与伊朗之间开始良性互动，并在2015年7月签署了《伊朗核协定》。鲁哈尼以发表就职演说、在联合国大会演讲、同美国总统奥巴马通话等多种方式表达新政府将同国际社会开展良性互动，解决久拖不决的伊朗核问题，以期解除西方对伊朗的经济制裁的意愿，由此开启了美国和伊朗之间的良性互动。美伊关系的解冻直接促成伊朗在2013年签署《伊朗核问题中期协定》，并在2015年7月签署《伊朗核协定》。变化促进变化，美国和欧盟对伊朗的制裁促成了伊朗国内政治生态的变化，而美伊良好互动又推动了伊朗核问题的解决。2016年1月，国际原子能机构证实伊朗完成执行全面协议的必要准备步骤，欧盟和美国随后宣布解除对伊朗的制裁。

特朗普上台后于 2018 年 5 月 8 日宣布退出《伊朗核协定》，没有美国参与的核协定似乎变得鸡肋。首先，核协定是以美伊缓和为前提所达成的协定，是鲁哈尼的"战略性良性互动"和奥巴马的"奥巴马主义"联手促成的。特朗普上台后在外交上完全抛弃前任同伊朗改善关系的"奥巴马主义"并转而奉行全面绞杀伊朗的政策。核协定被废除只是美国新总统政策转向的风向标。其次，核暂停换取制裁解除的协定内容基本被抽空。美欧特别是欧盟在核协定签署后基本解除了对伊朗的制裁，但美国的退出和制裁意味着对伊朗经济的二次打击。而且美国的制裁属于"长臂管辖"，不仅针对美国公司、第三国公司，还针对伊朗能源行业和汽车等民生行业；不仅要求所有国家停止进口伊朗石油，还切断了交易平台。

欧盟为力保核协定进行了一系列的外交斡旋，提出的方案从完善既有的核协定到增加补充条款，然而都没能逆转特朗普退出的决心。为了维护欧盟外交成果，欧盟委员会从 2018 年 6 月 6 日起开始激活 1996 年的阻断法案，要求欧盟公司不得遵守美国的域外制裁，并赋予欧盟公司就美国制裁造成的损失进行索赔的权利。9 月，欧盟宣布建立 SPV 来促进包括原油在内的伊朗进出口交易，SPV 是欧伊双方为开展合法业务提供便利记账式易货贸易的平台。这样，欧盟为应对美国制裁出台的阻断法案和 SPV 从理论上实现了从贸易投资保护到支付独立的封闭运营。借此，欧盟兑现了对伊朗的承诺，并完善了对欧盟企业的立法保护。但无论是阻断法案还是 SPV 都存在内生缺陷，如果美国不动摇对伊朗政权改变的初衷而持续施压，《伊朗核协定》就可能进一步空心化。

美国再度对伊朗发难颇有志在必得之势。从美国总统、国务卿、国家安全事务助理、国防部长等高级官员的表态看，退出《伊朗核协定》只是美伊关系恶化甚至开启战争的引线，美国更像是要对伊朗进行政权改变。特朗普对伊朗的政策越来越与伊拉克战争之前先制裁后打击的政策类似。在这种情况下，欧盟国家是否会像当初施罗德—希拉克一样反对美国发动战争尚不得而知。但更大的可能是，欧盟会尽力维护核不扩散规范，防止核问题成为触发美国对伊朗战争的借口。

结　论

一　欧盟与反核扩散国际规范

1968 年签署的《不扩散核武器条约》标志着国际核不扩散制度的创建。经过 40 多年的发展，这项条约与其他相关条约和协定一起构成的国际核不扩散制度已经成为国际安全领域最重要的基石。然而国际核不扩散制度的建立并不意味着反核扩散国际规范的形成。冷战时期尽管存在核不扩散制度，核武器促进国家安全的观念仍然根深蒂固。

1991 年 4 月，联合国安理会通过了第 687 号决议，规定伊拉克不得发展任何大规模杀伤性武器。这项决议的特殊意义在于，它首次剥夺了一个国家通过谋求大规模杀伤性武器来保障国家安全的诉求。1992 年 1月，联合国安理会发表主席声明，宣布所有大规模杀伤性武器的扩散都对国际和平与安全构成威胁。由于联合国成员的广泛性，上述决议和声明标志着核扩散威胁国际的观念战胜了核武器促进国家安全的观念并成为国际社会公认的规范。

欧盟接受反核扩散国际规范同欧盟安全议程和法国立场的变化直接相关。冷战结束后，欧盟的国际生存环境发生了重大变化。苏联的解体意味着欧洲遭受大规模军事入侵的威胁已经不复存在。但欧盟外部的核扩散事件极大地冲击了欧盟的安全观念。伊拉克和朝鲜等国家的核问题提醒欧盟国家，核武器及其运载工具的扩散将对欧盟的安全构成威胁。因此，欧盟安全目标开始从防止军事入侵等传统的安全问题转移到核扩散等问题领域。1993 年《马斯特里赫特条约》的生效标志着欧盟成员国在建设共同外交与安全政策方面的决心，而反对核扩散也成为欧盟共同外交与安全政策的重要组成部分。

虽然欧共体五国在 1975 年全部签署了《不扩散核武器条约》，但是法国仍然拒绝签署条约。冷战结束后，法国对《不扩散核武器条约》的立场发生了重大变化，1992 年，法国同意加入《不扩散核武器条约》。

法国立场的转变不仅成为反核扩散国际规范形成的重要转折，也标志着欧盟正式接受了反核扩散的国际规范。反核扩散国际规范逐渐成为约束欧盟国家行为的重要力量，欧盟逐步形成了具有欧盟特色的反核扩散政策。2003 年，欧盟正式出台了反核扩散战略。

二 反核扩散国际规范与欧盟反核扩散政策

欧盟的反核扩散政策集中体现在 2003 年的《欧盟安全战略》和《欧盟反对大规模杀伤性武器扩散战略》两份文件中，表明了欧盟维护反核扩散国际规范的决心。欧盟通过制度建设、规范的内化和制度的维护等手段，成功地把规范纳入维护欧盟自身安全政策之中。

反核扩散国际规范确立后，核不扩散制度的地位日渐突出。欧盟采取的政策是通过致力于维护核不扩散制度的权威性，加强核不扩散的制度建设来维护反核扩散的国际规范。因为核不扩散制度是反核扩散规范得以维系的根本，只要成功维护了国际核不扩散制度，也就成功地维护了反核扩散国际规范。欧盟对核不扩散制度建设的贡献主要体现为欧盟积极参与了《不扩散核武器条约》审议会议。条约的无限期延长巩固了核不扩散观念，为反核扩散国际规范的延续打下了坚实的制度基础。

规范的内化是欧盟维护反核扩散国际规范的重要举措，这主要体现在欧盟的出口管制政策上。出口管制的实质是一种自我约束行为，欧盟不断完善内部的出口管制体系和相关政策，约束成员国以防止敏感核技术及核材料扩散。这样，欧盟通过把反核扩散国际规范内化为欧盟的出口管制政策，实现了欧盟反核扩散国际规范的内化和对外政策的统一。欧盟出台严格的出口管制政策表明欧盟已经不再仅仅是被动地接受，而是主动承担起维护反核扩散国际规范的职责。

欧盟在规范的维护方面不遗余力。冷战结束后，尽管核不扩散制度与反核扩散国际规范不断健全、发展，但是一些无核国家仍然积极寻找机会试图拥有核武器，因此，规劝甚至惩戒违规者就成为维护国际规范的重要内容。朝核问题与伊朗核问题是冷战结束后两个违反反核扩散国际规范的典型案例。欧盟对朝核与伊朗核问题的参与显示了欧盟维护反核扩散国际规范的决心和努力，也是欧盟维护反核扩散国际规范的重要表现。

三　欧盟对朝鲜与伊朗的反核扩散政策差距

欧盟积极参与朝鲜与伊朗核问题的解决，既是欧盟维护反核扩散国际规范的重要表现，也是欧盟反核扩散政策的对外延伸。虽然同是参与，但由于朝鲜和伊朗两国对欧盟的安全意义并不相同，因此欧盟在对两国核问题的介入方式和程度上存在明显差别。

朝核问题是冷战结束后不久曝光的违规案例，在这个问题上，欧盟更多的是以规范维持者的身份介入。欧盟通过加入朝鲜半岛能源发展组织、提供经济援助的方式来解决核问题。此外，欧盟还通过对朝鲜进行人道主义援助、支持朝鲜的经济改革等外围方式，以期通过消除朝鲜发展核武器的根源达到最终解决朝核问题的目的。这虽然是解决朝核问题的治本之策，但不是解决危机的最佳方式。而且由于六方会谈占据了解决朝核问题的主导权，欧盟仅在外围扮演规范维持者的角色。

出现这种现象的原因在于，一是朝鲜的地缘环境特点是大国环伺，朝鲜周边的中国、俄罗斯、日本和美国等国家更频繁、更深入地介入朝核问题的解决中。相对而言，欧盟在这个进程中是被边缘化的。二是朝鲜在欧盟的安全战略中处于边缘地位。即使朝鲜拥有核武器，也不会对欧盟成员国构成实质性的安全威胁。朝核问题对欧盟的影响更多的是在考验欧盟维护反核扩散国际规范的决心。这也是欧盟在朝核问题上没有倾注更多资源和精力的主要原因。

伊朗则不同。伊朗是欧盟未来的近邻，伊朗的经济实力、地区地位和战略诉求对欧盟的安全都具有重大意义。在解决伊朗核问题上，欧盟存在两个重要的政策预期：一是欧盟不希望伊朗最终拥有核武器，并对欧盟构成现实而迫切的威胁；二是欧盟希望通过外交谈判解决伊朗核问题。欧盟始终反对美国使用军事手段解决伊朗核问题。

因此，欧盟始终坚定地介入伊朗核问题之中，并成为敦促伊朗放弃敏感核活动最重要的国际力量。从欧盟同伊朗达成两个暂停铀浓缩活动协定，到欧盟力主将伊朗核问题从国际原子能机构的框架转移到联合国安理会，并多次在联合国安理会中推动通过制裁伊朗的决议，再到欧盟出台多项针对伊朗的激励措施，直到欧盟深化对伊朗的制裁，并在美国退出《伊朗核协定》后坚决维护既有外交成果都可以看出，欧盟迫切希望解决伊朗核问题。尽管欧盟极力推动对伊朗的制裁，但是欧盟并不赞同美国通过军事手段解决伊朗核问题的主张。这既与欧盟同伊朗存在的密切经济联系有关，也体现了欧盟强调民事力量的外交传统。

四　欧盟反核扩散政策的特点与局限

欧盟的反核扩散政策具有鲜明的特点。第一，在政策工具上，欧盟交替使用惩罚和激励措施维护反核扩散规范。就欧盟对朝核问题的政策来说，欧盟对朝鲜的援助、与朝鲜之间的政治对话都是对朝鲜在核问题上的奖励措施。一旦朝鲜冲破核门槛，欧盟就会与美国等国家一道采取制裁朝鲜的措施，目的是要求朝鲜重新弃核。但是欧盟在对规范的违规者使用武力问题上持审慎的立场，认为武力是最后的解决手段，即使迫不得已使用武力，也必须严格遵循《联合国宪章》行事。面对特朗普政府对伊朗的封锁甚至潜在的政权改变威胁，欧盟仍坚持维护既有的《伊朗核协定》的权威。

第二，欧盟采取标本兼治的方法来解决核危机。也就是说，欧盟的反核扩散政策并不局限于解决核扩散问题本身，欧盟除了采取阻止特定国家获得核武器的多种措施之外，更谋求通过建立稳定的地区安全环境来消除特定国家获取核武器的动机。欧盟认为，相对于解决既存的危机而言，更需要消除冲突的根源，通过完善地区安排缓解紧张氛围，从而促进地区安全。欧盟对朝鲜与伊朗的反核扩散政策都体现了上述观点。欧盟解决伊朗核问题的政策目标超越了仅仅维护反核扩散国际规范的局限，呈现一种将解决伊朗核问题纳入其中东地区政策的趋势。在解决朝核问题方面，欧盟标本兼治的特点表现得更加明显，欧盟更多的是通过援助等方式力图消除朝鲜发展核武器的根源，而不是单纯地迫使朝鲜放弃核计划。

第三，欧盟积极倡导多边主义。2003年的《欧盟反对大规模杀伤性武器扩散战略》就明确提出，欧盟应当高度重视多边体系和防核扩散制度，通过强化国际核查制度确保对防核扩散义务的遵守。对在防核扩散领域从事积极活动的国际组织给予适当的资源和支持。在实践中，欧盟也一直反对美国的单边主义，积极倡导通过多个国家的合作来解决核问题，始终支持联合国安理会在解决国际核问题中的领导作用。在朝核问题上，欧盟通过加入朝鲜半岛能源发展组织向朝鲜提供经济援助；在伊朗核问题上，当伊朗在 2006 年重新启动铀浓缩活动时，欧盟积极谋求将伊朗核问题提交到联合国安理会，并主要在联合国安理会框架下对伊朗进行制裁。2018 年特朗普政府退出《伊朗核协定》后，欧盟更新阻断法案并推出 SPV，同俄罗斯、中国等国家一起坚持维护《伊朗核协定》。

但同时应该看到，欧盟的反核扩散政策有其内在的局限性。第一，对欧盟反核扩散政策最主要的阻碍就是欧盟成员国之间的分歧。由于欧盟成员国成分复杂，既有有核武器国家，又有无核武器国家；既有北约国家，又有非北约国家；既有 50 多年来一直接受共同体规范的旧成员国，也有刚刚加入欧盟的新成员国……成员国的成分各异造成了利益的不同，在出台共同政策，尤其是共同行动时就会比较困难。欧盟本可以在反核扩散领域取得更大的成就，但由于成员国之间的掣肘，最后达成的行动决议就比较无力。也正是由于成员国间的分歧，欧盟在核不扩散领域的言论远远多于行动。而且声明中或者是对既有原则的确认，或者是提出的目标过于宽泛，短时期内无法实现，或者是缺乏实现目标的有效手段。

第二，欧盟制约美国的能力有限。在一超多强格局下，美国作为国际格局中的唯一超级大国，作为国际制度的创设者，如果选择为了一己之私不遵守条约的话，那么其他国家（包括欧盟成员）都没有能力阻止美国退出，更没有能力将美国拉回。这也是领导者与追随者或超级大国与大国之间的差异，是国际权力政治的最大现实。当前，欧盟在伊朗核问题上所能做的就是晓之以理，协调同美国的立场，但在特朗普政府对伊朗政策风头正劲且伊朗国内颓势明显的情况下，欧盟的说服和协调注定收效甚微。这一特性在美国特朗普政府未来对伊朗核政策和美伊博弈中将体现得越发明显。

总之，欧盟的反核扩散政策体现了规范建设与地区政策的统一、规范的内化与对外政策的统一、规范的建设与维护的统一。欧盟是维护反核扩散国际规范的重要力量，具有欧盟特色的反核扩散政策是对国际核不扩散制度的有益补充。尽管在解决紧迫的核危机中，欧盟的政策略显无力，但从长远来看，欧盟的反核扩散政策是解决核扩散问题的根本之策。随着欧盟一体化程度的提高，欧盟应该能够在维护反核扩散国际规范方面发挥更加积极的作用。

参考文献

一　中文文献

A.　连续出版物

1. 陈志强：《欧盟共同外交与安全政策的困境》，《史学集刊》2001 年第 4 期。

2. 陈志瑞：《试论欧盟共同外交与安全政策的"布鲁塞尔化"》，《欧洲》2001 年第 6 期。

3. 丁一凡：《从伊拉克战争看美欧关系的走向》，《世界经济与政治》2003 年第 8 期。

4. 房乐宪、狄重光：《欧盟安全防务建设新进展：永久结构性合作及其含义》，《当代世界与社会主义》2018 年第 3 期。

5. 冯仲平：《特朗普冲击下的欧美关系》，《世界知识》2017 年第 4 期。

6. 顾国良：《美国"防扩散安全倡议"评析》，《美国研究》2004 年第 3 期。

7. 侯红育：《核国家向无核国家提供安全保证的由来和现状》，《国际资料信息》2005 年第 6 期。

8. 姜振飞：《美国的核不扩散政策研究综述》，《太平洋学报》2008 年第 1 期。

9. 李格琴：《欧盟介入伊朗核问题政策评估》，《武汉大学学报》（哲学社会科学版）2006 年第 3 期。

10. 李小军：《论美国和欧盟在防扩散战略上的分歧与合作》，《外交评论》2005 年第 6 期。

11. 李拯宇：《朝欧面向新世纪》，《瞭望新闻周刊》2001 年第 20 期。

12. 梅鸥：《欧盟缘何积极介入朝鲜问题》，《当代世界》2001 年第 5 期。

13. 潘亚玲：《安全化、国际合作与国际规范的动态发展》，《外交评论》2008 年第 3 期。

14. 沈世顺：《美欧矛盾的新发展及其影响》，《国际问题研究》2003 年第 3 期。

15. 唐志超：《欧盟和伊朗在解决伊核问题上的基本立场》，《国际资料信息》2005 年第 9 期。

16. 王冀平等：《伊朗核问题与大国关系》，《美国研究》2004 年第 1 期。

17. 王俊生、熊明月：《大国利益角逐下的伊朗核危机》，《领导科学》2006 年第 18 期。

18. 王明进：《简析欧盟的反扩散政策及基本措施》，《国际论坛》2008 年第 3 期。

19. 吴志成、李向阳：《欧盟共同安全与防务政策——基于制度化安全合作框架的分析》，《南开学报》（哲学社会科学版）2005 年第 5 期。

20. 杨安喆：《欧盟在朝鲜核危机中扮演的角色》，《现代国际关系》2003 年第 2 期。

21. 尹斌：《冷战后欧盟对伊朗的政策》，《西亚非洲》2007 年第 5 期。

22. 赵怀普、赵健哲：《"特朗普冲击波"对美欧关系的影响》，《欧洲研究》2017 年第 1 期。

23. 赵建明：《鲁哈尼当选对伊朗核问题的影响》，《西亚非洲》2013 年第 6 期。

B. 中文著作（含译著）

1. 〔美〕彼得·卡赞斯坦等编《世界政治理论的探索与争鸣》，秦亚青等译，上海世纪出版集团，2006。

2. 〔英〕赫德利·布尔：《无政府社会：世界政治秩序研究》，张小明译，世界知识出版社，2003。

3. 〔美〕肯尼思·华尔兹：《国际政治理论》，信强译，上海人民出版社，2003。

4. 〔美〕玛莎·费丽莫：《国际社会中的国家利益》，袁正清译，浙江人民出版社，2001。

5. 〔美〕曼瑟尔·奥尔森：《集体行动的逻辑》，陈郁等译，上海三联书店、上海人民出版社，1995。

6. 〔美〕亚历山大·温特：《国际政治的社会理论》，秦亚青译，上海人民出版社，2000。

7. 〔英〕巴瑞·布赞、〔丹〕奥利·维夫、〔丹〕迪·怀尔德：《新安全论》，朱宁译，浙江人民出版社，2003。

8. 〔英〕巴瑞·布赞、〔英〕理查德·利德尔：《世界历史中的国际体系：国际关系研究的再构建》，刘德斌主译，高等教育出版社，2004。

9. 陈志敏、〔比〕古斯塔夫·盖拉茨：《欧洲联盟对外政策一体化——不可能的使命?》，时事出版社，2003。

10. 杜祥琬编著《核军备控制的科学技术基础》，国防工业出版社，1996。

11. 高尚涛：《国际关系的权力与规范》，世界知识出版社，2008。

12. 〔美〕汉斯·摩根索：《国家间政治：寻求权力与和平的斗争》，徐昕等译，中国人民公安大学出版社，1990。

13. 〔美〕卡尔·多伊奇：《国际关系分析》，周启朋等译，世界知识出版社，1992。

14. 〔美〕罗伯特·基欧汉等：《权力与相互依赖》，门洪华译，北京大学出版社，2002。

15. 王绳祖主编《国际关系史 第九卷（1960 – 1969）》，世界知识出版社，1995。

16. 许嘉：《权力与国际政治》，长征出版社，2001。

17. 〔美〕詹姆斯·N. 罗西瑙主编《没有政府的治理》，张胜军等译，江西人民出版社，2001。

18. 张贵洪编著《国际组织与国际关系》，浙江大学出版社，2004。

19. 朱明权：《核扩散：危险与防止》，上海科技文献出版社，1995。

二 韩文文献

1. 김학성 . 북한 독일 수교의 배경과 EU 국가들의 한반도 정책 전망, 통일정세분석 2001 – 07，2001. 4.

2. 미국과 EU 의 아시아전략, 동아일보 2005 년 4 월 14 일.

3. 김정용 . 탈냉전시기의 북한의 대 서유럽접근：국내외적 환경 및 의도, 韓國政治外交史論叢，제 26 집 2 호.

4. 최성철 홍용표 . 냉전기 북한과 서유럽의 갈등과 협력, 韓國政治外交史論叢，제 26 집 2 호.

5. 이재승 . EU 의 對 한반도 정책, 서울대학교 사회과학연구원，24 권，1

호，2002.

6. 박홍규. EU 의 동아시아 전력: 북핵 문제를 중심으로, 외교안보연구원 2005 년 1 월.

7. 안용균. 北 "국제 식량지원 난받겠다" 세계식양계획 사무소 감시요원 철수요구 외부노출 따른 체제 약화 우려한 듯, 조선일보 2005. 09. 09，A1 면.

8. 최의철. 유럽연합（EU）의 대북 인권정책과 북한의 대응, 통일연구원, 연구총서 2005 – 02.

9. 양장석 우상민. 북 – EU 경제관계 현황과 전망: 북핵 사태 해결 이후를 중심으로, 기획논단 2007 년 봄호.

10. 여문환. 北韓 – 유럽연합（EU）關係改善의現況및展望, 신아세아 제 9 권 제 2 호 통권 31 호, 2002 여름.

11. 전현준. 북한의對서방국가 및 EU 관계 개선과 남북관계, 통일정책연구원 2001. 6.

三 英文文献

A. 连续出版物

1. "The EU's Emerging Role in Nuclear Non-proliferation Policy Trends and Prospects in the Context of the NPT—Review Conference 2005," *German Foreign Policy in Dialogue Newsletter*, Vol. 6, No. 17, 2005.

2. Alan W. Dowd, "A Different Course? America and Europe in the 21st Century," *Parameters*, Autumn, 2004.

3. Alexander Wendt, "Anarchy Is What States Make of It: The Social Construction of Power Politics," *International Organization*, Vol. 46, No. 2, 1992.

4. Amitav Acharya, "How Ideas Spread: Whose Norms Matter? Norm Localization and Institutional Change in Asian Regionalism," *International Organization*, Vol. 58, No. 4, 2004.

5. Anand Menon, "From Crisis to Catharsis: ESDP after Iraq," *International Affairs*, Vol. 80, No. 4, 2004.

6. Andrea Ellner, "The European Security Strategy: Multilateral Security

with Teeth?" *Defense & Security Analysis*, Vol. 21, No. 3, September 2005.

7. Andrew P. Cortell, James W. Davis, Jr., "Understanding the Domestic Impact of International Norms: A Research Agenda," *International Studies Review*, Vol. 2, No. 1, Spring, 2000.

8. Ann Florini, "The Evolution of International Norms," *International Studies Quarterly*, Vol. 40, No. 3, 1996.

9. Annika Biorkdahl, "Norm-maker and Norm-taker: Exploring the Normative Influence of the EU in Macedonia," *European Foreign Affairs Review*, No. 10, 2005.

10. Arnold Wolfers, "National Security as an Ambigous Symbol," *Political Science Quarterly*, Vol. 67, No, 2, Fall, 1952.

11. Audie Klotz, "Norms Reconstituting Interests: Global Racial Equality and U. S. Sanctions against South Africa," *International Organization*, Vol. 49, No. 3, 1995.

12. Axel Berkofsky, "EU's Policy towards the DPRK—Engagement of Standstill?" *EIAS Publications*, BP 03/01, 2003.

13. Banning N. Garrett, Bonnie S. Glaser, "Chinese Perspectives on Nuclear Arms Control," *International Security*, Vol. 20, No. 3, Winter, 1995/1996.

14. Barry Buzan, "From International System to International Society: Structural Realism and Regime Theory Meet the English School," *International Organization*, Vol. 47, No. 3, 1993.

15. Barry R. Schneider, "Nuclear Proliferation and Counter-Proliferation: Policy Issues and Debates," *Mershon International Studies Review*, Vol. 38, No. 2, October 1994.

16. Bates Gill, Evan S. Medeiros, "Foreign and Domestic Influences on China's Arms Control and Nonproliferation Policies," *The China Quarterly*, No. 161, March 2000.

17. Bjorn Hettne, "Security and Peace in Post-Cold War Europe," *Journal of Peace Research*, Vol. 28, No. 3, 1991.

18. Bowen, Wyn Q., Kidd, Joanna, "The Iranian Nuclear Challenge,"

International Affairs, Vol. 80, No. 2, 2004.

19. Burkard Schmitt, ed., "Effective Non-proliferation the European Union and the 2005 NPT Review Conference," Institute for Security Studies, European Union, Paris, April 2005.

20. Camille Grand, "The European Union and the Non-proliferation of Nuclear Weapons," Institute for Security Studies, European Union, Paris, January 2000.

21. Carlo Trezza, "The EU between Non-proliferation and Disarmament," *ISPI Policy Brief*, No. 51, April 2007.

22. Christoph Bluth, "Norms and International Relations: The Anachronistic Nature of Neo-realist Approaches," *Polis Working Paper*, No. 12, School of Politics and International Studies, 2004.

23. Claire Taylor, "European Security and Defence Policy: Developments since 2003," *House of Commons Library Research Paper*, 06/32, 8 June, 2006.

24. Clara Portela, "The Role of the EU in the Non-proliferation of Nuclear Weapons: The Way to Thessaloniki and beyond," *PRIF Reports*, No. 65, Peace Research Institute, Frankfurt, 2003.

25. Colin S. Gray, "An International 'Norm' against Nuclear Weapons: The British Case," *Comparative Strategy*, No. 20, 2001.

26. Daniel Byman, "After the Storm: U. S. Policy toward Iraq since 1991," *Political Science Quarterly*, Vol. 115, No. 4, Winter, 2000 – 2001.

27. Daniel C. Thomas, "Boomerangs and Superpowers: International Norms, Transnational Networks and US Foreign Policy," *Cambridge Review of International Affairs*, Vol. 15, No. 1, 2002.

28. Daniela Manca, "Iran: A Test Case for EU Non-proliferation Policy," *European Security Review*, No. 20, December 2003.

29. David Morrison, "Iran's Nuclear Activities the EU Misleads," *Labour & Trade Union Review*, No. 21, January 2006.

30. Egbert Jahn, ed., "European Security Problems of Research on Non-military Aspects," *Copenhagen Papers*, 1987.

31. Eileen Denza, "Non-proliferation of Nuclear Weapons: The European U-

nion and Iran," *European Foreign Affairs Review*, No. 10, 2005.

32. Emanuel Adler, "The Emergence of Cooperation: National Epistemic Communities and the International Evolution of the Idea of Nuclear Arms Control," *International Organization*, Vol. 46, No. 1, Winter, 1992.

33. Enner W. Levi, "The Relative Irrelevance of Moral Norms in International Politics," *Social Forces*, Vol. 45, No. 2, 1965.

34. Eric Arnett, "Norms and Nuclear Proliferation: Sweden's Lessons for Assessing Iran," *The Nonproliferation Review*, Winter, 1998.

35. Erica Downs, Suzanne Maloney, "Getting China to Sanction Iran the Chinese-Iranian Oil Connection," *Foreign Affairs*, Vol. 90, No. 2, March/April 2011.

36. Ethan A. Nadelmann, "Global Prohibition Regimes: The Evolution of Norms in International Society," *International Organization*, Vol. 44, No. 4, 1990.

37. Fotios Moustakis, "The Transatlantic Alliance Revisited: Does America Still Need 'Old Europe'?" *Defense & Security Analysis*, Vol. 21, No. 4, December 2005.

38. Frank Schimmelfennig, "The Community Trap: Liberal Norms, Rhetorical Action, and the Eastern Enlargement of the European Union," *International Organization*, Vol. 55, No. 1, 2001.

39. Friedrich Kratochwil, "On the Notion of 'Interest' in International Relations," *International Organization*, Vol. 36, No. 1, 1982.

40. Gary Goertz, Paul F. Diehl, "Toward a Theory of International Norms: Some Conceptual and Measurement," *The Journal of Conflict Resolution*, Vol. 36, No. 4, December 1992.

41. George Brun, "Looking back: The Nuclear Nonproliferation Treaty: Then and Now," *Arms Control Today*, July/August 2008.

42. Gerrard Quille, "The EU Strategy against the Proliferation of WMD: Past, Present and Future," *European Security Review*, Vol. 25, No. 1, 2005.

43. Gerrard Quille, "The European Security Strategy: A Framework for EU Security Interests?" *International Peacekeeping*, Vol. 11, No. 3, Au-

tumn, 2004.

44. Gregory A. Raymond, "Problems and Prospects in the Study of International Norms," *International Studies Review*, No. 41, 1997.

45. Gu Guoliang, "Missile Proliferation and Missile Defence in Northeast Asia," *Northeast Asian Security*, No. 2, 2005.

46. Harald Müller, Richard Kokoski, "The Non-proliferation Treaty: Political and Technological Prospects and Dangers in 1990," Stockholm International Peace Research Institute, April 1990.

47. Harald Müller, "Terrorism, Proliferation: A European Threat Assessment," Institute for Security Studies, European Union, Paris, March 2003.

48. Harald Müller, "The 2005 NPT Review Conference: Reasons and Consequences of Failure and Options for Repair," The Weapons of Mass Destruction Commission, No. 31, 2005.

49. Henrik Larsen, "Concepts of Security in the European Union after the Cold War," *Australian Journal of International Affairs*, Vol. 54, No. 3, 2000.

50. Henry Farber, Owa J. Onneg, "Polities and Peace," *International Security*, No. 20, 1995.

51. Ian Anthony, "The Role of the EU in International Non-proliferation and Disarmament Assistance," Stockholm International Peace Research Institute (SIPRI), 2004.

52. Ira Straus, "Reversing Proliferation," *The National Interest*, Fall, 2004.

53. Ivo H. Daalder, "Are the United States and Europe Heading for Divorce?" *International Affairs*, Vol. 77, No. 3, 2001.

54. Jae-Seung, Lee, "The Two Faces of EU-North Korea Relations," *The Korean Journal of Defense Analysis*, Vol. 17, No. 1, Spring, 2005.

55. Janice Thomson, "Norms in International Relations: A Conceptual Analysis," *International Journal of Group Tensions*, Vol. 23, No. 1, 1993.

56. Javier Solana, "The Transatlantic Rift: US Leadership after September 11," *Harvard International Review*, Winter, 2003.

57. Jeffrey T. Checkel, "Norms, Institutions, and National Identity in Contemporary Europe," *International Studies Quarterly*, Vol. 43, No. 1, 1999.

58. Jeffrey W. Legro, "Which Norms Matter? Revisiting the 'Failure' of Internationalism," *International Organization*, Vol. 51, No. 1, 1997.

59. Jeremy Shapiro, Daniel Byman, "Bridging the Transatlantic Counterterrorism Gap," *The Washington Quarterly*, Vol. 29, No. 4, Autumn, 2006.

60. Johan Eriksson, Erik Noreen, "Setting the Agenda of Threats: An Explanatory Model," *Uppsala Peace Research Papers*, No. 6, 2002.

61. John Mearsheimer, "The False Promise of International Institutions," *International Security*, Winter, 1994/1995.

62. John Peterson, "America as a European Power: The End of Empire by Integration?" *International Affairs*, Vol. 80, No. 4, 2004.

63. Jolyon Howorth, "Discourse, Ideas, and Epistemic Communities in European Security and Defence Policy," *West European Politics*, Vol. 27, No. 2, March 2004.

64. Kenneth Glarbo, "Wide-awake Diplomacy: Reconstructing the Common Foreign and Security Policy of the European Union," *Journal of European Public Policy*, Special Issue, 1999.

65. Marc R. Rosenblum, Idean Salehyan, "Norms and Interests in US Asylum Enforcement," *Journal of Peace Research*, Vol. 41, No. 6, 2004.

66. Mark Leonard, "Can EU Diplomacy Stop Iran's Nuclear Programme," *Centre for European Reform Working Paper*, November 2005.

67. Martha Finnemore, Kathryn Sikkink, "International Norm Dynamics and Political Change," *International Organization*, Vol. 52, No. 4, 1998.

68. Martha Finnemore, "International Organizations as Teachers of Norms: The United Nations Educational, Scientific, and Cultural Organization and Science Policy," *International Organization*, Vol. 47, 1993.

69. Mary Elise Sarotte, "Transatlantic Tension and Threat Perception," *Naval War College Review*, Vol. 58, No. 4, Autumn, 2005.

70. Michael C. Desch, "Culture Clash: Assessing the Importance of Ideas in Security Studies," *International Security*, Vol. 23, No. 1, 1998.

71. Neil Livingston, "Iraq's Intentional Omission," *Sea Power*, June 1991.

72. Neil MacCormick, "Norms, Institutions, and Institutional Facts," *Law*

and Philosophy, Vol. 17, No 3, 1998.

73. Niall Ferguson, "The Widening Atlantic," *The Atlantic Monthly*, January/February 2005.

74. Oliver Meier, "News Analysis: The Growing Nuclear Fuel-Cycle Debate," *Arms Control Today*, November 2006.

75. Osvaldo Croci, "A Closer Look at the Changing Transatlantic Relationship," *European Foreign Affairs Review*, No. 8, 2003.

76. Peter Kotzian, "Arguing and Bargaining in International Negotiations: On the Application of the Frame-Selection Model and Its Implications," *International Political Science Review*, Vol. 28, No. 1, 2007.

77. Peter M. Hass, "Introduction: Epistemic Communities and International Policy Coordination," *International Organization*, Vol. 46, No. 1, Winter, 1992.

78. Raymond A. Millen, "Reconfiguring NATO for Future Security Challenges," *Comparative Strategy*, No. 23, 2004.

79. Rebecca Johnson, "Politics and Protection: Why the 2005 NPT Review Conference Failed," *Disarmament Diplomacy*, No. 80, Autumn, 2005.

80. Renee De Nevers, "Imposing International Norms: Great Powers and Norm Enforcement," *International Studies Review*, No. 9, 2007.

81. Richard K. Herrmann, Vaughn P. Shannon, "Defending International Norms: The Role of Obligation, Material Interest, and Perception in Decision Making," *International Organization*, Vol. 55, No. 3, 2001.

82. Richard Price, "A Genealogy of the Chemical Weapons Taboo," *International Organization*, Vol. 49, No. 1, Winter, 1995.

83. Robert Axelrod, "An Evolutionary Approach to Norms," *American Political Science Review*, Vol. 80, No. 4, 1986.

84. Robert Toth, "American Support Grows for Use of Nuclear Arms," *Los Angeles Times*, No. 3, February 1991.

85. Rodger A. Payne, "Persuasion, Frames and Norm Construction," *European Journal of International Relations*, Vol. 7, No. 37, 2001.

86. Roland Kobia, "The EU and Non-proliferation: Need for a Quantum Leap?"

Nuclear Law Bulletin, Issue 81, 2008.

87. Ruediger Frank, "EU-North Korean Relations: No Effort without Reason," *International Journal of Korean Unification Studies*, Vol. 11, No. 2, 2002.

88. Ruairi Patterson, "EU Sanctions on Iran: The European Political Context," *Middle East Policy Council*, Vol. XX, No. 1, Spring, 2013.

89. Sara Kutchesfahani, "Iran's Nuclear Challenge and European Diplomacy," *EPC Issue Paper*, No. 46, March 2006.

90. Scott D. Sagan, "Why Do States Build Nuclear Weapons: Three Models in Search of a Bomb," *International Security*, Vol. 21, No. 3, Winter, 1996 - 1997.

91. Simon Duke, "The European Security Strategy in a Comparative Framework: Does It Make for Secure Alliances in a Better World?" *European Foreign Affairs Review*, No. 9, 2004.

92. Stephen G. Brooks, William C. Wohlforth, "Power, Globalization, and the End of the Cold War: Reevaluating a Landmark Case for Ideas," *International Security*, Vol. 25, No. 3, 2000 - 2001.

93. Steve Fetter, Frank V. Hippel, "A Step-by-Step Approach to a Global Fissile Material Cut off," *Arms Control Today*, Vol. 25, No. 8, 1995.

94. Steven Everts, "Engaging Iran: A Test Case for EU Foreign Policy," Center for European Reform, March 2004.

95. Thomas Risse-Kappen, "Ideas Do Not Float Freely: Transnational Coalitions, Domestic Structures, and the End of the Cold War," *International Organization*, Vol. 48, No. 2, 1994.

96. Tom Sauer, "The 'Americanization' of EU Nuclear Non-proliferation Policy," *Defense and Security Analysis*, Vol. 20, No. 2, 2004.

97. Tom Sauer, "Coercive Diplomacy by the EU, Case-study: The Iranian Nuclear Weapons Crisis," ECPR Standing Group on the EU Third Pan-Europe Conference on EU Politics, Istanbul, 21 - 23 September, 2006.

98. Trevor Taylor, "West European Security and Defence Cooperation: Maastricht and beyond," *International Affairs*, Vol. 70, No. 1, January 1994.

99. Ward Thomas, "Norms and Security: The Case of International Assassi-

nation," *International Security*, Vol. 25, No. 1, 2000.

100. Walter Posch, ed., "Iranian Challenges," Institute for Security Studies, European Union, Paris, May 2006.

101. Wyn R. Jones, "Message in a Bottle? Theory and Practice in Critical Security Studies," *Contemporary Security Policy*, Vol. 16, No. 3, 1995.

102. Wyn Rees, "Transatlantic Relations and the War on Terror," *Journal of Transatlantic Studies*, Vol. 1, No. 1S, 2003.

103. Ziba Moshaver, "Revolution, Theocratic Leadership and Iran's Foreign Policy: Implications for Iran-EU Relations," *The Review of International Affairs*, Vol. 3, No. 2, Winter, 2003.

B. 专著析出文献

1. Ahlstrom, Christer, "The EU Strategy against Proliferation of Weapons of Mass Destruction," in Shannon N. Kile, ed., *Europe and Iran Perspectives on Non-proliferation*, *SIPRI Research Report*, *No. 21* (Oxford University Press, 2005).

2. Bates Gill, "Two Steps forward, One Step back: The Dynamics of Chinese Nonproliferation and Arms Control Policy-Making in an Era of Reform," in David M. Lampton, ed., *The Making of Chinese Foreign and Security Policy in the Era of Reform* (Stanford University, 2001).

3. Christopher Dupont, Guy-Olivier Faure, "The Negotiation Process," in Victor Kremenuyk, ed., *International Negotiation (2nd Edition)* (San Francisco and Jossey-Bass Publishers, 2001).

4. Dana P. Eyre, Mark C. Sucman, "Status, Norms and Proliferation of Conventional Weapons: An Institutional Theory Approach," in Peter J. Katzenstein, ed., *The Culture of National Security: Norms and Identity in World Politics* (Columbia University Press, 1996).

5. Joachim Krause, "The Proliferation of Weapons of Mass Destruction: The Risk for Europe," in Paul Cornish, ed., *Europe and The Challenge of Proliferation*, Chaillot Paper 24, May 1996.

6. Kenneth Keulman, "European Security and Defense Policy: The EU's Search for a Strategic Role," in Janet Adamski, Mary T. Johnson, eds.,

Old Europe, *New Security*: *Evolution for a Complex World* (Ashgate, 2006).

7. Martha Finnemore, "Constructing Norms of Humanitarian Intervention," in Peter J. Katzenstein, ed. , *The Culture of National Security*: *Norms and Identity in World Politics* (Columbia University Press, 1996).

8. Michael Emerson, "The Reluctant Debutante: The EU as Promoter of Democracy in Its Neighborhood," in Michael Emerson, ed. , *Democratization in the European Neighbourhood*, Center for European Policy Studies, 2005.

9. Ole Waever, "The EU as a Security Actor: Reflections from a Pessimistic Constructivist on Post Sovereign Security Orders," in Morten Kelstrup, Michael C. Williams, eds. , *International Relations Theory and the Politics of European Integration* (Routledge, 2000).

10. Ole Waever, "Europe's Three Empires: A Watsonian Interpretation of Post-Wall European Security," in Rick Fawn, Jeremy Larkins, eds. , *International Society after the Cold War* (Macmillan Press, 1996).

11. Paul W. Meerts, "European Union Negotiations," in Meerts, Paul W. , Cede, Franz, eds. , *Negotiating European Union* (Palgrave Macmillan, 2004).

12. Peter A. Clausen, "U. S. Nuclear Exports and the Nonproliferation Regime," in Jed C. Snyder, Samuel F. Wells, eds. , *Limiting Nuclear Proliferation* (Ballinger Pulishing Co. , 1985).

13. Richard Price, Nina Tannenwald, "Norms and Deterrence: The Nuclear and Chemical Weapons Taboo," in Peter J. Katzenstein, ed. , *The Culture of National Security*: *Norms and Identity in World Politics* (Columbia University Press, 1996).

14. Stephen D. Krasner, "Sovereignty, Regimes, and Human Rights," in Volker Rittberger, ed. , *Regime Theory in International Relations* (Clarendon Press, 1993).

15. Thomas M. Wilson, "Europeanization, Identity and Policy in the Northern Ireland Borderlands," in Warwick Armstrong, James Anderson, eds. , *Geopolitics of European Union Enlargement* (Routledge, 2007).

C. 英文著作

1. Audie Klotz, *Norms in International Relations*: *The Struggle against Apartheid* (Cornell University Press, 1995).

2. Barry Buzan, Ole Waever, Jeep de Wilde, *Security*: *A New Framework for Analysis* (Lynne Reinner Publishers, 1998).

3. Barry Buzan, *People, States and Fear*: *An Agenda for International Security Studies in the Post Cold War Era* (Lynne Rienner, 1991).

4. Barry Buzan, *People, States and Fear*: *The National Security Problem in International Relations* (The University of North Carolina Press, 1983).

5. Ben Tonra, Tomas Christiansen, eds., *Rethinking European Union Foreign Policy* (Manchester University, 2004).

6. David M. Andrews, ed., *The Atlantic Alliance under Stress*: *US-European Relations after Iraq* (Cambridge University Press, 2005).

7. Denise Garcia, *Small Arms and Security*: *New Emerging International Norms* (Routledge, 2006).

8. Dilip Hiro, *The Longest War*: *The Iran-Iraq Military Conflict* (Grafton Books, 1989).

9. Edith Brown Weiss, Harold K. Jacobson, eds., *Engaging Countries*: *Strengthening Compliance with International Environmental Accords* (The MIT Press, 2000).

10. Edward A. Kolodziej, *Security and International Relations* (Cambridge University Press, 2005).

11. Elfriede Regelsberger, Philippe de Schoutheete de Tervarent, Wolfgang Wessels, eds., *Foreign Policy of the European Union, From EPC to CFSP and beyond* (Lynne Rienner Publishers, 1997).

12. Emil J. Kirchner, James Sperling, *Global Security Governance*: *Competing Perceptions of Security in the 21st Century* (Routledge, 2007).

13. Everett M. Rogers, *Diffusion of Innovations* (The Free Press, 1983).

14. Fredik Soderbaum, Luk V. Langenhove, *The EU as a Global Player*: *The Politics of Inter-regionism* (Routledge, 2007).

15. Friedrich V. Kratochwil, *Rules, Norms, and Decisions*: *On the Condi-*

tions of Practical and Legal Reasoning in International Relations and Do-mestic Affairs (Cambridge University Press, 1989).

16. George Crews McGhee, *At the Creation of a New Germany: From Adenau-er to Brandt: An Ambassador's Account* (Yale University Press, 1989).

17. Harald Müller, ed. , *A European Non-proliferation Policy Prospects and Problems* (Clarendon Presss, 1987).

18. Harald Müller, ed. , *Nuclear Export Controls in Europe* (European Inter-university Press, 1995).

19. Harvey Starr, *Anarchy, Order, and Integration* (The University of Mich-igan Press, 1997).

20. Heather Grabbe, *The EU's Transformative Power: Europeanization through Conditionality in Central and Eastern Europe* (Palgrave Macmillan, 2006).

21. Heinz Gärtner, Ian M. Cuthbertson, eds. , *European Security and Trans-atlantic Relations after 9/11 and the Iraq War* (Basingstoke, Hampshire; Palgrave Macmillan, 2005).

22. Ian Davis, *The Regulation of Arms and Dual-Use Exports: Germany, Sweden and the UK* (Oxford University Press, 2002).

23. Joachim Krause, Andreas Wenger, Lisa Watanabe, eds. , *Unraveling the European Security and Defense Policy Conundrum* (Peter Lang, 2003).

24. John Garnett, ed. , *Theories of Peace and Security: A Reader in Contem-porary Strategic Thought* (St. Martin's Press, 1970).

25. John L. Austin, *How to Do Things with Words* (Clarendon Press, 1962).

26. Jolyon Howorth, *Security and Defence Policy in the European Union* (Pal-grave, 2014).

27. Joshuas Goldstein, *International Relations* (Harper Collins, 1994).

28. Judith Goldenstein, Robert O. Keohane, eds. , *Ideas and Foreign Policy: Beliefs, Institutions, and Political Change* (Cornell University Press, 1993).

29. Kenneth A. Oye, *Cooperation under Anarchy* (Princeton University Press, 1986).

30. Kenneth Waltz, *Man, the State, and War* (Columbia University Press,

1979).

31. Lisa L. Martin, *Coercive Cooperation*: *Explaining Multilateral Economic Sanction* (Princeton University Press, 1992).

32. Lloyd Jensen, Lynnh Miller, *Global Challenge*: *Change and Continuity in World Politics* (Harcourt Brace, 1997).

33. Loren R. Cass, *The Failure of American and European Climate Policy*: *International Norms, Domestic Politics, and Unachievable Commitments* (University of New York Press, 2006).

34. Martha Finnemore, *The Purpose of Intervention*: *Changing Beliefs about the Use of Force* (Cornell University Press, 2003).

35. Matthew Evangelista, ed. , *Partners of Rivals? European-American Rlations after Iraq* (V&P, 2005).

36. Michael Merlingen, Rasa Ostrauskaite, eds. , *European Security and Defence Policy*: *An Implementation Perspective* (Routledge, 2008).

37. Neil Winn, Christopher Lord, *EU Foreign Policy beyond the Nation-State*: *Joint Actions and Institutional Analysis of the Common Foreign and Security Policy* (Palgrave Macmillan, 2001).

38. Oran R. Young, *Compliance and Public Authority*: *A Theory with International Applications* (The John Hopkins University Press, 1979).

39. Peter A. Poole, *Europe Unites*: *The EU's Eastern Enlargement* (Praeger Publishers, 2003).

40. Peter J. Katzenstein, Robert O. Keohane, Stephen D. Krasner, eds. , *Exploration and Contestation in the Study of World Politics* (The MIT Press, 1999).

41. Peter J. Katzenstein, *The Culture of National Security*: *Norms and Identity in World Politics* (Cambridge Press, 1996).

42. Ramesh Thakur, *The United Nations, Peace and Security*: *From Collective Security to the Responsibility to Protect* (Cambridge University Press, 2006).

43. Ray Takeyh, *Hidden Iran, Paradox and Power in the Islamic Republic* (New York: Times Books & Henry Holt, 2006).

44. Riccardo Aicaro, *Europe and Iran's Nuclear Crisis*: *Lead Groups and EU Foreign Policy-Making* (Springer, 2018).

45. Richard Youngs, ed. , *New Terms of Engagement*, The Foreign Policy Centre, 2005.

46. Richard Youngs, *Europe and the Middle East*: *In the Shadow of September 11* (Lynne Rienner Publishers, 2006).

47. Shahram Chubin, *Iran's Nuclear Ambitions*, Carnegie Endowment for International Peace, 2006.

48. Shannon N. Kile, ed. , *Europe and Iran*: *Perspectives on Non-proliferation* (Oxford University Press, 2005).

49. Steven Blockmans, Astrid Viaud, *EU Diplomacy and the Iran Nuclear Deal*: *Staying Power?* CEPS, 2017.

50. Spyros Blavoukos, Dimitris Bourantonis, Clara Portela, *The EU and the Non-proliferation of Nuclear Weapons* (Springer, 2015).

51. Stefan Ganzle, Allen G. Stens, *The Changing Politics of European Security*: *Europe Alone* (Palgrave Macmillan, 2007).

52. Sven Behrendt, Christian Hanelt, *Bound to Cooperate*: *Europe and the Middle East* (Bertelsmann Foundation Publishers, 2001).

53. Sven Biscop, Jan Joel Andersson, eds. , *The EU and the European Security Strategy*: *Forging a Global Europe* (Routledge, 2008).

54. Sven Biscop, *The European Security Strategy* (Aldershot, Hans, England; Burlington, Ashgate, 2005).

55. Tarja Cronberg, *Nuclear Multilateralism and Iran*: *Inside EU Negotiations* (Routledge, 2017).

四 网站

1. BBC, https://www. bbc. co. uk/.

2. Carnegie Endowment for International Peace, http://www. carnegieendowment. org/.

3. Deutsche-auseenpolitik. de, http://www. deutsche-aussenpolitik. de/index. php.

4. Disarmament Diplomacy, http：//www. acronym. org. uk/dd/index. htm.

5. European Policy Centre, http：//www. epc. eu/.

6. European Union Information Website, http：//www. euractiv. com/en.

7. European Union, http：//europa. eu/.

8. Federation of American Scientists, http：//www. fas. org/.

9. Global Policy Forum, http：//www. globalpolicy. org/.

10. Global Security, http：//www. globalsecurity. org/.

11. International Atomic Energy Agency, http：//www. iaea. org/.

12. International Security Information Service, Europe, http：//www. isis-europe. org/.

13. Nuclear Threat Initiative, http：//www. nti. org/.

14. Reuters, https：//uk. reuters. com/.

15. Stockholm International Peace Research Institute, http：//www. sipri. org/.

16. The American Presidency Project, http：//www. presidency. ucsb. edu/.

17. The Australia Group, http：//www. australiagroup. net/ch/index. html.

18. The Centre of European Policy Studies, http：//www. ceps. eu/index3. php.

19. The Cicero Foundation, http：//www. cicerofoundation. org/.

20. The Guardian, https：//www. theguardian. com/uk.

21. The Institute for European Studies, http：//www. ies. be/home.

22. The Korean Peninsula Energy Development Organization, http：//www. kedo. org/index. asp.

23. The Nuclear Suppliers Group, http：//www. nuclearsuppliersgroup. org/.

24. The New York Times, https：//www. nytimes. com/.

25. The Wassenaar Arrangement, http：//www. wassenaar. org/.

26. U. S. Department of State, http：//www. state. gov/.

27. United Nations Office at Geneva, http：//www. unog. ch/.

28. United Nations, http：//www. un. org/.

29. University of Pittsburgh, Archive of European Integration, http：//aei. pitt. edu.

图书在版编目（CIP）数据

规范与安全视角下的欧盟反核扩散政策／吕蕊著
. -- 北京：社会科学文献出版社，2020.7
国家社科基金后期资助项目
ISBN 978 - 7 - 5201 - 6098 - 8

Ⅰ.①规… Ⅱ.①吕… Ⅲ.①欧洲联盟 - 核扩散 - 国家安全 - 政策 - 研究 Ⅳ.①D814.1②D815.2

中国版本图书馆 CIP 数据核字（2020）第 026515 号

国家社科基金后期资助项目
规范与安全视角下的欧盟反核扩散政策

著　　者／吕　蕊

出 版 人／谢寿光
组稿编辑／高明秀
责任编辑／许玉燕
文稿编辑／王春梅

出　　版／社会科学文献出版社·国别区域分社（010）59367078
　　　　　地址：北京市北三环中路甲29号院华龙大厦　邮编：100029
　　　　　网址：www.ssap.com.cn
发　　行／市场营销中心（010）59367081　59367083
印　　装／三河市龙林印务有限公司

规　　格／开本：787mm×1092mm　1/16
　　　　　印张：17.5　字数：276千字
版　　次／2020年7月第1版　2020年7月第1次印刷
书　　号／ISBN 978 - 7 - 5201 - 6098 - 8
定　　价／98.00元

本书如有印装质量问题，请与读者服务中心（010 - 59367028）联系